中国法律史学文丛

唐律立法语言、立法技术及法典体例研究

刘晓林 著

商务印书馆
The Commercial Press
2020年·北京

图书在版编目(CIP)数据

唐律立法语言、立法技术及法典体例研究/刘晓林著.—北京:商务印书馆,2020
(中国法律史学文丛)
ISBN 978-7-100-18094-8

Ⅰ.①唐… Ⅱ.①刘… Ⅲ.①唐律—研究 Ⅳ.①D929.42

中国版本图书馆 CIP 数据核字(2020)第 022156 号

权利保留,侵权必究。

本课题研究得到霍英东教育基金会资助

中国法律史学文丛
唐律立法语言、立法技术及法典体例研究
刘晓林 著

商 务 印 书 馆 出 版
(北京王府井大街36号 邮政编码100710)
商 务 印 书 馆 发 行
北京新华印刷有限公司印刷
ISBN 978-7-100-18094-8

2020年5月第1版   开本 880×1230 1/32
2020年5月北京第1次印刷   印张 7¾
定价:45.00元

总　　序

随着中国的崛起，中华民族的伟大复兴也正由梦想变为现实。然而，源远者流长，根深者叶茂。奠定和确立民族复兴的牢固学术根基，乃当代中国学人之责。中国法律史学，追根溯源于数千年华夏法制文明，凝聚百余年来中外学人的智慧结晶，寻觅法治中国固有之经验，发掘传统中华法系之精髓，以弘扬近代中国优秀的法治文化，亦是当代中国探寻政治文明的必由之路。中国法律史学的深入拓展可为国家长治久安提供镜鉴，并为部门法学研究在方法论上提供养料。

自改革开放以来，中国法律史学在老一辈法学家的引领下，在诸多中青年学者的不懈努力下，在这片荒芜的土地上拓荒、垦殖，已历30年，不论在学科建设还是在新史料的挖掘整理上，通史、专题史等诸多方面均取得了引人瞩目的成果。但是，目前中国法律史研究距社会转型大潮应承载的学术使命并不相契，甚至落后于政治社会实践的发展，有待法律界共同努力开创中国法律研究的新天地。

创立已逾百年的商务印书馆，以传承中西优秀文化为己任，其影响达致几代中国知识分子及普通百姓。社会虽几度变迁，物是人非，然而，百年磨砺、大浪淘沙，前辈擎立的商务旗帜，遵循独立的出版品格，不媚俗、不盲从，严谨于文化的传承与普及，保持与学界顶尖团队的真诚合作，始终是他们追求的目标。追思当年，清末民国有张元济（1867—1959）、王云五（1888—1979）等大师，他们周围云集一批仁人志士与知识分子，通过精诚合作，务实创新，把商务做成享誉世界的中国品牌。抗战烽烟使之几遭灭顶,商务人上下斡旋,辗转跋涉到渝、沪,艰难困苦中还不断推出各个学科的著述,中国近代出版的一面旗帜就此屹立不败。

近年来,商务印书馆在法律类图书的出版上,致力于《法学文库》丛书和法律文献史料的校勘整理。《法学文库》已纳入出版优秀原创著作十余部,涵盖法史、法理、民法、宪法等部门法学。2008年推出了十一卷本《新译日本法规大全》点校本,重现百年前近代中国在移植外国法方面的宏大气势与务实作为。2010年陆续推出《大清新法令》(1901—1911)点校本,全面梳理清末法律改革的立法成果,为当代中国法制发展断裂的学术脉络接续前弦,为现代中国的法制文明溯源探路,为21世纪中国法治国家理想呈献近代蓝本,并试图发扬光大。

现在呈现于读者面前的《中国法律史学文丛》,拟收入法律通史、各部门法专史、断代法史方面的精品图书,通过结集成套出版,推崇用历史、社会的方法研究中国法律,以期拓展法学规范研究的多元路径,提升中国法律学术的整体理论水准。在法学方法上致力于实证研究,避免宏大叙事与纯粹演绎的范式,以及简单拿来主义而不顾中国固有文化的作品,使中国法律学术回归本土法的精神。

何 勤 华

2010年6月22日于上海

序　　一

《唐律立法语言、立法技术及法典体例研究》是晓林《唐律"七杀"研究》之后的又一部唐律研究著作。内容包括：唐律中一些重要的字（如"情""理"），词句（如"不用此律""余条准此""罪名"）等的研究；重要集合名词"六赃"中的官员受财"枉法"与"不枉法"，"七杀"中的"故杀"及其来源问题研究；以及对于"纠弹官"的职务行为及其处罚的研究。就研究本身来看，虽不是立法语言、立法技术的全面研究，也不是法典体例的统体总结，但其中涉及的法律术语、立法体例与技术问题，却是过去研究者措意不多的地方。因此，尽管该书还只是该领域的专题研究，但能开掘到这种程度，也是十分可喜的。

我曾一度以唐律研究为志向。后读到戴炎辉先生《唐律通论》，感到起点太高，无法在短期超越，遂搁置一旁。虽不时有关于唐律研究的文字发表，但多属零碎，不成系统。前些年研究法文化问题，涉及"情理法"，也曾经以《〈唐律〉中的"情"、"理"与"情理"——法律"情理化"的实态分析》为题，收集过资料，罗列了写作提纲；并曾打算分析唐代司法与行政的"情理化"问题，但均未真正展开。原因之一，便是资料太多。关键字、词的使用例，堆砌起来就是几万字，再挨个确定其含义，太累人。所以，晓林说他准备写唐律中的情理法问题时，就立即鼓励他做，而我则打算放弃。无疑，青年人更适合做这种检索、统计的事情。

事实是，晓林统计了所有他研究的字、词等术语的分布情况，包括其出现频次，所在篇、条，含义及其变化，如"情""理""不用此律""准此""罪名""枉法""不枉法"等,并涉及比率统计、总数统计。而所有这一切的思路及技术路线,在其全书的各类分布表中,展现得最为清楚。

附表制作,既利于作者表达思想,省却繁文;也便于读者阅读,一目了然。该书八章中,七章列有表格,且多数附有三个以上表格,最多的达到五个。其实,表格在设计过程中,作者须得区分条项,而这就是一个思想细化的过程。我们注意到,该书从表名萃取、条项对应,举凡出处(篇、条)、含义、典型表述、内容类别、性质、排除条件、行为与条件、量刑幅度(起刑点、最高刑罚)等,皆仔细考索,一一列出,有的更细化到术语出现的具体位置及频次。细绎诸表,读者甚至能够发现作者的分析进程,检验其技术方法的可靠性与结论的踏实程度,从而与作者进行某种程度的互动。

这种风格,符合我的期冀。

从过去风行一时的阶级分析方法中脱离出来,我所期望的唐律研究,是能从技术层面而不是从所谓"阶级本质"的单纯性上,去看待唐律。这是当时欣赏并佩服戴炎辉先生唐律研究的重要原因,也一度是我的追求。

但技术层面的研究,涉及的问题无限地多:法典的谋篇布局,法律术语的使用,法律技术性问题的提出及解决,本法典与前朝法典的联系与区别,等等,都应该在此范围内。

晓林的该书,尝试解决了其中部分问题;自然,还有很多问题并未涉及。比如,立法语言、立法技术、法典体例三事,不仅包容甚广,而且互相联系,即以"以、准、皆、各、其、即、及、若"的"八字"之例而言,它们本身属于法律术语,也是非常重要的立法技术,其使用影响着法典的编排体例,该书没有涉及;而且,即使列入考察的"情""理"问题,该书也仅限于"情""理"二字,却没有考察"律""法""令"等属于"法"

的范畴，在"情理法"的解读方面，仍有欠缺。

但瑕不掩瑜。晓林的该书，在他所进行的考察对象上，尽了最大心力。他的研究线索，比如"纠弹官"职责，虽显得突兀，但"'纠弹之官'受财及其处罚"，是承"监临主司受财枉法、不枉法"的考察而来，也是题中应有之义；他对"七杀"已有专门研究，本书的"'故杀'及其来源"，显然是前此研究的扩展和补充。例如秦汉律的"贼杀"发展为唐律的"故杀"，"谋贼杀"归于唐律"谋杀"而与"故杀"界限清晰，都是他在比较中得出的新结论。盖近年来秦汉律简牍的陆续出土，使得我们的法律研究，必须跟随资料的更新进行。对于唐律"情"、"枉法"等字词的考察，也皆追溯至秦汉律的源头，对其演变的源与流，皆辨别仔细。另外一些概念，则又涉及后续变化。比如"罪名"，就延及其在明清律中的发展。这又是线索勾勒所必需。

于此，不由得想到了元朝柳赟。他在《唐律疏义序》中对唐律的几个评价，"防范甚详，节目甚简"，"通极乎人情、法理之变"，及"唐之揆道得其中，乘之则过，除之即不及，过与不及，其失均矣"等，其实都是着眼于技术层面的：法条涵盖面宽而条数寡、字数少，即所谓"防范甚详，节目甚简"；在"人情""法理"的"常"与"变"上游刃有余，即所谓"通极乎人情、法理之变"；以"中庸"的方式处理刑与罪的问题，严而不苛，不枉不纵，即所谓"乘之则过，除之即不及"。这样的"中道"，不是区区数个条文所能解决的，而是整部法律的协同，是立法者规划使然：从指导思想到具体条文，从《名例律》的纲领到其余各分篇的细节，从此条到彼条，从一般到个别，从个别到个别，如此等等，方可取得。而这一切，须得我们仔细发掘，方可知悉。唐律的博大精深，绝非一天半日的灵感能得，须得研究者的穷年累月的笨功夫，方能得其一二。

除了几位老先生之外，近年专注于唐律研究的学者颇少，晓林是年轻人中颇有成就者。值得鼓励，也期待其坚持下去，不断有新成果问世。

是为序。

霍 存 福
于沈阳师范大学专家公寓 3U 生居
2019 年 2 月 12 日

序 二

世界级的唐律与世界性的唐律研究

唐律不仅是中国古代的一部楷模性法典，还是一部世界级法典。这种世界级突出表现在这样两个方面：

第一方面，唐律是世界五大法系之一中华法系的代表作。这五大法系是世界的主要法系，都代表着世界水平，无论是大陆法系、英美法系，还是印度法系、伊斯兰法系、中华法系，无一不是如此。[1] 这五大法系重要区别之一是它们所处的地域不同。比如，印度法系地处南亚；伊斯兰法系从西亚开始，然后再扩展到世界其他一些地区；中华法系则地处东亚，等等。这五大法系虽然所处地域不同，但都代表着本地域法制的最高水平，都跻身于世界级法系行列。它们的代表作也都是如此，都具有世界级水准。唐律就是这样的法典，名副其实的中华法系代表作，中国制定的世界级法典。

第二方面，唐律是世界中世纪的代表性法典。唐律初定于中国的武德七年（公元624年），[2] 此时正值世界中世纪。中世纪的欧洲曾被认为是黑暗时期，天主教与教会法盛行，世俗力量受到抑制，科学、民主受到打击。那时，虽制定了一些世俗法典，但不仅时间晚于唐律，而且内容也比唐律简单。《罗得海法》是那时较早制定的法典，由拜占庭帝国于

---

[1] 参见张晋藩、林中：《法史钩沉话智库》，中国法制出版社2016年版，第3页。
[2] 《旧唐书·刑法志》。

公元600至800年间颁行,时间上晚于唐律。[①]其他法典的制定时间更晚于唐律,《阿玛菲法典》(公元11世纪)[②]、《奥列隆法典》(公元12世纪)、《康梭拉多法典》(公元13世纪)等,都是如此。[③]颁行较早法典的内容又比较简单,《阿玛菲法典》仅66个条文。这与唐律具有12篇的体例与502条律条相比,相距甚远。在中世纪的亚洲,印度法与伊斯兰法都是宗教法,主要的法律内容都在宗教经典之中,世俗法典难以生存,根本不可能制定出像唐律那样水平的法典。[④]唐律理所当然地成了世界中世纪的代表性法典,与罗马法、拿破仑法典齐名,代表了世界三大时期的法制文明。"罗马法代表了古代奴隶制文明、《唐律疏议》代表了古代封建制文明、拿破仑法典代表了近代资本主义制文明。"[⑤]此话是真。

唐律作为中华法系的代表作与世界中世纪的代表性法典,都使其成为一部世界级法典。唐律的世界级决定了唐律研究的世界性。包括中国在内的世界上一些学者关注与研究唐律。有外国学者关注、研究唐律,日本学者首开先河。早在古代,日本的遣唐使中,就有擅长法律者,他们到唐朝后,就潜心研究唐律、令、格、式,回国后,还参与制定《大宝律令》。"参与撰写《大宝律令》的人当中,伊吉博德,土部生男,白猪男曾在唐留学"。[⑥]进入近、当代以后,日本学者研究唐律的成果较多,著作、论文都是如此。其中,著作有:唐律研究会的《唐律索引稿》(1945年)、会田范治的《唐律及养老律的名例律梗概》(1960年),中谷美雄的《唐律疏议索引·释亲考索引》(1980年),律令史研究会的《唐律疏

---

① 参见何勤华主编:《法律文明史 第6卷 中世纪欧洲世俗法》,商务印书馆2014年版,第634页。
② 参见同上书,第635页。
③ 参见同上书,第646—648页。
④ 参见王立民:《古代东方法研究》(第3版),北京大学出版社2019年版,第71—72页。
⑤ 曹漫之主编:《唐律疏议译注》,吉林人民出版社1989年版,"序言"第7页。
⑥ 〔日〕石田琢智:《日本移植唐朝法律考述》,《法学》1999年第5期。

议译注篇》(1980年),等等。论文有:会田范治的《唐律及养老律中名例律研究》(1945年),滋贺秀三的《译注唐律疏议(1·2)》(1945年),仁井田陞的《唐律疏议的现存最古刊本及其刊年》(1945年),小竹文夫的《唐·明·清律比较》(1945年),石尾芳久的《日唐律比较》(1945年),岩桥小弥太的《唐律和日本律——律令制度诸问题》(1960年),泷川政次郎的《日唐律玄象器物条考》(1981年),冈野诚的《唐律研究和西域出土资料》(1982年)、《日本的唐律研究——以文献学的研究为中心》(1983年)和《唐律疏议中"例"字的用法》(1995年),阪上康俊的《敦煌发现的唐律断简(P.3068、P.3252)和《大宝律》(1991年),等等。[1]这些只是日本学者研究唐律的部分成果,从中亦可见,他们的研究成果已经不少。

除了日本学者以外,韩、英、美国学者也有一些关于唐律研究的成果。近40年来,就有不少。比如,韩国学者任大熙在《传统中国法中关于"骂詈"相关法律规定的变迁》(2007年)一文中,重点对唐律中的骂詈规定作了研究与分析,内容涉及唐律规定的犯罪主体、对象、处罚,等等。[2] 英国学者崔瑞德(Denis C.Twitchett)发表过《初唐法律论》(1976年)一文,对唐律的刑法性质、法律的实施等一些方面作了论述。[3] 美国学者马伯良(Brian E.Mcknight)发表过《〈唐律〉与后世的律:连续性的根基》(2004年)一文,对唐律规定的犯罪、唐律的影响与实施等一些方面,都作了论述。[4] 有些外国学者在研究中国古代其他朝代的律典中也

---

[1] 参见俞荣根等:《中国法律史研究在日本》,重庆出版社2002年版,第307—323页。
[2] 参见张中秋编:《中华法系国际学术研讨会论文集》,中国政法大学出版社2007年版,第234—249页。
[3] 参见张中秋:《中国法律形象的一面——外国人眼中的中国法》,中国政法大学出版社2012年版,第233—250页。
[4] 参见高道蕴等:《美国学者论中国法律传统》,清华大学出版社2004年版,第287—309页。

会提及唐律的规定。美国学者德克·博德（Derk Bodde）在《清律的恤刑制度》（1987年）一文中，就提及了唐律。他认为《大清律例》中"老小废疾收赎"与"犯罪时未老疾"规定的内容"可追溯到唐律,二者仅有点文字变动"。[①] 可见,唐律已为世界上多个国家的学者关注、研究。

唐律作为中国本土制定的世界级古代法典,责无旁贷地备受中国人士的重视,参与研究的人数、研究成果都更多。在古代,中国的立法、司法人员、学者都加入了唐律研究的队伍,从不同视角研究唐律。唐律颁行之后,立法者根据司法中出现的问题,研究唐律,改进律文。据《旧唐书·刑法志》记载,唐太宗即位后,就"命长孙无忌、房玄龄与学士法官"对武德律,"更加厘改"。以后,戴胄、魏徵研究了武德律,"又言旧律令重,于是议绞刑之属五十条,免死罪,断其右趾。应死者多蒙全活。"往后,唐太宗又认为对反逆罪的连坐应作区分,即"一为兴师动众,一为恶言犯法。轻重有差,而连坐皆死,岂朕情之所安哉？"于是,"更令有僚详改",结果是对反逆的连坐作了区分。"今定律,祖孙与兄弟缘坐,俱配没。其以恶言犯法不能为害者,情状稍轻,兄弟免死,配流为先。"在不断研究与修改的基础上,贞观律于贞观十一年（公元637年）颁行。唐高宗即位后,不仅颁行了永徽律,还要求"广召解律人条义疏奏闻,仍使中书、门下监定。"永徽四年（公元653年）,永徽律疏"颁于天下"。正因为有立法者的研究与修改,唐律才不断趋于完善。

司法人员在实施唐律的过程中,也需对其研究,以免误判。这在一些司法人员的判词中能够得到反映。据《龙筋凤髓判》记载,司法官在一些案件的审定中,不同程度地对唐律有过思考与研究。在令史王隆受贿案中,他在职权范围内,对路州文书,"每受一状,皆取百文"。司法官依据唐律的规定而认为："因事受财,实非通理,枉法科罪,颇涉深文。"

---

① 参见张中秋：《中国法律形象的一面——外国人眼中的中国法》,第268页。

最后决定:"宜据六赃,式明三典。"① 在杜俊对仗时遗箭案中,他因在对仗时遗箭而被立案。但是,司法官根据唐律中"或遗弓无箭,或遗箭无弓,俱不得罪"的规定,② 对其作了判定。③ 对唐律进行过思考与研究的司法官,在判案中一般比较靠谱,不会太离谱。

根据现有资料,中国古代学者的唐律研究成果大量集中于清朝以后。其中,有些综合性研究律的著作中,有关于研究唐律的内容。清王明德所撰的《读律佩觿》一书就是如此。此书的"本序"中专门论及了贞观律,而且还指出它对武德律的修改之处。"减大辟九十二,省流入徒七十,加居作以宽绞刑五十余,变重为轻,削烦去蠹"。④ 在正文里,此书同样有一些与唐律相关的内容。在论到"例"时,此书作者先引用《唐律疏议》中对"名例"的解释,即"名者,五刑之正名,例者,五刑之体例"。然后提出自己的观点,认为"名例"应该这样的解释为妥:"名者,五刑正体变体,及律例中,人所犯该,以及致罪各别之统名。而例,则律例中,运行之活法,于至一中,寓至不一之妙,更于至不一处,复返至一之体。"⑤ 作者是在研究唐律的基础上,才提出自己的观点,言之有据。

有些比较研究的著作中,有关于研究唐律的内容。清薛允升所著的《唐明律合编》就是如此。他先引用唐律与大明律的律条进行比较,然后作出评论。比如,在把唐律"漏泄大事"条与大明律的"漏泄军情大事"条比较后,作者作出了评论:"漏泄一层,唐律指漏泄于贼及番国而言,明律漏泄事于人,即拟斩罪,未免太重。"⑥ 有些唐律没有的律条而大

---

① [唐]张鷟:《龙筋凤髓判》,田涛、郭成伟校注,中国政法大学出版社1996年版,第18页。
② 《唐律疏议·卫禁律》"宫殿作罢不出"条"疏议"。
③ [唐]张鷟:《龙筋凤髓判》,第110页。
④ [清]王明德:《读律佩觿》,何勤华等点校,法律出版社2001年版,"本序"第3页。
⑤ 同上书,第20页。
⑥ [清]薛允升:《唐明律合编》,怀效锋、李鸣点校,法律出版社1999年版,第209页。

明律有的，作者也会明示。比如明律有"禁止迎送"条而唐律没有，作者就评说："此条唐律无文，盖谓不必禁止也。"①经过这样的比较，作者就对唐律的律条作了较为全面、系统的梳理与研究。这样的情况在中国古代极为罕见，是一种唐律研究方法的创新。

有些专题研究的著作中，也有研究唐律的内容。明丘濬所作的《治国平天下之要·慎刑宪》就是这样。《慎刑宪》除了总论以外，还对定律令之制、制刑狱之具、明流赎之意、详听断之法、议当原之辟、顺天时之命、谨详谳之议、伸冤抑之情等13个专题进行了专门研究，其中就有涉及唐律的内容。比如，在论及唐律规定的五刑时，作者就认为，这五刑"始于隋而用唐以至于今日；万世之下，不可易也。"②研究了唐律的流刑之后，作者认为，此流刑"既流而又居作，则是兼徒矣。"③唐律的内容是此著作中的一个不可或缺的组成部分，而且还是唐律研究的成果。

中国在清朝以前，大多把唐律研究融入于整个中国法制研究之中，而且只是把其作为一个朝代的律典进行研究。到清朝，这种状况有所改变，开始逐渐突出唐律的地位，对唐律的研究也比以往更为关注与重视。究其原因是，把唐律与清前各朝代的律典相比较后，其优越性逐步凸显，因此研究力度也有所加大。《唐明律合编》就是其中的代表性著作。中国古代对唐律的研究为近、当代的唐律研究打下了基础，也提供了借鉴。

进入近代以后，中国学者对唐律的研究更为重视，沈家本、杨鸿烈、瞿同祖等学者都在自己的论著中，融入了唐律研究的内容。沈家本对唐律有较为深入的研究，成果也很多。在他的《寄簃文存》中，有近50篇文章涉及唐律研究，占其中所有文章的一半以上，大大超过对中国古代其他律典的研究。他通过引用唐律的规定，把唐律与唐前律典进行比

---

① ［清］薛允升：《唐明律合编》，怀效锋、李鸣点校，法律出版社1999年版，第183页。
② 鲁嵩岳：《慎刑宪点评》，法律出版社1998年版，第109页。
③ 同上书，第158页。

较，把唐律与国外相关规定进行比较等途径，对唐律进行研究。比如，在《论威逼人致死》一文中，他先引用了唐律中的相关规定，然后再比较英、俄、法、德等西方国家的法律，得出了这些国家都没有类似于唐律中规定的威逼人致死的犯罪。①沈家本取得了前人所没有的研究成果。

杨鸿烈在自己的著作《中国法律发达史》中，用专章来论述唐朝法律，唐律是重点论述的对象，其中包括了武德律、贞观律、永徽律与律疏、垂拱律、开元律，等等。②唐律是此著作中不可或缺的组成部分，也是对唐律有所研究的体现。杨鸿烈的另一部著作则是专论中国法律对外国立法的影响，名为《中国法律在东亚诸国之影响》。在此著作中，作者不仅引用《高丽志》《日本国志》《历朝宪章类志》等史料来证明，中国古代法律对朝鲜、日本、越南等国家立法总体上的影响；而且，还引证具体法典对这些国家的影响，其中包括唐律。在第五章中国法律对越南立法的影响的"摹仿唐宋元明律时代——黎太祖（利）一朝"部分中，把越南法律与唐律的规定作比较，然后得出比较的结论。比如，在比较了黎朝法条与唐律律条关于阑入太庙、阑入宫殿、犯跸、失仪、向宫殿射规定后，作者下的结论是："大体同《唐律》"③，以此来说明唐律对当时越南立法的影响。

《中国法律与中国社会》是瞿同祖的代表作。在此著作中，他论述了家族、婚姻、阶级、巫术与宗教、儒家思想与法家思想等问题。在每一个问题中，都大量引用了中国古代法律的内容，其中涉及唐律的有很多。比如，在第一章"家族"的第二节"父权"中，引用唐律的内容就达10处之多。④唐律的内容是此著作中常用的史料，而运用这一史料的前

---

① 王立民：《〈寄簃文存〉的唐律研究》，《浙江社会科学》2003年第6期。
② 杨鸿烈：《中国法律发达史》，中国政法大学出版社2009年版，第225—237页。
③ 杨鸿烈：《中国法律在东亚诸国之影响》，商务印书馆2015年版，第499页。
④ 瞿同祖：《中国法律与中国社会》，中华书局2003年版，第5—28页。

提则是对唐律有了一定程度的研究。瞿同祖研究过唐律。

中国近代研究唐律的论文就更多了。其中20世纪30、40年代就有：董康的《唐律并合罪说》(1930年)，贺圣鼐的《未遂罪在〈唐律〉及〈刑法〉之比较观》(1930年)和《妇女在唐律上之地位》(1930年)[①]；还有，袁仲灿的《〈故唐律疏议〉非永徽律考》(1940年)，徐道邻的《开元律考》(1948年)，等等。[②] 这些论文都以唐律的某个方面为研究对象，运用近代的研究方法，研究的深度有所加深，为前人所无法比拟。

新中国成立之后，中国进入了当代社会。由于各种原因，改革开放前的中国唐律研究还是处在低迷状态。改革开放以后，中国的唐律研究迅速崛起，专门研究唐律的著作与论文井喷般地产生，研究唐律的队伍也很快形成，唐律研究达到史无前例的水准。这又突出表现在以下一些方面。

首先，一批专门研究唐律的著作诞生。自古以来，虽在有些著作中有研究唐律的内容，鲜有单独成书，唐律研究只是这些著作中的一个组成部分，而不是全部。改革开放以后，诞生了一批专门研究唐律的著作。其中，包括了乔伟的《唐律概说》(1982年)[③]和《唐律研究》(1985年)[④]，杨廷福的《唐律初探》(1982年)[⑤]和《唐律研究》(2012年)[⑥]，钱大群的《唐律译注》(1988年)[⑦]、《唐律与唐代法律体系研究》(1996年)[⑧]、《唐

[①] 参见方潇主编：《东吴法学先贤文录》(法律史卷)，中国政法大学出版社2015年版，第257—276页。

[②] 赵九燕、杨一凡：《百年中国法律史学论文著作目录》(上册)，社会科学文献出版社2014年版，第275页。

[③] 乔伟：《唐律概说》，吉林大学出版社1982年版。

[④] 乔伟：《唐律研究》，山东人民出版社1985年版。

[⑤] 杨廷福：《唐律初探》，天津人民出版社1982年版。

[⑥] 杨廷福：《唐律研究》，上海古籍出版社2012年版。

[⑦] 钱大群：《唐律译注》，江苏古籍出版社1988年版。

[⑧] 钱大群：《唐律与唐代法律体系研究》，南京大学出版社1996年版。

律研究》(2000年)[①]、《唐律疏义新注》(2007年)[②]、《唐律与唐代法制考辨》(2013年)[③],曹漫之主编的《唐律疏议译注》(1989年)[④],钱大群与钱元凯的《唐律论析》(1989年)[⑤],钱大群与夏锦文的《唐律与中国现行刑法比较论》(1991年)[⑥],王立民的《唐律新探》(1993、2001、2007、2010、2016年)[⑦],钱大群与郭成伟的《唐律与唐代吏治》(1994年)[⑧],刘俊文的《唐律疏议笺解》(1996年)[⑨],徐永康、吉霁光、郑取的《法典之王——〈唐律疏议〉与中国文化》(2005年)[⑩],王东海的《古代法律词汇语义系统研究:以〈唐律疏议〉为例》(2007年)[⑪],刘晓林的《唐律"七杀"研究》(2012年)[⑫],赵晓耕主编的《古今之平:唐律与当代刑法》(2012年)[⑬]等。这些著作都以唐律研究为主题,从不同角度,对其进行深入研究。而且,出版的频率很高,平均两年不到就有一部出版,改变以往鲜有专门研究唐律著作的状态。

其次,一大批专门研究唐律的论文发表。中国在古、近代时期,虽有一些专门研究唐律的论文,但研究面不宽,论文数量也不多。改革开

[①] 钱大群:《唐律研究》,法律出版社2000年版。
[②] 钱大群:《唐律疏义新注》,南京师范大学出版社2007年版。
[③] 钱大群:《唐律与唐代法制考辨》,社会科学文献出版社2013年版。
[④] 曹漫之主编:《唐律疏议译注》,吉林人民出版社1989年版。
[⑤] 钱大群、钱元凯:《唐律论析》,南京大学出版社1989年版。
[⑥] 钱大群、夏锦文:《唐律与中国现行刑法比较论》,江苏人民出版社1991年版。
[⑦] 王立民:《唐律新探》,共有五版,第一、二版分别由上海社会科学院出版社于1993、2001年出版,第三、四、五版,由北京大学出版社分别于2007、2010、2016年出版。
[⑧] 钱大群、郭成伟:《唐律与唐代吏治》,中国政法大学出版社1994年版。
[⑨] 刘俊文:《唐律疏议笺解》,中华书局1996年版。
[⑩] 徐永康、吉霁光、郑取:《法典之王——〈唐律疏议〉与中国文化》,河南大学出版社2005年版。
[⑪] 王东海:《古代法律词汇语义系统研究:以〈唐律疏议〉为例》,中国社会科学出版社2007年版。
[⑫] 刘晓林:《唐律"七杀"研究》,商务印书馆2012年版。
[⑬] 赵晓耕主编:《古今之平:唐律与当代刑法》,社会科学文献出版社2012年版。

放以后,专门研究唐律的论文大量发表,数量非常多,达 700 余篇。[①] 其中包括了何勤华的《唐律债法初探》(1984 年)[②],徐显明的《唐律中官吏犯罪初探》(1985 年)[③],俞荣根、王祖志的《试论〈唐律疏议〉的伦理法思想》(1986 年)[④],霍存福的《论〈唐律〉"义疏"的法律功能》(1987 年)[⑤],侯欣一的《唐律与明律立法技术比较研究》(1996 年)[⑥],高绍先的《〈唐律疏议〉与中国古代法律文化》(1997 年)[⑦],郑显文、于鹏翔的《试论唐律对唐前期寺院经济的制约》(1999 年)[⑧],闫晓君的《竹简秦汉律与唐律》(2005 年)[⑨],苏亦工的《唐律"一准乎礼"辨正》(2006 年)[⑩],马小红的《唐律所体现的古代立法经验》(2008 年)[⑪],艾永明、郭寅枫的《〈唐律〉别籍异财之禁探析》(2010 年)[⑫],刘晓林的《唐律误杀考》(2012 年)[⑬],岳纯之的《论〈唐律疏议〉的形成、结构和影响》(2013 年)[⑭],张生的《"唐律五百条":规范技术、法律体系与治平理念的融贯统一》(2016 年)[⑮],蒋楠楠的《传统法典中的法理及其现代价值——以〈唐律疏议〉为

[①] 2019 年 2 月 11 日访问"中国知网",以"唐律"为篇名的搜索中,显示的论文有 776 篇,其中改革开放以后发表的是 773 篇(含少量学位论文)。
[②] 何勤华:《唐律债法初探》,《江海学刊》1984 年第 6 期。
[③] 徐显明:《唐律中官吏犯罪初探》,《东岳论丛》1985 年第 1 期。
[④] 俞荣根、王祖志:《试论〈唐律疏议〉的伦理法思想》,《现代法学》1986 年第 4 期。
[⑤] 霍存福:《论〈唐律〉"义疏"的法律功能》,《吉林大学社会科学学报》1987 年第 4 期。
[⑥] 侯欣一:《唐律与明律立法技术比较研究》,《法律科学》1996 年第 2 期。
[⑦] 高绍先:《〈唐律疏议〉与中国古代法律文化》,《现代法学》1997 年第 2 期。
[⑧] 郑显文、于鹏翔:《试论唐律对唐前期寺院经济的制约》,《中国经济史研究》1999 年第 3 期。
[⑨] 闫晓君:《竹简秦汉律与唐律》,《学术月刊》2005 年第 9 期。
[⑩] 苏亦工:《唐律"一准乎礼"辨正》,《政法论坛》2006 年第 3 期。
[⑪] 马小红:《唐律所体现的古代立法经验》,《南京大学法律评论》2008 年春秋合卷。
[⑫] 艾永明、郭寅枫:《〈唐律〉别籍异财之禁探析》,《法学研究》2010 年第 5 期。
[⑬] 刘晓林:《唐律误杀考》,《法学研究》2012 年第 5 期。
[⑭] 岳纯之:《论〈唐律疏议〉的形成、结构和影响》,《政法论丛》2013 年第 2 期。
[⑮] 张生:《"唐律五百条":规范技术、法律体系与治平理念的融贯统一》,《中国社会科学院研究生院学报》2016 年第 2 期。

研究中心》（2018年）[①]，周萍的《从〈唐律疏议〉看唐代文书档案制度》（2019年）[②]，等等。可见，自改革开放以来，中国发表的唐律论文不仅量大，而且涉及的研究面宽，也为以往任何时期的唐律研究所不及。

最后，一支唐律研究的队伍已经形成。唐律研究是一种学术研究，研究主体是人。在当今中国，这一研究主体已形成为一支队伍。这支队伍中大致可分为两个部分。一部分是在一段时间内，研究过唐律的学者。他们出版、发表过唐律的成果，但没有持续，成果不多。另一部分是一些长期从事唐律研究的学者。他们把唐律作为进行长期研究的对象，连续出版、发表唐律研究的成果，数量也相对多一些。这两部分学者结合在一起，唐律研究队伍就比较强大了。而且，这些队伍中还是老、中、青相结合，特别是青年学者。他们研究潜力大，学术生命力旺盛，钻研干劲足，是唐律研究不可多得的新兴力量。这也预示着，中国唐律研究后继有人，也可持续发展。

这三个方面的综合，反映了中国唐律研究在改革开放以后的实际状况，也是一种现实。这种现实告诉人们，改革开放以后，中国的唐律研究已为世界上其他国家所不及，中国已成为世界唐律研究的中心，中国唐律研究的学者功不可没。

当前，从事唐律研究的年轻人中，刘晓林脱颖而出。在近10年时间里，他不仅出版了个人专著《唐律"七杀"研究》，还在《法学研究》《法学家》《政法论坛》《清华法学》《法律科学》《当代法学》等重要期刊上发表了专门研究唐律的论文10余篇，有些已在学术界引起了不小的反响。当前，在唐律研究人才辈出，唐律研究成果如林的情况，晓林能够成为一颗新星，实属不易。这是他坚持不懈，十年寒窗的奋斗结果，也

[①] 蒋楠楠：《传统法典中的法理及其现代价值——以〈唐律疏议〉为研究中心》，《法制与社会发展》2018年第5期。

[②] 周萍：《从〈唐律疏议〉看唐代文书档案制度》，《档案管理》2019年第1期。

是他运用正确的研究方法，逐渐探索唐律研究规律的结果。目前，晓林在唐律研究中，已游刃有余，成为一位名副其实的新秀，可喜可贺。

现又欣悉，晓林的唐律研究新作《唐律立法语言、立法技术及法典体例研究》一书即将问世，十分高兴。此书与《唐律"七杀"研究》相比，在学术上又有较大提升，特别在唐律研究的体系化、理论化方面更加成熟，有些问题的探讨已上升至传统法制与法律文化的领域，如书中对唐律"情"与"理"的探讨。同时，还对于以往学界通行的观点提出了深刻的反思，为认识传统法的观念指向了新的路径。这些都是他的学术创新与贡献。

唐律的内容有限，而唐律的研究无限。期望晓林能不断学习、借鉴前人研究唐律的经验，进一步形成自己的研究特色，与大家一起，把世界级的唐律进一步发扬光大，使世界性唐律研究在中国再创辉煌。

王 立 民

2019年春节于华东政法大学

目 录

绪论………………………………………………………………1
    研究缘起………………………………………………………1
    研究现状………………………………………………………3
    主旨与方法……………………………………………………6
    结构与创新……………………………………………………8

第一章 唐律中的"情"……………………………………………12
  一、"情"的含义与用法…………………………………………14
    （一）"情"的含义……………………………………………14
    （二）竹简秦汉律中的"情"…………………………………16
    （三）《唐律疏议》中的"情"…………………………………20
  二、《唐律疏议》中的"人情"…………………………………21
  三、《唐律疏议》中的"正刑定罪"之"情"……………………24
    （一）主观心态与主观意愿…………………………………24
    （二）知情、不知情…………………………………………27
    （三）原情、责情、量情与论情………………………………30
  四、小结…………………………………………………………33

第二章 唐律中的"理"……………………………………………36
  一、《唐律疏议》中"理"表达的通常含义……………………37
    （一）司法官员或司法机关…………………………………37
    （二）处理………………………………………………………38

（三）伦理与常理 ································· 39
　　（四）内容 ······································· 40
二、《唐律疏议》中"理"作为司法审判的根据或理由 ······· 43
　　（一）条文直接表述的根据、理由 ··················· 44
　　（二）评价行为是否合法的根据、理由 ··············· 49
　　（三）比类相附的根据、理由 ······················· 52
三、《唐律疏议》的结构与"理"的含义 ··················· 57
　　（一）按照律、注、疏的结构统计"理"的出现频次 ····· 57
　　（二）按照律、注、疏的结构统计"理"所在的条文 ····· 58
　　（三）唐律疏文的功能及其中"理"的含义与用法 ······· 59
四、小结 ··· 61

第三章　唐律中的"不用此律" ························· 64
一、《名例》中的"不用此律" ··························· 67
　　（一）"不用此律"所排除的法例的内容 ··············· 69
　　（二）"不用此律"排除法例适用效力的条件 ··········· 70
二、《名例》以外的"不用此律" ························· 71
　　（一）"不用此律"所排除的罚则的内容 ··············· 73
　　（二）"不用此律"排除罚则适用效力的条件 ··········· 74
三、《唐律疏议》中"不用此律"相关内容的渊源 ··········· 75
四、小结 ··· 78

第四章　唐律中的"余条准此" ························· 82
一、唐律中"余条准此"的含义与用法 ····················· 82
　　（一）含义与表述形式 ····························· 82
　　（二）"准此"与"准" ······························· 86
　　（三）唐律中"准此"的用法 ························· 89
二、唐律中"准此"的渊源 ······························· 97

（一）正史文献中的"准此" …………………………………… 98
　　（二）法典中的"准此" …………………………………………… 99
　三、唐律中"准此"的性质与功能 …………………………… 108
　　（一）"准此"的性质 …………………………………………… 108
　　（二）"准此"的功能 …………………………………………… 112
　四、小结 …………………………………………………………… 115

第五章　唐律中的"罪名" ………………………………………… 119
　一、"罪名"的含义 ……………………………………………… 121
　　（一）传世文献中"罪名"的含义与用法 …………………… 122
　　（二）唐律中"罪名"的含义与用法 ………………………… 124
　二、唐律中的"有罪名" ………………………………………… 129
　　（一）"有罪名""立罪名"与"定罪名" …………………… 131
　　（二）"罪名不等"与"罪名不同" …………………………… 132
　　（三）无固定表述形式的"罪名" …………………………… 133
　　（四）"有罪名"的定罪量刑标准 …………………………… 133
　三、唐律中的"无罪名" ………………………………………… 135
　　（一）"律无罪名"与"条无罪名" …………………………… 137
　　（二）无固定表述形式的"无罪名" ………………………… 138
　　（三）"无罪名"的定罪量刑标准 …………………………… 139
　四、"罪名"在明清律中的发展 ………………………………… 144
　五、小结 …………………………………………………………… 147

第六章　唐律中的"枉法"与"不枉法" ………………………… 151
　一、"枉法"与"不枉法"的含义 ……………………………… 152
　　（一）传世文献中的"枉法"与"不枉法" ………………… 152
　　（二）竹简秦汉律中的"枉法" ……………………………… 155
　　（三）唐律中的"枉法"与"不枉法" ……………………… 156

二、"枉法"与"不枉法"的量刑 159
　　(一)监临主司受财枉法、不枉法 159
　　(二)比附"枉法"定罪量刑的行为 161
三、"枉法"与"不枉法"的关系 164
四、"不枉法"在后世刑律中的发展 166
五、小结 168

第七章　唐律中"纠弹官"的职务行为及其处罚 170
一、"纠弹"与"纠弹之官" 171
二、"纠弹之官"受财及其处罚 173
三、"纠弹之官"失职及其处罚 179
　　(一)不应纠弹之事妄作纠弹 180
　　(二)应举劾而不举劾 182
四、小结 184

第八章　唐律中的"故杀"及其来源 186
一、"贼"与"贼杀"的含义及其发展 187
二、"贼"与"故"的交织及"故杀"的形成 190
三、"贼杀"与"故杀"的比较 194
　　(一)汉律中的贼伤演化为唐律中的殴伤并比照斗伤定罪量刑 197
　　(二)汉律中的谋贼杀演化为唐律中的谋杀 199
四、小结 200

结语 202
参考文献 207
后记 218

表 目 录

表 1.1 《唐律疏议》中"情"的含义与表述分布表 ················· 20

表 1.2 《唐律疏议》中"人情"的表述形式与分布表 ··············· 22

表 1.3 《唐律疏议》中"情"作主观心态、主观意愿的表述形式与分布表 ······· 25

表 2.1 "理"的内容由本条规定之情况分布表 ················· 46

表 2.2 "理"的内容为引述其他条文之情况分布表 ················ 47

表 2.3 "理"的内容为抽象法律原理之情况分布表 ················ 48

表 2.4 "理"的内容为行为的合法性评价之情况分布表 ·············· 51

表 2.5 "理"的内容为类比的根据之情况分布表 ················· 54

表 3.1 《唐律疏议》中的"不用此律"分布表 ·················· 65

表 3.2 《唐律疏议·名例》中"不用此律"的具体内容详表 ············ 68

表 3.3 《唐律疏议·名例》以外"不用此律"的具体内容详表 ··········· 72

表 4.1 《唐律疏议》各篇"准此"分布表 ···················· 85

表 5.1 《唐律疏议》中"罪名"分布表 ····················· 124

表 5.2 《唐律疏议》中"有罪名"及相关表述形式分布表 ············· 130

表 5.3 《唐律疏议》中"无罪名"及相关表述形式分布表 ············· 136

表 6.1 监临主司受财枉法量刑详表 ······················ 160

表 6.2 监临主司受财不枉法量刑详表 ····················· 160

表 6.3 比附"枉法"量刑详表 ························· 162

表 7.1 纠弹之官受财数额及量刑详表 ····················· 177

表 7.2 纠弹官员职务犯罪行为量刑幅度简表 ·················· 184

绪　　论

研究缘起

古今法制与法律文化存在着巨大的差异，亦有诸多暗合，对之进行深入辨析是法律史研究得以深入与展开的理论基础与逻辑起点。[①] 从研究者的角度来看，古今法制与法律文化差异多是价值性的，而暗合多是功能性的。如"八议""十恶"等制度仅是整个传统政治体制的具体组成，在根本政治结构变革的背景之下无法继续存在与发展；其在传统政治体制下所具有的功能在现代政治结构之下也未必具有积极意义。而

[①] 当然，这里有一个不容忽视的前提性问题：法律史研究尤其是古代法律制度史的研究是否需要有现代法学理论的观照、是否需要面向现代法？或者说法律史研究"法学化"抑或"史学化"的问题。对此，已有较多专门探讨的优秀作品，其观点大致可分为倾向史学化、倾向法学化与兼顾法学化与史学化并积极吸收两者的研究优势三类，相关成果包括（但不限于）：苏亦工：《法律史学研究方法问题商榷》，《北方工业大学学报》1997 年第 4 期；徐忠明：《关于中国法律史研究的几点省思》，《现代法学》2001 年第 1 期；刘广安：《中国法史学基础问题反思》，《政法论坛》2006 年第 1 期；邓建鹏：《中国法律史研究思路新探》，《法商研究》2008 年第 1 期；胡永恒：《法律史研究的方向：法学化还是史学化》，《历史研究》2013 年第 1 期；高仰光：《法律史学方向：向"法学化"回归》，《中国社会科学报》2018 年 8 月 9 日，第 3 版；何勤华：《法学研究应从史学中汲取营养》，《光明日报》2018 年 10 月 15 日，第 14 版；张生：《中国法律史学的知识价值与功能》，2018 年 10 月 15 日，第 14 版；朱腾：《中国法律史学学科意义之再思》，2018 年 10 月 15 日，第 14 版。若法律史的研究丝毫不关注现代法的概念与理论，自然不存在所谓古今差异或暗合的问题，也就无所谓以之为基础或起点深入研究的问题。但既然我们称之为"法律史"，自然是需要有基本法律原理的观照，这就存在着从古今法律规则或规范之间提取"最大公约数"的问题。

立法语言、立法技术以及法典编纂体例等方面的内容,古今差异并不明显。如现代刑法理论中的"罪名""罪状"与"法定刑"于传统刑律中未必存在,或者虽然有相同的表述却未必表达相同的含义、发挥着相同的功能,但传统刑律中必然存在着对于犯罪行为的描述以及是否对之处罚、如何对之处罚的内容。因此,从功能性的角度在古今法制与法律文化之间提取"最大公约数",①并深入考察这些内容在古今不同语境之下具体的"运行模式",②进而概括古今法制何处暗合?差异为何?为何如此?这大概是对待传统法制与法律文化必须解决的认识与评价问题,至于"古为今用"或将传统法治资源进一步的"转化",则是建立在全面认识与客观评价基础之上的。③

---

① 比如法律史学界甚至是法学界争论已久的问题,中国古代有没有民法(私法)?中国古代的民法(私法)是否发达?问题之所以难于解决是因为相关讨论缺乏共识性的基础。"民法"与大量现代法学理论中的概念一样舶自西方,因此我们很难说中国古代存在着"民法"这样一个蕴含着西方观念的规范体系。如果我们将问题化约为中国古代有没有民事生活,这个问题则是比较容易解决的。作为社会生活中的人,最为基本的生存、生活需要就是衣食住行,而衣食住行皆要和其他社会生活主体发生关系,这种平等的社会生活主体之间的社会行为就是民事行为。民事行为自然会发生纠纷、争议,纠纷与争议产生了就需要解决,国家公权力解决大量的此类纠纷不是随意的,而是有明确的规则。这些规则既包含了解决不同纠纷内容各自依据的标准,也包含了特定机构或特定人员解决纠纷的过程。若没有发生纠纷与争议,大量民事行为的积累必然会在行为主体之间形成如何为或不为具体行为的规则。这些内容应该就是我们所说的民事法律规范。中国古代未必存在"民法"或"civil law",但必定存在大量的民事法律规范或者说关于规范民事生活的规则,否则会违背我们的常识性认识。问题的关键只是中国古代的民事法律规范以何种载体呈现?显然不是民法典或单纯的习惯法,至于具体是什么,则是需要专门探讨的问题。那么,"民事法律规范"的存在应当是古今法制当中的"最大公约数"。

② 此处所谓"运行模式"即将所提取的古今法制的相同要素置于法理学中"法的运行"的具体环节中深入考察。"法的运行是一个从法的制定到实施的过程,也是一个由法的效力到法的实效的过程,还是一个从凝聚法的价值共识到法的价值实现的过程。法的制定即立法,是法运行的起点。"张文显主编:《法理学》(第五版),高等教育出版社2018年版,第223页。也就是说将所提取的古今法制的相同要素分别置于立法、执法、守法、司法、法律监督等相应环节,具体分析其含义、功能以及其他方面的具体内容。

③ 参见刘晓林:《中国传统法律文化的认识、评价与转化》,《中国社会科学报》2017年9月20日,第7版。

若要提取传统法与现代法之间的"最大公约数",存在于法律规范中的立法语言与专业术语自然是最为恰当的选择,"立法语言是使用于法律、法规和规章文本中,传递立法意图和体现立法政策的信息载体。"[①]现代法律制度当中,立法语言是最为基本的要素,传统法亦然。大量立法语言有机组合,并以法律规范或法典的基本形式呈现出来,同时,立法语言也是法制体系最直接的载体,还是立法技术的重要内容。具体的法律词汇则是立法语言的核心与基础。中国古代立法语言是传统法制与法律文化最直接的载体与标识,也是法律文化传播与延续、发展的媒介。中国传统律学对法律术语的研究非常重视,《唐律疏议》对法律术语的诠释极为系统、全面、深入、准确。

本书以中国古代立法的巅峰之作《唐律疏议》为中心,以唐律中的立法语言为切入点,结合相关的出土文献与其他传世文献,从实证的角度对唐律中的法律词汇、术语进行系统梳理,进而对唐律立法技术、法典体例与结构进行深入探讨,以此完善唐律与唐代法制的研究,最终揭示我国传统法律文化的丰富内涵。

研究现状

《唐律疏议》体系完整、言辞精密、学理透彻,堪称中华法系之杰作,其影响及于整个东亚文化圈。中外学者对唐律与唐代法制进行了充分研究,针对唐律立法思想与立法技术也有一些深入探讨。

唐律与唐代法制研究的代表性成果包括但不限于:我国学者徐道临、戴炎辉、杨廷福、乔伟、刘俊文、潘维和、高明士与钱大群等编著的

[①] 朱涛、柴冬梅:《刍议立法语言的"准确性"元规则及其实现——基于规范化的分析视角》,《河北法学》2016年第6期。

唐律研究系列成果；① 日本学者仁井田陞《唐宋法律文书の研究》② 等；德国学者卡尔·宾格尔的《唐代的法律史资料》、③ 英国学者崔瑞德（又译为特威切）特的《初唐法律论》④ 等。尚有其他学者与成果，不再详列。唐律与唐代法制研究成果中一般都会对立法技术、法典结构等问题有所涉及，如钱大群教授著《唐律研究》专章探讨了"唐律的结构"；⑤ 王立民教授著《唐律新探》专章探讨了"唐律的'疏议'作用"与"唐律律条的协调"。⑥ 但此类研究成果旨在比较全面地介绍唐律与唐代法制的整体状况与立法思想，专门针对某一词汇、术语而挖掘其所蕴含的立法技术等方面内容相对不足。

以笔者所见，针对唐律立法技术进行的研究较多，代表性成果包

---

① 具体著作包括（但不限于）：徐道临：《唐律通论》，中华书局1947年版；杨廷福：《唐律初探》，天津人民出版社1982年版；乔伟：《唐律研究》，山东人民出版社1986年版；王立民：《唐律新探》（第四版），北京大学出版社2010年版；刘俊文：《敦煌吐鲁番唐代法制文书考释》，中华书局1989年版；刘俊文：《唐律疏议笺解》，中华书局1996年版；刘俊文：《唐代法制研究》，文津出版社1999年版；钱大群、钱元凯：《唐律论析》，南京大学出版社1989年版；钱大群、夏锦文：《唐律与中国现行刑法比较论》，江苏人民出版社1991年版；钱大群：《唐律研究》，法律出版社2000年版；潘维和：《唐律学通义》，汉林出版社1979年版；高明士：《唐律与国家社会研究》，五南图书出版股份有限公司1999年版；高明士：《唐代身分法制研究——以唐律名例律为中心》，五南图书出版股份有限公司2003年版；高明士：《唐律诸问题》，台大出版中心2005年版；戴炎辉：《唐律各论》，成文出版社1988年版；戴炎辉：《唐律通论》，戴东雄、黄源盛校订，元照出版公司2010年版。

② 〔日〕仁井田陞：《唐宋法律文书の研究》，东方文化学院东京研究所1937年版。

③ Karl Bünger, Quellen zur Rechtsgeschichte der T'ang-Zeit, Peiping: Catholic University, 1946.

④ 〔英〕丹尼斯·C.特威切特：《初唐法律论》，张中秋摘译，贺卫方校，《比较法研究》1990年第1期。

⑤ 钱大群教授专著《唐律研究》分为四编："立法研究""刑罚及刑罚运用研究""犯罪研究""刑律的任务与特点研究"，各编皆有探讨立法技术的内容，如第一编、第三章"唐律的结构"，第二编、第六章"量刑"。参见钱大群：《唐律研究》，法律出版社2000年版，第53—74、131—142页。

⑥ 参见王立民：《唐律新探》（第四版），第17—44页。

括但不限于：郝铁川《传统思维方式对当代中国立法技术的影响》、[①]侯欣一《唐律与明律立法技术比较研究》[②]、钱大群《唐律立法量化技术运用初探》、[③]冯岚《论法律儒家化的完成和古代立法技术的第一次大发展——秦、唐律比较后的一个发现》、[④]张春海《唐律、〈高丽律〉法条比较研究》、[⑤]、张中秋《为什么说〈唐律疏议〉是一部优秀的法典》、[⑥]王立民《中国传统法典条标的设置与现今立法的借鉴》、[⑦]姜涛《追寻定性与定量的结合——〈唐律〉立法技术的一个侧面》。[⑧]以上成果对唐律立法技术做了比较深入的探讨，其切入点集中于立法量化技术与比较研究两方面，个别成果对立法语言、法律词汇稍有涉及，如钱大群教授与王立民教授论文，但限于文章主题，未能以立法语言为切入对唐律立法技术以及立法体例、法典结构做系统探讨。

还有一些词汇学、语言学的研究成果对唐律中的立法语言做了深入的探讨，代表性成果包括但不限于：董志翘《〈唐律疏议〉词语杂考》[⑨]与《〈唐律疏议〉词语考释》、[⑩]王启涛《中古及近代法制文书语言研究——以敦煌文书为中心》、[⑪]王东海《古代法律词汇语义系统研究——以〈唐

[①] 郝铁川：《传统思维方式对当代中国立法技术的影响》，《中国法学》1993年第4期。
[②] 侯欣一：《唐律与明律立法技术比较研究》，《法律科学》1996年第2期。
[③] 钱大群：《唐律立法量化技术运用初探》，《南京大学学报（哲学·人文·社会科学）》1996年第4期。
[④] 冯岚：《论法律儒家化的完成和古代立法技术的第一次大发展——秦、唐律比较后的一个发现》，《中山大学研究生学刊（社会科学版）》2001年第4期。
[⑤] 张春海：《唐律、〈高丽律〉法条比较研究》，《南京大学法律评论》2011年秋季卷，法律出版社2011年版，第115—143页。
[⑥] 张中秋：《为什么说〈唐律疏议〉是一部优秀的法典》，《政法论坛》2013年第3期。
[⑦] 王立民：《中国传统法典条标的设置与现今立法的借鉴》，《法学》2015年第1期。
[⑧] 姜涛：《追寻定性与定量的结合——〈唐律〉立法技术的一个侧面》，《安徽大学学报（哲学社会科学版）》2016年第1期。
[⑨] 董志翘：《〈唐律疏议〉词语杂考》，《南京师大学报（社会科学版）》2002年第4期。
[⑩] 董志翘：《〈唐律疏议〉词语考释》，《古籍整理研究学刊》2003年第1期。
[⑪] 王启涛：《中古及近代法制文书语言研究——以敦煌文书为中心》，巴蜀书社2003年版。

律疏议〉为例》》①与《立法语言中的法律常用词研究》,②曹小云《〈唐律疏议〉词汇研究》。③这些成果对唐律语言、词汇的梳理非常细致,对于其语法、语义、语用等方面的内容探讨得非常深入。但限于学科背景以及研究主题,未能将微观层面的语词、语义分析与法律原理、法典体例进行沟通。因此,在专门的词汇学与语言学研究领域,《唐律疏议》与其他文本并无本质的差异,其中所包含的词汇、术语并没有作为立法语言而体现出特有属性,更不会通过立法语言深入分析立法技术与法典体例。

综上,现有成果对唐律与唐代法制的宏观探讨与微观分析从质与量两方面皆达到了一定的深度与广度,但以《唐律疏议》中的立法语言为切入点,系统归纳唐律立法技术的研究成果尚不多见,从法律词汇、立法技术与法律原理的实证分析出发,综合探讨唐律法典结构与立法体例的研究成果更是阙如。

主旨与方法

唐律及律疏是中国传统立法与律学的巅峰之作,"凡五百条,共三十卷。其疏义则条分缕析,句推字解,阐发详明,能补律文之所未备。其设为问答,互相辨难,精思妙意,层出不穷,剖析疑义,毫无遗剩。……洵可为后世法律之章程矣。"④其影响及于后世历代王朝,"宋以后皆遵用,虽间有轻重,其大段固体本于唐也。"⑤唐律在立法技术、法律原理方

---

① 王东海:《古代法律词汇语义系统研究——以〈唐律疏议〉为例》,中国社会科学出版社 2007 年版。
② 王东海:《立法语言中的法律常用词研究》,《同济大学学报(社会科学版)》2013 年第 1 期。
③ 曹小云:《〈唐律疏议〉词汇研究》,安徽大学出版社 2014 年版。
④ 曹漫之:《唐律疏议译注》,吉林人民出版社 1989 年版,李光灿"序"第 2 页。
⑤ [清]沈家本:《历代刑法考》(一)《刑制总考四·唐》,邓经元、骈宇骞点校,中华书局 1985 年版,第 51 页。

面的成就也远远超过了同时代的西方各国。"在当时世界上，达到像唐律（及律疏）这样发达程度的法典一部也没有。即使被称为中世纪西欧划时代法典的《加洛林纳法典》，也不仅比唐律晚了九百年，发达的程度也大不如。甚至19世纪西欧的刑法典，与其相比也未必增色多少。"[①]从法学研究尤其是立法学的角度审视，《唐律疏议》为我国现存最早、最完整的法典，其集先代立法之大成、开后代立法之先河，同时凝结了传统律学发展的最高成就，对东亚各国法制的建立和完善也产生过广泛、深远的影响。毫无疑问，唐律"是我们今天研究中国法制史和东亚法制史所必须依据的基本资料。"[②]本书通过深入分析唐律中所包含的一些典型立法语言，从实证的角度进一步对唐律立法技术、法典结构与体例进行探讨，进而系统、全面地展现唐律乃至整个中国古代立法的精义所在。通过刑法学、立法学与法律史学的有效沟通，系统、全面地探讨以唐律为代表的传统法制在刑事立法方面所达到的辉煌成就。这将对完善当代刑法体系、建设中国特色社会主义法治体系尤其是对当下立法科学化提供有益的历史借鉴。

就研究方法而言，本书坚持马克思主义法学的基本立场，横向上，考察法律词汇、立法技术、法律原理及《唐律疏议》内部体系、结构；纵向上，考察唐律立法语言、立法技术的产生、演变及对后世法典的影响；从实证的角度揭示唐律法典体例与结构；广泛借鉴传统律学、现代刑事法学和历史文献学中的相关研究成果，进行综合研究。具体来说，本书主要采用以下研究方法：

---

① 〔日〕仁井田陞：《补订中国法制史研究·刑法》，东京大学出版会1981年版，第172页。转引自何勤华：《唐代律学的创新及其文化价值》，何勤华编：《律学考》，商务印书馆2004年版，第169页。

② 〔唐〕长孙无忌等：《唐律疏议》，刘俊文点校，中华书局1983年版，"点校说明"第4页。

第一，比较研究方法。将唐律中的立法语言、立法技术、法律原理与法典结构等方面的内容尽可能与秦汉、宋明清律中的相关内容进行深入比较，以梳理唐律立法语言、立法技术的发展、演变轨迹，同时可以深入理解中国传统法制发展过程中的若干特质。

第二，跨学科研究方法。主要是史学研究、语言学研究与法学研究相结合的方法，通过史料辨析、考释，揭示《唐律疏议》在条文方面的渊源与发展变化情况；同时从法学研究的角度出发，运用法学尤其是立法学与刑法学的概念、原理对相关史料进行分析。

第三，实证分析方法。主要是对典型立法语言、词汇在法典中的分布、出现频次以及具体含义、用法作实证分析，力图以详实的数据展示其在立法中的运用实态。同时，尽可能地描述、梳理出典型立法语言的发展、演变轨迹，并试图总结其发展、演变规律。

结构与创新

中国古代立法语言是传统法制与法律文化最直接的载体与标识，也是法律文化传播与延续、发展的媒介。本书以中国古代立法的巅峰之作《唐律疏议》中的立法语言为切入点，结合相关的出土文献与其他传世文献，从实证的角度对唐律中的法律词汇、术语进行系统梳理，进而对唐律立法技术、法典体例与结构进行深入探讨，以此完善唐律与唐代法制的研究，最终揭示我国传统法律文化的丰富内涵。

本书主干内容分为三部分：

第一部分侧重于探讨立法语言在法律规范与法典中所具有的专门含义与用法，并以此为基础揭示传统法的基本价值取向。该部分包括本书一、二两章，分别从"情"与"理"的通常含义入手，对其含义与用法分类探讨，并对其作为立法语言出现于《唐律疏议》中所表达的专门含义进行系统分析，法典中的"情"与"理"主要表达了司法过程中的主要依据："案件事实"与"法律规范"，就此来看，所谓"依法裁断"是传统立法本身所表达的价值取向。结合宋元明清刑律中的相关内容来看，这一价值取向始终为传统刑事立法所沿袭。

第二部分侧重于探讨法律规范与法典中存在的作为立法技术明确标识的立法语言，并将传统律典中特有的立法技术与法典编纂体例之间的相互影响、塑造作用进行系统分析。该部分包括本书三、四两章，分别探讨《唐律疏议》中出现的两个固定且典型的表述："不用此律"与"余条准此"。两者仅就语词的结构与形式来看，即具有明显的互补特征，前者是排除特定法律规范的适用效力而后者是扩展特定法律规范的适用效力。通过对唐律中"余条准此"与"不用此律"的探讨，最终指向的都是《唐律疏议》的法典编纂体例，尤其是《名例》一篇在整部律内作为"刑法总则"的特殊地位与功能。唐律乃至传统刑律采取的皆是客观具体、一事一例的体例，以具体、个别、客观列举的方式来规定通则性条款极易出现条文列举不清、不尽之处，也不大可能在《名例》一篇穷尽一部律内的通则性条款，而立法对这一缺陷的自足方式便是通过一些具体的技术手段在法典相应部分对立法不清、不尽之处予以说明、补充，"不用此律""余条准此"便是这些技术手段的具体表现形式。

第三部分将立法语言置于传统刑律中的核心问题"罪刑关系"中予以考察，并对典型词汇的含义、渊源与发展进行梳理，在此基础之上力图概括传统刑律的若干特质。该部分包括本书五、六、七、八四章，分别探讨唐律中"罪名""枉法"与"不枉法""故杀"等表述的具体含义以及唐律中所规定的"纠弹之官"的特殊职责与具体处罚。唐律中的"罪名"是法律条文对行为、情节、计罪标准及处罚所作的具体、个别、客观的列举，其内容不仅包含了现代刑法理论中的"罪状"与"法定刑"，还包含了定罪量刑具体方面的很多内容。这种表意结构为后世刑律沿袭，并随着刑事立法发展呈现更加具体化的趋势。唐律中"枉法"与"不枉法"皆为律内"赃罪正名",具体所指为监临主司受财行为的两种量刑情节。"不枉法"作为立法语言,其表述形式与定罪量刑内容是对"监临主司受财枉法"的补充,意图在于强化对"监临主司受财"行为的处罚。唐律中将监察、监督等职权及其专门机构各级官员称为"纠弹"与"纠弹之官",唐律中纠弹官的职务犯罪行为包括受财与失职两类,受财行为入罪门槛极低、处罚极重,失职又包括不应纠弹之事妄作纠弹与应举劾而不举劾,与受财相比起刑点更低且可顶格量刑。唐律对于纠弹官职务犯罪行为的量刑较之一般官员为重,根据具体情节量刑的区分度非常明显。秦汉魏晋时期,作为犯罪主观心态的"贼""故"并存,唐律中仅见"故"而无"贼","贼杀"演化为"故杀"。唐律中"无事而杀"的注释是为将"故杀"与"谋杀""斗杀"区别开来有意而作,汉律中的"贼伤"演化为唐律中的"殴伤"、汉律中的"谋贼杀"演化为唐律中的"谋杀"。

  隋朝以前的刑律大多失传,这给研究唐律中相关立法语言、立法技术的由来及发展、演变规律带来困难。但从《法经》起,历代刑律的篇目尚存,同时,近年来不断出土的竹简秦汉律也为深入研究提供了大量的佐证。以现存的刑律史料与其篇目相联系考察唐律立法语言、立法技术的渊源与流变也是本书拟突破的难点。从立法学、刑法学以及语言学的角度研究唐律,必须将法律史、刑法学、立法学以及语言学有效地结合起来,相近学科的发展是互相促进的,刑律制度是由大量立法语言通过特定立法技术予以合理表达的,立法语言、立法技术是伴随着每个时代立法的发展而日臻完备的。本书拟突破的重点就是将中国古代刑律史料与刑法学、立法学理论有效结合、借以展现中国古代发达的刑事法体系。

  本书旨在考察唐律典型立法语言的基本内容和运用之实态,以此为基础对唐律的立法技术做一个较为深入的研究,同时对《唐律疏议》的形式特征、逻辑结构、法典体例做一个较为系统的分析，这在一定程度上填补了学界相关研究的空白。以《唐律疏议》的立法语言为基础，结合传世的历代刑制篇目与出土的竹简秦汉律，对隋朝以前失传的古代刑制史料进行初步探究，这具有较大的史料价值；同时，将唐律立法语言与宋明清法典中的相关内容进行参照、比较，尽可能详细地揭示唐律立法在后世的影响。

第一章　唐律中的"情"

"情"通常表达人情、情欲与本情、实情两类含义，"情"作为人情、情欲在传世文献中非常普遍，此种含义与用法极易将法律规范与司法文书中出现的"情"等同于"人情"尤其是"私情"。[1]如果对"情"的表述与含义不加辨析，可能在一定程度影响我们认识传统法的主旨与基本价值追求。目前中外学者的相关研究主要是将传统立法与司法中的"情"置于"情理法"的理论框架之下进行系统分析，以此为基础，对传统立法的基本精神与司法依据等宏观方面进行了深入而有益的探究。[2]另有专门针对司法判决中的"情"与"人情"等表述进行深入探讨的成果，其中较为典型的研究是针对南宋判词所作的探讨，日本学者佐立治人针对《名公书判清明集》中所出现的"情""情理"及相关表述形式进行了系统分析，[3]英国学者马若斐同样是以《名公书判清明集》中的记载为素

---

[1] 实际上，此类观点非常普遍，多数是对于传统立法与司法基本内容未有系统认识基础之上的价值判断，即认为传统立法、司法受到人情、私情、伦理的影响极大；进一步则是将当下法律实践中所出现的一些负面问题归结于传统的影响。相关内容可参见（并不限于）陈亚平：《情、理、法：礼治秩序》，《读书》2002 年第 1 期；胡秀全：《论〈唐律疏议〉中的人情》，《黑龙江史志》2014 年第 11 期。

[2] 代表性成果包括但不限于：范忠信、郑定、詹学农：《情理法与中国人——中国传统法律文化探微》，中国人民大学出版社 1992 年版；俞荣根：《天理、国法、人情的冲突与整合》，《中华文化论坛》1998 年第 4 期；霍存福：《中国传统法文化的文化性状与文化追寻——情理法的发生、发展及其命运》，《法制与社会发展》2001 年第 3 期；胡克明：《我国传统社会中的情理法特征——交互融合与互动共生》，《浙江社会科学》2012 年第 3 期。

[3] 佐立治人指出：《清明集》中的'情''情理'，有时指事实关系，有时意味着对事实关系的评价，有时是在搞清事实关系的文理意义使用，有时是表示某种人际关系。另一方面，

材，对其中的"法""情""人情""理"及相关表述进行了深入探讨。①与之相似的是王斐弘以敦煌出土的《文明判集残卷》为基础，指出其中的人情、感情、情义、情分、情愿、情欲、性情、知情、同情等不同形式应当分别认识。②佐立治人与马若斐针对相同的研究对象得出了相似的结论，③即充分注意到司法判决中的"情"，尤其是对于判决结果产生直接影响的"情"及相关表述形式所表达的含义皆为案情、本情与实情。王文在很大程度上涉及了作为立法语言的"情"以及唐律立法的具体内

也常常说到以此作为判断基准，与清代的判词中出现的'情''人情'的用法相比较，其含义内容没有什么差异。"这种认识揭示了"情"的本意以及司法过程中司法官员的态度，据佐立治人统计，审判官在作出判决而言及作为判断基准"人情"，或者说"固非法意"，这样的判词在《清明集》中达三十多件。以"人情"曲"法律"的只有五例。作为判断基准的"人情"的作用是很小的。参见〔日〕佐立治人：《〈清明集〉的"法意"与"人情"——由诉讼当事人进行法律解释的痕迹》，杨一凡总主编、〔日〕川村康主编：《中国法制史考证（丙编第三卷）》，中国社会科学出版社2003年版，第452—461页。

① 马若斐认为："'情'与'情理'在阐述'事实'这一要素方面是相同的，这就意味着它们都主要指向某种实际存在的情形，叙述的是案件的相关情况，特别包括案件原、被告两造的相互关系及其彼此之间的相待之道。但这两个词又有所区别，'情理'中不仅包括了事实意义上的'情'，还包括了理由或道理意义上的'理'，所以说其内涵较之'情'更为丰富。'情理'与'情'在功能上有着相似之处，均为确定案情事实及说明理由之必需。但就定罪情节这一功能上来说，'情'与'情理'二者又存在着不同之处。后者不仅关注案件当事人的实际行为，同时也注意到了相应的人伦之道。"〔英〕马若斐：《南宋时期的司法推理》，陈煜译，中国政法大学法律古籍整理研究所编：《中国古代法律文献研究》（第七辑），社会科学文献出版社2013年版，第305页。

② 参见王斐弘：《敦煌法制文献中的情理法辨析》，《兰州学刊》2009年第9期。

③ 需要注意的问题是：佐立治人观点的提出在很大程度上是针对宫崎市定、滋贺秀三等学者观点的商榷，如宫崎市定认为宋代司法过程中民众对于法律规范及相关知识并不了解，进而不可能援引其支持自己的诉讼请求。参见〔日〕宫崎市定：《宋元时代的法制和审判机构》，刘俊文主编：《日本学者研究中国史论著选译（第八卷·法律制度）》，中华书局1992年版，第252—312页。滋贺秀三认为清代民事审判并非按照制定法规范的内容进行裁决，而是以"国法""天理""人情"综合进行调解，其过程中法律条文也不会严格适用。参见〔日〕滋贺秀三：《清代诉讼制度之民事法源的概括性考察——情、理、法》，〔日〕滋贺秀三等：《明清时期的民事审判与民间契约》，法律出版社1998年版，第19—96页。限于主旨，笔者对于相关成果及观点不再一一介绍，佐立治人文中已作了比较详细的介绍，可参看。

容,但仍未将"情"专门作为立法语言、法律词汇,详究其在法典中的基本含义、表述形式及特征。中外学者针对司法判决中的"情"及相关表述所作的探讨极为有益,也为我们认识传统司法的依据与理念提出了非常值得借鉴的素材与路径。以其研究为基础,有值得深入之处,中外学者皆明确指出唐宋明清"民事案件"[①]的诉讼中制定法是司法官员审理案件所依据的准则,"刑事案件"更是如此。这不仅是司法官员的理念也是国家的要求。那么,作为司法审判准则的制定法当中,"情"所表达的具体含义是极为重要而目前尚未深入探讨的问题。基于此,本章拟以《唐律疏议》中"情"的含义与表述为切入点,探讨"情"作为立法语言、法律词汇所具有的含义与用法,在此基础上,从微观的角度对唐律立法主旨与基本价值追求试做概括。

一、"情"的含义与用法

"情"作为使用频繁且常见的词汇,其本身的含义对于出现于不同语境当中的不同用法具有直接的影响。因此,必须对"情"的含义进行系统分析,以此为基础,对法典中"情"的表述、含义、用法及其发展变化情况试做梳理。

(一)"情"的含义

《说文解字》释"情":"人之阴气有欲者。"段玉裁注:"董仲舒曰:情者,人之欲也。人欲之谓情,情非制度不节。《礼记》曰:何谓人情,

---

[①] 佐立治人在《名公书判清明集》中的474件判词中分出250件左右"民事案件",其划分标准有两项要素条件:审判内容为"田宅、婚姻、债负";刑罚数量在"勘杖一百"之内。参见〔日〕佐立治人:《〈清明集〉的"法意"与"人情"——由诉讼当事人进行法律解释的痕迹》,第446页。

喜怒哀惧爱恶欲,七者不学而能。"[1]"情"是"人情"与"人欲",其内容不需后天习得,而是发自内心的本能生成,这是"情"最基本的含义。"人情"是"常情",朱熹谓:"欲生恶死者,虽众人利害之常情",[2]发自内心的"常情"从性亦从心,《朱子语类·性情心意等名义》载:"古人制字,亦先制得'心'字,'性'与'情'皆从'心'。……盖性即心之理,情即性之用。"[3]"性"是内心的人欲,"情"是内心人欲的外在表现,两者不可分割。既然表现于外,自然因人、因事、因时而有所不同,顾炎武谓:"朱子作君臣服议,……盖事亲者,亲死而致丧三年,情之至、义之尽也。事师者,师死而心丧三年,谓其哀如父母而无服,情之至,而义有所不得尽者也。事君者,君死而方丧三年,谓其服如父母,而分有亲疏,此义之至而情或有不至于其尽者也。"[4]事亲、事师、事君当参度人情而别贵贱亲疏,不同对象"情分"不同,表现亦当有别。

"情"尚有其他含义,《康熙字典》释"情":"情,实也。《论语》:上好信,则民莫敢不用情。"[5]"情"即本情、实情,《春秋左传·序》:"故发传之体有三,而为例之情有五。……推此五体,以寻经、传,触类而

---

① [汉]许慎撰、[清]段玉裁注:《说文解字注》,十篇下"心部",上海古籍出版社1981年影印版,第502页上。
② [宋]朱熹:《四书章句集注》卷十一《孟子集注·告子章句上》,中华书局1983年版,第332页。
③ [宋]黎靖德编:《朱子语类》卷第五,王星贤点校,中华书局1988年版,第91—92页。
④ [明]顾炎武撰、[清]黄汝成集释:《日知录集释》卷第十四,浙江古籍出版社2013年版,第857页。顾炎武所谓"朱子作君臣服议"见《礼记·檀弓上》:"朱子曰:'事亲者致丧三年,情之至,义之尽也。事师者心丧三年,其哀如父母而无服,情之至而义有不得尽者也。事君者方丧三年,其服如父母,而情有亲疏,此义之至而情或有不至于其尽者也。'"[清]孙希旦:《礼记集解》卷七《檀弓上第三》,沈啸寰、王星贤点校,中华书局1989年版,第165页。
⑤ [清]张玉书等总阅、[清]凌绍雯纂修、高树藩重修:《新修康熙字典》,启业书局1981年版,第520页上。

长之。"孔颖达正义曰:"上云'情有五',此言'五体'者,言其意谓之情,指其状谓之体,体情一也,故互见之。"① "言其意""指其状"才叫"情"。《淮南子·齐俗训》载:"亲母为其子治扢秃,血流至耳,见者以为爱之至也。使出于继母,则过者以为嫉也。事之情一也,所从观者异也。"② "事之情一也"即本情、实情为一,观察者的立场不同则结论各异。"情"作为本情、真情、实情,与司法、诉讼的关系最为密切,《周礼·天官·小宰》:"以官府之六叙正群吏:……六曰以叙听其情。"郑玄注曰:"叙,秩次也,谓先尊后卑也。……情,争讼之辞。"贾公彦疏曰:"'六曰以叙听其情'者,情,谓情实。则狱讼之情,受听断之时,亦先尊后卑也。"③ 郑玄谓"情"为"争讼之辞",贾公彦谓"情实",两者含义一致。《吏学指南·状词》释"状":"《演义》曰:'貌也。'以貌写情于纸墨也。"将案件本情、实情书面记录,这应当是"状"最基本的内容。"告状":"谓述其情而诉于上也。"④ 即将案情记述并提交司法机关。记录并提交的案情自然是本情、真情,其中"情"的含义非常明确。

(二)竹简秦汉律中的"情"

法律规范、法典中出现的高频次词汇作为专业术语,在保持其通常

---

① [周]左丘明撰、[晋]杜预注、[唐]孔颖达正义:《春秋左传正义》卷第一,北京大学出版社1999年版,第18—20页。
② 何宁:《淮南子集释》卷十一,中华书局1998年版,第806—807页。
③ [汉]郑玄注、[唐]贾公彦疏:《周礼注疏》卷第三,北京大学出版社1999年版,第54页。又《周礼·地官·比长》:"若无授无节,则唯圜土内之。"郑玄注曰:"圜土者,狱城也。狱必圜者,规主仁,以仁心求其情,古之治狱,悯于出之。"贾公彦疏曰:"云'圜土者,狱城也。狱必圜者,规主仁,以仁心求其情',……但狱断狱之法,有义有仁,虽以义断使合宜,仍以仁恩悯念求得情实。悯念出之,故狱城圜也。"[汉]郑玄注、[唐]贾公彦疏:《周礼注疏》卷第十二,北京大学出版社1999年版,第311页。
④ [元]徐元瑞等:《吏学指南(外三种)》,杨讷点校,浙江古籍出版社1988年版,第39页。

含义的基础上应当具有特殊性：立法语言、法律词汇直接针对法律关系的主体，直接决定法律行为的认定与法律责任的归属。那么，"情"出现在法律规范与法典当中所具有的特殊含义与用法就是需要进一步探讨的问题。睡虎地秦简《法律答问》与《封诊式》中见有关于"情"的表述三次：

《法律答问》

女子甲去夫亡，男子乙亦阑亡，相夫妻，甲弗告请（情），居二岁，生子，乃告请（情），乙即弗弃，而得，论可（何）殹（也）？当黥城旦舂。（一六七）

《封诊式·治狱》

治狱，能以书从迹其言，毋治（笞）谅（掠）而得人请（情）为上；治（笞）谅（掠）为下，有恐为败。（一）①

注释小组将"情"注释为"实情"，亦可作本情、真情，"弗告情"即没有告知实情，"乃告情"即女子甲生子后才将去夫逃亡的实情告知现在的丈夫乙。《封诊式》中的"情"也作本情、实情，具体来说表达的是案情之意。"毋笞掠而得人情"即司法官员没有通过刑讯手段就获得了案件本情、实情，相同的用法可见于《尉缭子·将理》："故善审囚之情，不待捶楚，而囚之情可毕矣。笞人之背，灼人之胁，束人之指，而讯囚之情，虽国士有不胜其酷，而自诬矣。"②又《礼记·大学》："无情者不得尽其辞，大畏民志。"郑玄注曰："'无情者不得尽其辞'者，情，犹实也。言无实情虚诞之人，无道理者，不得尽竭其虚伪之辞也。"③睡虎地秦律中

---

① 睡虎地秦墓竹简整理小组：《睡虎地秦墓竹简·释文》，文物出版社1990年版，第132、147页。

② 王云五主编：《丛书集成初编·吴子及其他一种·尉缭子》，潘同曾校，商务印书馆1937年版，第25页。

③ ［汉］郑玄注、［唐］孔颖达正义：《礼记正义》卷第六十，北京大学出版社1999年版，

所见的"情"皆为本情、真情、实情之意,且特指案件的本情。

张家山汉简《二年律令》中"情"出现八次,其中《盗律》四次、《亡律》两次、《津关令》两次。① 所见的"情"作"知情"使用五次,含义皆为知悉本情:

《盗律》

……买者智(知)其请(情),与同罪。(六七)

《亡律》

取(娶)人妻及亡人以为妻,及为亡人妻,取(娶)及所取(娶),为谋(媒)者智(知)其请(情),皆黥以为城旦舂。其真罪重,以匿罪人律论。弗智(知)(一六八)者不□(一六九)

取亡罪人为庸,不智(知)亡,以舍亡人律论之。所舍去未去,若已去后,智(知)其请(情)而捕告,及詷〈词〉告吏捕得之,皆除其罪,勿购。(一七二)

《津关令》

智(知)其请(情)而出入之,及假予人符传,令以阑出入者,与同罪。……(四八九)

将吏智(知)其请(情),与同罪。……(四九六)②

根据六七简的内容,"买者知其情,与同罪"即买者知悉卖者"不当卖",但仍然买受,买卖双方皆黥为城旦舂。其他几支简的内容亦如之,"知

第 1598—1599 页。

① 另,张家山汉简《奏谳书》中"情"出现七次,表述形式如:不智(知)其请(情)、其请(情)、非请(情)、言请(情)等,"情"的含义皆为本情、真情、实情,具体内容不再引述,参见张家山二四七号汉墓竹简整理小组:《张家山汉墓竹简〔二四七号墓〕(释文修订本)》,文物出版社 2006 年版,第 94、100—101 页。

② 张家山二四七号汉墓竹简整理小组:《张家山汉墓竹简〔二四七号墓〕(释文修订本)》,文物出版社 2006 年版,第 18、31—32、83、84 页。

"情"之后的内容一般都是"与同罪"或关于具体处罚的表述,一六九简虽残损,但根据前文,"不知"应当不予处罚。"知情"的表述是汉律中比较固定的形式,正史亦有记载,《后汉书·孔融传》引《汉律》:"与罪人交关三日已上,皆应知情。"[①]《二年律令》中还有三处关于"证不言情"的表述:

《盗律》

证不言请(情),以出入罪人者,死罪,黥为城旦舂;它各以其所出入罪反罪之。狱未鞫而更言请(情)者,除。吏谨先以辨告证。(一一〇)

城旦舂、鬼薪白粲有罪罳(迁)、耐以上而当刑复城旦舂,及日黥之若刑为城旦舂,及奴婢当刑毄主,其证不言请(情)、诬(一二一)人;奴婢有刑城旦舂以下至罳(迁)、耐罪,黥顔(颜)頯毄主,其有赎罪以下及老小不当刑、刑尽者,皆笞百。……(一二二)[②]

"言情"即陈述本情、真情与实情,根据一一〇简的内容,司法过程中如果证人没有陈述真情、实情,导致他人可能被错判死罪的,要处以黥为城旦舂的刑罚;由于未陈述实情而导致他人可能被错判为其他罪的,各以其所出入之罪处罚;如果宣判之前又陈述实情的,则可以免于处罚。一二一、一二二两支简的内容是关于特殊主体"证不言情"的处罚。

竹简秦汉律中,"情"的含义比较固定,皆作本情、真情、实情,而未见人情、人欲之"情"。当然,由于不见秦汉律全貌,其中是否有"情"作人情、人欲的用法不得而知,但从表述形式与出现的几率来看,即使

---

① [宋]范晔撰、[唐]李贤等注:《后汉书》卷七十《郑孔荀列传》,中华书局1965年版,第2265页。

② 张家山二四七号汉墓竹简整理小组:《张家山汉墓竹简〔二四七号墓〕》(释文修订本)》,第24、25页。

存在相关内容,人情、人欲也应当不是秦汉律中"情"的主要含义。① 换句话说,本情、真情、实情是秦汉律中"情"的主要含义与用法。

(三)《唐律疏议》中的"情"

《唐律疏议》中"情"共出现 282 次,涉及各篇中的条文共计 104 条。就表达的含义来看,大致可分为三类:一是通常的情,即人情;二是由"人欲"所引申的含义,"人欲"本质上是人内在的心理,"情"在唐律中也有作主观心态与主观意愿的用法;三是本情、真情与实情,其含义、用法以及典型表述形式皆与竹简秦汉律中所见的"情"一致。《唐律疏议》中"情"的含义、典型表述及出现频次如下:

表 1.1 《唐律疏议》中"情"的含义与表述分布表

含义	典型表述	出现频次	所占比例
人情	情轸向隅、孝爱情深、屈法申情等	11	4%
主观心态与主观意愿	情有觊望、情不涉私、情恶故为等	20	7%
本情、真情、实情	(不)知情、(不)言情、本情、原情等	251	89%

从唐律中"情"所表达的含义及出现的频次来看,作为本情、真情、实情的"情"是最主要的含义,此种用法不但在表意上沿袭了秦汉律中"情"的含义与用法,且相关律文与秦汉律有着非常明显的渊源关系。《断狱》"讯囚察辞理"条(476)② 载:

---

① 进一步探讨此问题,即使秦汉律中存在一些"情"表达人情、私情等含义的用法,其出现于法律条文当中对于具体行为是起何种引导性或规范性作用?是禁止、否定私情、情私还是许可这些内容?当然,基于竹简秦汉律的记载,无法进一步讨论,但这些内容在唐律中确有出现,具体含义与用法详见下文。

② 本书所引《唐律疏议》条文皆出自[唐]长孙无忌等:《唐律疏议》,刘俊文点校,中华书局 1983 年版。引述条文时仅在正文中标注篇目、条标,并在括号内注明总条文数。由于本书引述唐律条文众多,为避繁杂不再一一注明出处。

> 诸应讯囚者，必先以情，审察辞理，反复参验；犹未能决，事须讯问者，立案同判，然后拷讯。违者，杖六十。
>
> 《疏》议曰："依《狱官令》：'察狱之官，先备五听，又验诸证信，事状疑似，犹不首实者，然后拷掠。'故拷囚之义，先察其情，审其辞理，反复案状，参验是非。'犹未能决'，谓事不明辨，未能断决，事须讯问者，立案，取见在长官同判，然后拷讯。若充使推勘及无官同判者，得自别拷。若不以情审察及反复参验，而辄拷者，合杖六十。"

讯囚"以情审察辞理"即根据案件事实详细辨别囚犯供述的内容，"情"作情实，特指案件事实。"故拷囚之义，先察其情，审其辞理，反复案状，参验是非"与前述睡虎地秦简《封诊式·治狱》中的"治狱，能以书从迹其言，毋笞掠而得人情为上"显然表达了相同的内容，其中"情"的含义与用法皆一致。又《贼盗》"知略和诱和同相卖而买"条（295）载：

> 诸知略、和诱、和同相卖及略、和诱部曲奴婢而买之者，各减卖者罪一等。知祖父母、父母卖子孙及卖子孙之妾，若己妾而买者，各加卖者罪一等。（展转知情而买，各与初买者同。虽买时不知，买后知而不言者，亦以知情论。）

明知他人所卖之部曲、奴婢属不当买卖之列仍然买受的，根据具体情节予以处罚，这与前述张家山汉简《二年律令·盗律》六七简的内容非常相似，但唐律对于买受人的处罚区分了不同的具体情节，规定更加详细。

二、《唐律疏议》中的"人情"

唐律中"情"表达人情等含义仅出现 11 次，占总数的 4%，相关内容涉及了 10 条律文。表述形式与含义如下：

表1.2 《唐律疏议》中"人情"的表述形式与分布表

表述形式	含义	本条
情轸向隅	皇帝悲悯万民之情	《名例》"应议请减（赎章）"条（11）
情节于兹并弃	血缘、家族伦理之情	《名例》"十恶"条（6）
论情重		《名例》"同居相为隐"条（46）
情有降杀		《职制》"匿父母及夫等丧"条（120）
情理贱		《户婚》"居父母夫丧嫁娶"条（179）
恩情转杀		《斗讼》"殴兄姊等"条（328）
情疏易违		《斗讼》"殴詈祖父母父母"条（329）
忘情弃礼、孝爱情深		《斗讼》"告祖父母父母"条（345）
屈法申情	私情	《名例》"官当"条（17）
舍法用情		《断狱》"官司出入人罪"条（487）

"情"表达"人情"等含义应当是"人欲之情"的直接转述，根据其表达的具体内容，又可具体讨论。唐律中"情"有一次特指皇帝悲悯万民之情，《名例》"应议请减（赎章）"条(11)《疏》议曰："加役流者，旧是死刑，武德年中改为断趾。国家惟刑是恤，恩弘博爱，以刑者不可复属，死者务欲生之，情轸向隅，恩覃祝网，以贞观六年奉制改为加役流。""情轸向隅，恩覃祝网"即皇帝恩情遍及各个角落，恩与情可互训，恩情特指皇帝悲悯万民之情。"情"的此种用法多见于传世文献，《全唐文·太宗》载："皇情轸虑，哀彼黎元，推毂投柯，申兹吊伐，走以不武，奉遵朝寄。"[1]又《全唐文·权德舆》："皇情轸悼，追赠户部尚书，哀荣之礼，于公备矣。"[2]但"情"的此种含义与用法于唐律中仅见此处，这应当是借鉴传世文献中的人物传记与诗词等艺术表现力较强的笔法，[3]并非立法语言。

---

[1] ［清］董诰等编：《全唐文》卷十，中华书局1983年影印版，第115页下。
[2] ［清］董诰等编：《全唐文》卷五百七，第5158页下。
[3] "情"类似的含义与用法亦见于诗词，北宋诗人王禹偁《太师中书令魏国公册赠尚书令追封真定王赵(讳普)挽歌》有云："皇情弥轸悼，天柱折昆仑。"傅璇宗等主编：《全宋诗》

"情"表达血缘、家族伦理之情,唐律中此种用法出现八次,《户婚》"居父母夫丧嫁娶"条(179):"诸居父母及夫丧而嫁娶者,徒三年;妾减三等。"《疏》议曰:"……'妾减三等',若男夫居丧娶妾,妻女作妾嫁人,妾既许以卜姓为之,其情理贱也,礼数既别,得罪故轻。""情理贱"的表述中"理"作"……的内容",①此处表达的含义是妾所具有的"情"之内容较妻为贱,具体来说,妾较之妻在家族中的地位以及其与夫家的亲缘、伦理之情的内容为轻。结合后文"礼数即别"的表述,其含义非常清晰,《礼记·内则》载:"聘则为妻,奔则为妾。"郑玄注曰:"奔,或为'衔'。……聘,问也。妻之言齐也。以礼则问,则得与夫敌体。妾之言接也。闻彼有礼,走而往焉,以得接见于君子也。"②妻与妾的这些具体差异即"情理贱"表达的内容,也是"嫁娶为妾"与"嫁娶为妻"相比得罪轻的原因。

"情"表达私情时特指官员曲法之私情,③唐律中此种用法仅有两次,《名例》"官当"条(17)《疏》议曰:"受请枉法之类者,谓受人嘱请,屈法申情,纵不得财,亦为枉法。此例既多,故云'之类'也。"又《断狱》"官司出入人罪"条(487)《疏》议曰:"'官司入人罪者',谓或虚立证据,或妄构异端,舍法用情,锻炼成罪。""屈法申情"与"舍法用情"之"情"皆是私情,至于"私情"的具体内容,朱熹曰:"设使人无秉彝之良心,而但有利害之私情,则凡可以偷生免死者,皆将不顾礼义而为之

卷六五,北京大学出版社1991年版,第729页。

① 参见刘晓林:《〈唐律疏议〉中的"理"考辨》,《法律科学》2015年第4期。
② [清]孙希旦:《礼记集解》卷二十八《内则第十二》,沈啸寰、王星贤点校,中华书局1989年版,第773页。
③ 唐律中有一处表述字面上出现了"私情",《名例》"同职犯公坐"条(40):"若同职有私,连坐之官不知情者,以失论。"《疏》议曰:"'同职',谓连判之官及典。'有私',故违正理。余官连判不知挟私情者,以失论。"律《疏》中的"不知挟私情者"即对律文中"不知情者"的具体说明,其"不知挟私情"或当作"不知挟私之情",此处的"情"表达本情、真情与实情。

矣。"① 即有所利害，或是追逐利益，或是趋避祸害，弃成法于不顾。曲法与舍法的主体都是官员，其最终都会导致坏法，即官员由于受财或其他原因而枉公法以徇私情。因此，唐律中的"情"作"私情"时具有比较固定的特征：一是出现少；二是用法固定。立法对于律文中所出现的"私情"或"情私"表现出了明显的否定态度。②

三、《唐律疏议》中的"正刑定罪"之"情"

除了"人情"以外，唐律中的"情"还表达了两类含义：主观心态、主观意愿；本情、真情、实情。这两类含义的具体内容差别比较明显，但其作为立法语言与法律词汇所具有的功能是一致的。"凡律以正刑定罪"，③ 此为唐律立法的主旨与功能。那么，法典中的技术性手段包括立法语言、法律词汇等应当是围绕"正刑定罪"展开的。行为人的主观心态、主观意愿对定罪量刑具有直接的决定作用；本情、真情、实情更是定罪量刑的决定性因素。

（一）主观心态与主观意愿

唐律中"情"作主观心态与主观意愿出现了20次，占总数的7%，相关内容涉及16条律文。其含义与表述如下：

---

① [宋]朱熹：《四书章句集注》卷十一《孟子集注·告子章句上》，中华书局1983年版，第332页。
② "情"表达"私情"时所呈现出的此种特征也明显地表现在司法判决当中，佐立治人引述了真西山《谕州县官僚》中的文字："……亦不可徇公法以狥人情，……殊不思是非之不可移者，天理也，轻重之不可踰者国法也。"并指明"天理""国法""人情"之中，只有"人情"一词带有否定意义。参见〔日〕佐立治人：《〈清明集〉的"法意"与"人情"——由诉讼当事人进行法律解释的痕迹》，第452—461页。
③ [唐]李林甫等：《唐六典》卷第六，陈仲夫点校，中华书局1992年版，第185页。又见[后晋]刘昫等：《旧唐书》卷四十三《职官志》，中华书局1975年版，第1837页。

表 1.3 《唐律疏议》中"情"作主观心态、主观意愿的表述形式与分布表

表述形式	含义	涉及条文
亦任其情、任情去住、两和情愿、两情具惬、情不相得	主观意愿	《户婚》"养子舍去"条（157）、《户婚》"放部曲奴婢还压"条（160）、《户婚》"许嫁女辄悔"条（175）、《户婚》"义绝离之"条（190）
同情强娶、本情和同、共同情	兼具主观心态与主观意愿	《户婚》"监临娶所监临女"条（186）、《贼盗》"谋叛"条（251）
情恣庸愚、情有觊望、情无私曲、情不涉私、情恶故为、情无私曲、其情重、情乖恭肃、情在于恶、情在咆哮、率情增损、情不挟私	主观心态	《名例》序《疏》、《名例》"十恶"条（6）、《名例》"官当"条（17）、《名例》"老小及疾有犯"条（30）、《名例》"公事失错自觉举"条（41）、《斗讼》"斗殴杀人"条（306）、《斗讼》"于宫内忿争"条（311）、《斗讼》"告祖父母父母"条（345）、《诈伪》"对制上书不以实"条（368）、《诈伪》"医违方诈疗病"条（382）、《断狱》"监临自以杖捶人"条（483）

从具体含义分析，主观心态与主观意愿没有严格区分，但我们从"情"指涉的具体行为来看，两者有所区别。"情"表达主观意愿出现五次，涉及《户婚》中四条律文，内容为卑幼对其人身去留的意愿或婚姻双方的意愿。如《户婚》"放部曲奴婢还压"条（160）载："又问：部曲娶良人女为妻，夫死服满之后，即合任情去住。其有欲去不放，或因压留为妾及更抑配与部曲及奴，各合得何罪？答曰：……此等转嫁为妻及妾，两和情愿者，并不合得罪。唯本是良者，不得愿嫁贱人。"又《户婚》"义绝离之"条（190）《疏》议曰："'若夫妻不相安谐'，谓彼此情不相得，两愿离者，不坐。""任情去住""两和情愿"指的是对于人身去留依其主观意愿，"情不相得"亦是夫妻双方的主观意愿。

"情"的含义兼有主观心态与主观意愿出现了三次，涉及两条律文，

其内容涉及共同犯罪的认定与处罚。《户婚》"监临娶所监临女"条(186)《疏》议曰:"若亲属与监临官同情强娶,或恐喝娶者,即以本律首从科之,皆以监临为首,娶者为从。"又《贼盗》"谋叛"条(251):"诸谋叛者,绞。已上道者皆斩,(谓协同谋计乃坐,被驱率者非。)"《疏》议曰:"……'谓协同谋计乃坐',协者和也,谓本情和同,共作谋计,此等各依谋叛之法。'被驱率者非',谓元本不共同情,临时而被驱率者,不坐。""同情强娶"是说监临官与其亲属对强娶监临女的行为具有共同的犯罪故意,那么,"同情"表达的含义是监临官与其亲属既具备共同的认识因素也具备共同的意志因素。"本情和同"与"不共同情"相对,前者是"共作谋计",后者是临时被驱率。"谋计"的内容既包括共同的认识因素,也包括共同的意志因素。"情"在此处兼具主观状态与主观意愿,即数个行为人对共同犯罪行为的内容、行为方式、犯罪结果有大致相同或相似的认识,并具有决意实施共同犯罪行为的意志。处罚方面,监临官由于其特殊身份被认定为首犯,监临官之亲属为从犯,在监临官所处刑罚的基础上减一等科刑;① 而实施谋叛的数人,虽然在定罪方面区分首从,但处罚方面一体科斩,未有区分。②

"情"表达主观心态出现12次,涉及11条律文。多数情况下,"情"本身并未明确包含主观善恶的判断,需结合具体表述理解其含义,如情无私曲、情不挟私、情不涉私、情恶故为、情在于恶等。若行为人主观上没有恶意,其行为不构成犯罪或虽为犯罪但减轻或免于处罚;若行为人主观上存在恶意,其行为即属犯罪或应当加重处罚。前者如《名例》"官当"条(17)《疏》议曰:"私、曲相须。公事与夺,情无私、曲,虽违法式,是为'公坐'。各加一年当者,五品以上,一官当徒三年;九品以上,一官当徒二年。"又同条:"问曰:敕、制施行而违者,有公坐以否?

---

① 按《名例》"共犯罪造意为首"条(42):"诸共犯罪者,以造意为首,随从者减一等。"
② 按《名例》"共犯罪本罪别"条(43):"若本条言'皆'者,罪无首从。"

答曰：譬如制、敕施行，不晓敕意而违者，为失旨；虽违敕意，情不涉私，亦皆为公坐。"情无私曲"是说官员主观心态不存在徇私与曲法的故意，"情不涉私"则是说官员虽然有违敕意但主观心态不存在徇私的故意。后者如《名例》"老小及疾有犯"条（30）："其殴父母，虽小及疾可矜，敢殴者乃为'恶逆'。或愚痴而犯，或情恶故为，于律虽得勿论，准礼仍为不孝。老小重疾，上请听裁。""情恶故为"是说存在主观恶性，此处"情恶"与"故为"可互训，主观上存在恶性必然是故意犯罪，这也将"情"的具体含义表达得十分清晰。"情"表达主观心态时，仅有一处直接表达了主观恶意，《斗讼》"斗殴杀人"条（306）"问答"载："兵刃杀人者，其情重，文同故杀之法，会赦犹遣除名。"结合本条律《疏》："以刃及故杀者，谓斗而用刃，即有害心。"可知"情重"表达的含义为：以刃杀人较之手足杀人，行为人主观方面的恶意与害心更重，那么，"情"的含义即行为人主观方面的恶意与害心。

（二）知情、不知情

唐律中"知情""不知情"出现185次，[①]"情"作本情、真情、实情时74%皆为此表述形式，在唐律所见"情"的总数中也占到66%，相关内容涉及55条律文。[②] 从数量来看，"知情"与"不知情"是《唐律疏议》

---

① 其中还包括了一类特殊的表述形式："（不）知……情"，如《职制》"贷所监临财物"条（142）："依律：'犯时不知，依凡论。'官人不知剩利之情，据律不合得罪。"又《贼盗》"因盗过失杀伤人"条（289）《疏》议曰："'同行人而不知杀伤情者，止依窃盗法'，谓同行元谋窃盗，不知杀伤之情，止依'窃盗'为首从。杀伤者，依'强盗'法。"

② 由于唐律中"知情""不知情"的表述涉及条文较多，其含义、功能与用法又较为单一，故不再将其表述形式与具体内容详细列出，可参看以下条文相关内容，《名例》五条："人兼有议请减"条（14）、"工乐杂户及妇人犯流决杖"条（28）、"以赃入罪"条（33）、"略和诱人等赦后故蔽匿"条（35）、"同职犯公坐"条（40）；《卫禁》七条："宫殿门无籍冒名人"条（61）、"宿卫冒名相代"条（62）、"因事入宫辄宿"条（63）、"夜禁宫殿出入"条（72）、"不应度关而给过所"条（83）、"私度有他罪"条（85）、"人兵度关妄随度"条（86）；《职制》三条："增乘驿马"条（127）、"贷所监临财物"条（142）、"监临之官家人乞借"条（146）；《户婚》十一条："脱

中"情"的最主要表述形式；从渊源来看，这一表述又直接见于秦汉简牍与传世文献，是秦汉律中"情"的最主要表述形式。因此，"知情""不知情"应当是唐律中的"情"作为立法语言与法律术语的主要表述形式。从涉及的内容来看，唐律中"知情""不知情"的表述直接决定着具体行为的定罪量刑，其功能明显沿袭了秦汉律中"情"的用法。根据不同的法律处理结果，可将唐律中"知情""不知情"涉及的相关内容作如下分类：

第一，"知情""不知情"直接决定着是否构成犯罪、是否予以处罚。《卫禁》"不应度关而给过所"条（83）："诸不应度关而给过所，取而度者，亦同。若冒名请过所而度者，各徒一年。……主司及关司知情，各与同罪；不知情者，不坐。"《疏》议曰："'主司'，谓给过所曹司及关司，知冒度之情，各同度人之罪。不知冒情，主司及关司俱不坐。"

第二，"知情""不知情"直接决定着加重或减轻处罚。《卫禁》"私度有他罪"条（85）："诸私度有他罪重者，主司知情，以重者论；不知情者，依常律。"主司知情以私度者所犯其他重罪予以处罚，若主司不知私度者犯有其他重罪则仅"依常律"，不加重处罚。又《职制》"监临之官

漏户口增减年状"条（150）、"里正不觉脱漏增减"条（151）、"州县不觉脱漏增减"条（152）、"私入道"条（154）、"相冒合户"条（161）、"许嫁女辄悔"条（175）、"有妻更娶"条（177）、"居父母夫丧嫁娶"条（179）、"娶逃亡妇女"条（185）、"奴娶良人为妻"条（191）、"杂户官户与良人为婚"条（192）；《厩库》五条："乘官畜车私驮载"条（199）、"库藏主司不搜检"条（210）、"应输课税回避诈匿"条（217）、"监临官佣运租税"条（218）、"输课物赍财市羡充"条（221）；《擅兴》四条："征人冒名相代"条（228）、"征讨告贼消息"条（232）、"征人巧诈避役"条（236）、"镇戍有犯"条（237）；《贼盗》九条："谋杀期亲尊长"条（253）、"造畜蛊毒"条（262）、"以毒药药人"条（263）、"卑幼将人盗己家财"条（288）、"因盗过失杀伤人"条（289）、"知略和诱和同相卖而买"条（295）、"知略和诱强窃盗受分"条（296）、"共盗并赃论"条（297）、"共谋强窃盗"条（298）；《诈伪》五条："诈欺官私财物"条（373）、"诈除去死免官户奴婢"条（376）、"诈乘驿马"条（379）、"诈自复除"条（380）、"诈冒官司"条（388）；《杂律》三条："以良人为奴婢质债"条（400）、"校斛斗秤度不平"条（417）、"器用绢布行滥短狭而卖"条（418）；《捕亡》三条："从军征讨亡"条（457）、"丁夫杂匠亡"条（461）、"知情藏匿罪人"条（468）。《斗讼》《断狱》没有涉及"知情""不知情"的表述。

家人乞借"条(146):"诸监临之官家人,于所部有受乞、借贷、役使、卖买有剩利之属,各减官人罪二等;官人知情与同罪,不知情者各减家人罪五等。"监临官知其家人的违法行为则与之同罪,若不知家人违法之情则减轻处罚。

第三,"知情""不知情"不影响定罪量刑。《贼盗》"卑幼将人盗己家财"条(288):"诸同居卑幼,将人盗己家财物……若有杀伤者,各依本法。(他人杀伤,纵卑幼不知情,仍从本杀伤法坐之。)"《疏》议曰:"……若他人误杀伤尊长,卑幼不知情,亦依误法。其被杀伤人非尊长者,卑幼不知杀伤情,唯得盗罪,无杀伤之坐。其有知情,并自杀伤者,各依本杀伤之法。"又《贼盗》"共谋强窃盗"条(298):"若共谋窃盗,临时不行,而行者强盗,其不行者造意受分,知情、不知情,并为窃盗首;造意者不受分及从者受分,俱为窃盗从。"同居卑幼伙同外人盗自己家财物,若外人杀伤尊长,卑幼不论是否知情皆以杀伤尊长罪处罚;数人共谋窃盗,策划之人未参与实际的实施行为而参与具体犯罪之人实际上实施了强盗,策划犯罪之人不论对强盗行为是否知悉,仅以窃盗论处。前者不论卑幼是否知情,皆以杀伤之重罪论,后者不论是否知情,仅以窃盗之轻罪论。两者的共同之处在于犯罪行为发生了转化,前者由窃盗转化为杀伤,后者由窃盗转化为强盗;处罚不同之原因在于前者涉及卑幼犯尊长,后者定罪量刑过程中未涉及伦常因素。因此前者知情、不知情皆从重,后者知情、不知情都从轻。

第四,"知情""不知情"决定着非刑罚处理方式。此种用法在唐律中涉及两条律文。《名例》"以赃入罪"条(33):"问曰:假有盗得他人财物,即将兴易及出举,别有息利,得同蕃息以否? 其赃本是人、畜,展转经历数家,或有知情及不知者,如此蕃息,若为处分? 答曰:律注云:'生产蕃息',本据应产之类而有蕃息。若是兴生、出举而得利润,皆用后人之功,本无财主之力,既非孳生之物,不同蕃息之限,所得利物,合入后人。其有展转而得,知情者,蕃息物并还前主;不知情者,亦入后人。"关于所盗赃物历经数家后所生蕃息的归属,若后受之人知悉赃物来源,蕃息归属前主;若后受之人不知其为赃物,蕃息归属当时占有者。《户婚》"奴娶良人为妻"条(191):"诸与奴娶良人女为妻者,徒一年半;女家,减一等。离之。"良贱不得通婚,否则对双方及相关人等根据具体情况分别处罚。对于良贱为婚所生子女,律《疏》载:"其所生男女,依《户令》:'不知情者,从良;知情者,从贱。'"律《疏》通过引述《唐令·户令》条文规定:良人对与之为婚的贱人身份是否知悉决定着所生子女的身份。① 我们注意到唐令中出现"知情""不知情"的相关表述,从内容来看,其含义、用法与唐律一致。②

(三)原情、责情、量情与论情

《唐律疏议》中"情"表达本情、真情、实情等含义时除了"知情""不知情"以外,其他形式比较多样,很难概括表述上的共性,如"原情""责情""量情""论情"等。这些表述共出现66次,占总数的23%。分析相关内容,我们发现这些表述的具体含义和指向比较明确,都是要求司法过程要"议律论情",③ 最终达到"原情议罪"与"量情为罪"。司法过

---

① 按《唐令·户令》"奴婢诈称良人而与良人夫妻"条:"诸奴婢诈称良人,而与良人及部曲、客女为夫妻者,所生男女,不知情者,并从良及部曲客女;知情者,从贱。即部曲客女诈称良人,而与良人为夫妻者,所生男女亦从良。知情者,从部曲客女,皆离之。其良人及部曲客女,被诈为夫妻,所生男女,经一载以上不理者,后虽称不知情,各同知情法。如奴婢等逃亡,在别所,诈称良人者,从上法。"〔日〕仁井田陞:《唐令拾遗》,栗劲、霍存福等编译,长春出版社1989年版,第172页。

② 我们自唐令中还见有一处关于"知情"的表述,《唐令·捕亡令》"纠捉盗贼给赏"条:"诸纠捉盗贼者,所征倍赃,皆赏纠捉之人。家贫无财可征及依法不合征倍赃者,并计得正赃,准五分与二分,赏纠捉人。若正赃费尽者,官出一分,以赏捉人。即官人非因检校而别纠捉,并共盗及知情主人首告者,亦依赏例。"〔日〕仁井田陞:《唐令拾遗》,第658页。

③ 按《断狱》"疑罪"条(502)《疏》议曰:"'即疑狱',谓狱有所疑,法官执见不同,议律论情,各申异见,'得为异议',听作异同。"关于其中"议律论情"的含义,曹漫之教授注释

程要详究案件本情、实情并深入辨析法律规定,最终使犯罪行为与处罚相适应。若违反了这一要求,司法官员"增减情状""失情"或参与司法过程的证人、译人等"证不言情",则对相关责任主体予以处罚。

1."原情议罪"与"量情为罪"

"原情"即"原其本情",《名例》"十恶"条(6)律《注》载:"指斥乘舆,情理切害"。《疏》议曰:"旧律云'言理切害',今改为'情理切害'者,盖欲原其本情,广恩慎罚故也。"贞观律中的"言理切害"经永徽修律改为"情理切害",① 所增之"情"字突出了"原情"之意,即"原其本情"。"本情"是案件的真实情况,"原其本情"是要求司法官员在案件审判过程中要尽量推究案件的真实情况,《吏学指南·详恕》释"原情":"谓推其所犯也。"②《断狱》"断罪应斩而绞"条(499)《疏》议曰:"'失者,减二等',谓原情非故者,合杖九十。""原情非故"即推究案件的本情、真情与实情,行为人并非故意犯罪。③ 又《斗讼》"戏杀伤人"条(338)《疏》

为:"评议是否援引确切的法律条文;讨论案件实况。"可作参考。曹漫之:《唐律疏议译注》,吉林人民出版社1989年版,第1025页。

① "情理"也是一种比较典型的表述,唐律中共出现11次。《职制》"指斥乘舆及对捍制使"条(122):"诸指斥乘舆,情理切害者,斩;"律《疏》将"情理切害"释为:"原情及理,俱有切害者",其中"情"作"本情""实情",但其内容既包括犯罪人主观方面的本情、又包括客观方面的本情,律文并未作进一步详细区分。《吏学指南·状词》释"取状":"谓采彼情理也。"[元]徐元瑞:《吏学指南(外三种)》,杨讷点校,浙江古籍出版社1988年版,第39页。"采彼情理"即采纳案件主客观方面的本情、实情,唐律中出现的"情理"基本都可作此解释,仅有一次与此不同,含义为前文所述之亲情,《户婚》"居父母夫丧嫁娶"条(179)《疏》议曰:"……'妾减三等',若男夫居丧娶妾,妻女作妾嫁人,妾既许以卜姓为之,其情理贱也,礼数既别,得罪故轻。""情理"之"情"作血缘亲情。关于唐律中的"情理"之"理"可参看刘晓林:《〈唐律疏议〉中的"理"考辨》,《法律科学》2015年第4期。

② [元]徐元瑞等:《吏学指南(外三种)》,第46页。

③ 这里需要说明的是:"原情非故"最终的指向是判断行为人是否为故意犯罪,但"原情"强调的是过程,即根据案件本情、真情与实情判断行为人是否故意犯罪,并没有直接指向行为人的主观心态。主观心态是无法直接认识的,我们只能根据客观真情予以判断。关于"原情非故"的含义可参看曹漫之教授与钱大群教授的注释。曹漫之:《唐律疏议译注》,吉林人民出版社1989年版,第1021页。钱大群:《唐律疏义新注》,南京师范大学出版社2007年

议曰:"'戏杀伤人者',谓以力共戏,因而杀伤人,减斗罪二等。若有贵贱、尊卑、长幼,各依本斗杀伤罪上减二等。虽则以力共戏,终须至死和同,不相嗔恨而致死者。'虽和,以刃',《礼》云:'死而不吊者三,谓畏、压、溺。'况乎嬉戏,或以金刃,或乘高处险,或临危履薄,或入水中,既在险危之所,自须共相警戒,因此共戏,遂致杀伤,虽即和同,原情不合致有杀伤者,唯减本杀伤罪一等。""原其本情"即要求司法官员对于行为人与行为对象之间是否存在贵贱、尊卑、长幼关系以及犯罪工具、犯罪环境等真实情况皆要有所辨别。"原其本情"的最终落脚点是"原情议罪""量情为罪",即给予不同的行为适当的处罚。《名例》"八议者(议章)"条(8)律《注》:"议者,原情议罪,称定刑之律……"《疏》议曰:"谓原其本情,议其犯罪。"又《杂律》"不应得为"条(450)《疏》议曰:"临时处断,量情为罪,庶补遗阙,故立此条。情轻者,笞四十;事理重者,杖八十。""原情"与"量情"是基础与根据,"议罪"与"为罪"是目的与结果,其基本价值追求是"情罪一致",这里特别表达的是对于犯罪人科处的刑罚必须与案件的本情、真情、实情相适应。

2."增减情状""通状失情"与"证不言情"

"原其本情"是司法过程的基本要求,若是未得"本情"则是违反了此要求,必须根据责任主体的主观心态分别予以处罚。《断狱》"官司出入人罪"条(487)载:"诸官司入人罪者,(谓故增减情状足以动事者,若闻知有恩赦而故论决,及示导令失实辞之类。)若入全罪,以全罪论。"司法官员故意"增减情状"、掩盖本情而影响了司法审判结果的客观性,若他人无罪而故令其受罚,司法官员则要承担同样的处罚。同条:"即别使推事,通状失情者,各又减二等;所司已承误断讫,即从失出入法。"《疏》议曰:"'别使推事',谓充使别推覆者。'通状失情',谓不得本情,

---

版,第1007页。

或出或入。'各又减二等'，失入者，于失入减三等上又减二等；若失出者，于失出减五等上又减二等。"审核案件的官员若"通状失情"，在审判官员应受处罚的基础之上减等处罚。唐律对参与司法过程的证人、译人也要求其供述"情实"，否则，根据其"不吐情实"所造成的断罪出入减等处罚。《诈伪》"证不言情及译人诈伪"条（387）："诸证不言情，及译人诈伪，致罪有出入者，证人减二等，译人与同罪。"《疏》议曰："'证不言情'，谓应议、请、减，七十以上、十五以下及废疾，并据众证定罪，证人不吐情实，遂令罪有增减；及传译番人之语，令其罪有出入者：'证人减二等'，谓减所出入罪二等。'译人与同罪'，若夷人承徒一年，译人云'承徒二年'，即译人得所加一年徒坐；或夷人承流，译者云'徒二年'，即译者得所减二年徒之类。"

四、小结

传世文献中"情"的含义可分为"人情"与"本情"两类，表达本情、真情、实情等含义时多记述狱讼、司法等内容。竹简秦汉律中有"知情""言情"等表述，"情"皆作本情、真情、实情。《唐律疏议》中"情"共出现282次，其中仅有11次表达人情、私情等含义，占总数的4%；而表达本情、真情、实情等含义占总数的88%，其中"知情""不知情"等表述形式占总数的65%。"情"作为立法语言与法律词汇，在唐律中的主要功能是围绕"正刑定罪"展开的，这也是唐律立法主旨与基本价值追求的直接表现。作为立法语言与法律词汇，绝大多数"情"作本情、真情、实情，其含义与内容直接决定着具体行为的定罪量刑；另有部分"情"作为主观心态、主观意愿使用，对定罪量刑也产生着直接影响。从出现频次来看，"知情""言情"等表述是唐律中的"情"最主要的表述形式，这与竹简秦汉律中所见的"情"一致，也与《唐律疏议》作为法典的体例相契合。"情"作此类含义,在唐律中表达了两方面内容:一是定罪量刑的决定性因素,如主观心态以及"知情""不知情"等表述;二是司法过程的基本要求,即"原情""责情""量情"与"论情"等。刑事立法的主旨与价值追求是"正刑定罪",即准确认定犯罪行为以及科处适当的刑罚。那么,唐律中作为本情、真情、实情大量出现的"情"应当是这一主旨与价值追求的直接表现。宋人宋慈于《洗冤集录序》中开篇即云:"狱事莫重于大辟,大辟莫重于初情,初情莫重于检验"。[①]"初情"即最初的情节,亦本情与实情之意。宋慈所表达的含义为:对于狱讼之事,死刑适用是最重大的事情;而对于死刑适用来说,案件的本情与实情是最重要的决定因素;了解案件本情与实情的主要途径是检验。结合后世律学著作中的相关内容,"情"作为立法语言的主要含义与用法也是非常清晰的,如明代流传的律学歌诀《金科一诚赋》首句谓:"玉律贵原情,金科慎一诚。"清人王明德按:"若原情,则前贤昭示听讼致知之法。原者,元也,始也,源乎情之所自始,而后克以灼见乎事之所由终;又原也,推而原之,以原乎其情之或为眚,或为灾,或为怙,或为终,更原及乎或事重而情轻,或法轻而情重,或情法适以相当,或物衡终非一致。又或罚宜严乎其为始,而情应贷乎其为终;又或罪当略乎其为等,而法不容不备乎其为要。要皆酌审夫情法兼备之衡,以克当乎至中不易。是即始终本末、格物致知之学。盖两造毕陈,狡罔幻妄,各为匿情以相干,凡所争辩皆终也。倘止各就其所陈而听之,则各具各情,曲直何由以共决?必为原乎其情之所自始,因以极乎事之所由终,则真伪分、曲直见,彼匿情者,将何由更遁其词哉?孔子曰:'听讼,吾犹人也,必也使无讼乎!'原情断狱,使无讼之道也,是以君子贵之。"[②]可见"原情"之意乃是

[①] [宋]宋慈:《洗冤集录·序》,杨奉琨校译,群众出版社1980年版。
[②] [清]王明德:《读律佩觽》卷之四上"金科一诚赋",何勤华等点校,法律出版社2001年版,第111—112页。

推究案件之实情与本情，而后五句所举之例皆是对于案件本情的推原与法律适用的辨析："夫奸妻有罪，子杀父无刑。不杀得杀罪，流罪入徒萦。出杖从徒断，入徒复杖徵。纸甲殊皮甲，银瓶类瓦瓶。伤贱从良断，屠牛以豕名。"推究案件本情与实情的最终目的即"达兹究奥理，决狱定详明"。[①] 作为立法语言出现于法律规范中的"情"首先是真实案情、案件原本情节，而所谓"人情"是案情背后所藏之常情、常理，忽略、脱离案情与立法原意，径直探讨所谓"情理法"与"人情"极易误导我们对于传统法的认识。

[①] 对于《金科一诫赋》具体内容的详细解释可参看［清］王明德：《读律佩觿》卷之四上"金科一诫赋"，何勤华等点校，法律出版社2001年版，第111—126页。

第二章 唐律中的"理"

传统刑律中的"理"作为法律词汇所表达的含义极为重要却被传统律学所忽视。[①] 现代学者充分注意到了隋唐律、令中"理"所表达的含义对于理解传统法制基本精神具有的重要意义。[②]"理"在唐律中大量出现，其表述的含义大多直接决定着司法裁判的依据。但针对唐律中的"理"进行系统研究的成果并不多见。[③] 以笔者所见，仅有台湾学者高明士撰《唐律中的"理"》对相关问题进行了初步探讨。[④] 高文的优势在于论题

[①] 从传统律学著作涉及的内容来看，晋张斐撰《晋律注》、宋元时期《刑统赋》的各种注解、元徐元瑞撰《吏学指南》、明雷梦麟撰《读律琐言》、清王明德撰《读律佩觿》等律学著作皆未对传统刑律中的"理"有自觉的诠释与疏解。对传统律学做了系统汇集的沈家本也未对"理"有较多论及。

[②] 参见霍存福：《中国传统法文化的文化性状与文化追寻——情理法的发生、发展及其命运》，《法制与社会发展》2001 年第 3 期；霍存福：《中国传统法律文化精神研究》，国家社会科学基金一般项目结项报告（项目批准号：05BFX009）。第二章"本乎人情、据于事理的情理精神"，第三节"据于事理"中的相关内容。

[③] 值得注意的是英国学者马若斐针对《名公书判清明集》中出现的"理""法理""理法"等表述所进行的研究，并指出了"理""理法"等表述作为判决的依据使用的情况。参见〔英〕马若斐：《南宋时期的司法推理》，陈煜译，中国政法大学法律古籍整理研究所编：《中国古代法律文献研究》（第七辑），社会科学文献出版社 2013 年版，第 326—358 页。

[④] 《唐律疏议》的注释成果对"理"等典型词汇亦有阐释、说明，但限于体例与篇幅，并未对"理"有自觉、系统的考察，这就会导致注释标准不一致、内容不统一的结果。如《杂律》"不应得为"条（450）载："情轻者，笞四十；事理重者，杖八十。"曹漫之将"事理重者"释为："犯罪事理重的"，曹漫之等：《唐律疏议译注》，吉林人民出版社 1989 年版，第 881 页。这实际上是同语反复。又如《名例》"以理去官"条（15）载："诸以理去官，与见任同。"钱大群将此处的"理"释为："非属犯罪的正常原因。"钱大群：《唐律疏义新注》，南京师范大学出版社 2007 年版，第 67 页。既然是非属犯罪的正常原因，自然就是法律规定的合法事由，况且本条律《疏》对法定事由作了具体的列举。

涉及比较广泛，对唐律中"理"的个别含义、唐判的依据、"理"与礼等问题做了比较全面的讨论，内容也多有创见。但其研究仍有不足之处，即对《唐律疏议》中"理"的含义未做系统、深入的定量分析，其中个别结论也值得进一步商榷。[①] 本章拟以《唐律疏议》中"理"的具体含义与用法为研究对象，通过实证分析对唐律中"理"的含义，尤其是作为立法语言、法律术语以及法典中专有词汇的含义与用法做系统研究，并由此对唐律的价值判断依据及立法的基本精神再做探讨。

一、《唐律疏议》中"理"表达的通常含义

《唐律疏议》中"理"表达常见含义即非属立法语言的特有含义时，出现了84次，约占总数的44%。"理"在传世文献中的常见含义主要有四种，其出现于唐律条文中仍做相同用法。

（一）司法官员或司法机关

"理"作司法官员或司法机关由来已久，既有单独使用的情况亦有与其他词合成使用的情况。《礼记·月令》载："是月也，命有司修法制，缮囹圄，具桎梏，禁止奸，慎罪邪，务搏执。命理瞻伤，察创视折。审断、

[①] 高明士教授认为唐律中的"理"的各种意义，皆可概括为"事理"，并进一步认为"事理"已成为律、令外之另一种价值判断依据。"整部唐律，乃至唐令所出现的'理'字，可用事理来说明，而事理的精要就是义理。律、令的'指归'或立法的基本精神即为义理，所以律、令无正文时，依据事理断狱，也就是依据义理来判断是非对错，这个事理或义理，其实也是礼的规范。"高明士：《唐律中的"理"》，黄源盛主编：《唐律与传统法文化》，元照出版有限公司2011年版，第13、19页。高氏仅对唐律中的"理"作了大致描述："唐律及《律疏》，乃至唐令条文中，常见到'理'字，同时还有与理结合的许多名词。更多的是作为特定意义的名词，大致可分为两类：一为用作说明为人之道以及人与人相处之道，一为事物存在之道以及处理事务之道。"并对"理"的个别用法作了列举与分析，在此基础上得出了结论。但个别列举能否代表《唐律疏议》中"理"的含义与用法？这是值得怀疑的。

决狱,讼必端平。戮有罪,严断刑。天地始肃,不可以赢。"郑玄注曰:"理,治狱官也。"① 又《左传·昭公十四年》载:"士景伯如楚,叔鱼摄理。"杜预注曰:"士景伯,晋理官。"② "理官"的固定表述与"理"表达了相同的含义,《汉书·礼乐志》载:"今叔孙通所撰礼仪,与律令同录,藏于理官。"③ "理官"为司职"律令""礼仪"之官,与上述"治狱官"的职能相似。《唐律疏议》中"理"作此种含义时共出现九次,共涉及两篇,计五条律文。④ 主要表述形式有:理官、大理、大理寺、大理卿等。

(二)处理

"理"作处理在传世文献中比较常见。《战国策·秦策》"苏秦始将连横"载:"约纵连横,兵革不藏,文士并饰,诸侯乱惑。万端俱起,不可胜理。"⑤ 高诱曰:"理,治也。"⑥ 即治理。又《后汉书·卓茂传》载:"河南郡为置守令,茂不能嫌,理事自若。"⑦ "理事"做处理政务之意。《唐律疏议》中"理"作此种含义时共出现 40 次,可依据表述内容分为两类:

第一,广义的处理。共出现 9 次,涉及 5 篇,计 6 条律文。⑧ 主要表

---

① [汉]郑玄注、[唐]孔颖达正义:《礼记正义》卷第十六,北京大学出版社 1999 年版,第 521 页。
② [周]左丘明撰、[晋]杜预注、[唐]孔颖达正义:《春秋左传正义》卷第四十七,北京大学出版社 1999 年版,第 1337 页。
③ [汉]班固撰、[唐]颜师古注:《汉书》卷二十二《礼乐志第二》,中华书局 1962 年版,第 1035 页。
④ 分别为:《名例》中的"序"、"同职犯公坐"条(40),《断狱》中的"鞫狱官停囚待对牒至不遣"条(479)、"应言上待报而辄自决断"条(485)、"疑罪"条(502)。
⑤ 诸祖耿:《战国策集注会考》卷三《秦一》,江苏古籍出版社 1985 年版,第 118 页。
⑥ 同上书,第 130 页。
⑦ [宋]范晔撰、[唐]李贤等注:《后汉书》卷二十五《卓鲁魏刘列传》,中华书局 1965 年版,第 870 页。
⑧ 分别为:《名例·序》,《职制》中的"大祀不预申期及不如法"条(98)、"合和御药有误"条(102),《户婚》中的"妄认盗卖公私田"条(166),《擅兴》"遣番代违限"条(239),《杂律》"失时不修堤防"条(424)。

述形式有：理财、理事、料理、修理等。

第二，司法案件的申理与受理。共出现31次，涉及4篇，计12条律文。①《唐律疏议》中"理"作此种含义时，根据处理诉讼事务主体的不同，可分为两类：一种是个人对于诉讼事务的处理即"告官"，"理"作此种含义时共出现9次，主要表述形式为：自理诉、理诉、自理等。另一种是官员对诉讼事务的处理即"受理"，"理"作此种含义时，共出现22次，表述形式相对复杂，但可分为肯定与否定两种。肯定的表述又包括应当受理与实际受理，前者如听理、合理，后者如受而为理；否定的表述也包括应当不受理与实际未受理，前者如不合理、不合受理、不得理，后者如不与理。

（三）伦理与常理

"理"作为伦理与常理是我们从"感觉"上认为其最为通常的用法，进一步的认识则是这种用法亦当广泛应用于法典与法制文献当中。但从传世文献的初步统计来看，"理"作为伦理与常理仅为其具体含义与用法之一，出现的频次与数量亦未较其他用法更为广泛。关于此种含义，《礼记·乐记》："使亲疏、贵贱、长幼、男女之理，皆形见于乐，故曰：'乐观其深矣。'"②亲疏贵贱与长幼男女之理本质上是特殊身份之间所具有的关系，即特殊身份所包含的伦理关系。《唐律疏议》中有三处"理"

---

① 分别为：《斗讼》中的"告祖父母父母"条(345)、"告期亲以下缌麻以上尊长"条(346)、"部曲奴婢告主"条(349)、"投匿名书告人罪"条(351)、"囚不得告举他事"条(352)、"以赦前事相告言"条(354)、"告人罪须明注年月"条(355)、"邀车驾挝鼓诉事不实"条(358)、"越诉"条(359)，这九条律文均是对诉讼内容所作的直接规定。另外涉及的三条律文：《卫禁》"私度及越度关"条(82)、《贼盗》"谋杀故夫祖父母"条(255)、《杂律》"负债违契不偿"条(398)，虽然不是具体规定案件的诉讼程序等内容，但也是在律文中引述了唐令或唐律其他条文中关于诉讼程序的相关内容。

② ［清］孙希旦：《礼记集解》卷三十七《乐记第十九》，沈啸寰、王星贤点校，中华书局1989年版，第1000页。

作伦理使用，① 分别为《名例》"十恶"条(6)中的"悖逆人理""绝弃人理"与《名例》"八议"条(7)中的"笃亲亲之理"。另有一处作为常情、常理使用，《贼盗》"夜无故人人家"条(269)载："夜入人家，理或难辨。"是说夜入他人当家宅院之具体原因，从常理上难以分辨。

（四）内容

"理"作内容是其主要的含义，《韩非子·解老》载："凡理者，方圆、短长、粗靡、坚脆之分也，故理定而后物可得道也。"② 长短方圆等皆为事物之具体内容。又《资治通鉴·周纪·赧王十七年》载："其人理胜于辞，公辞胜于理，辞胜于理，终必受诎。"③ 其中理乃辞之内容，辞乃理之形式。《唐律疏议》中"理"作此种含义时共出现32次，涉及7篇，计18条律文。④ 依表述形式可分为三类：

第一，情理、言理、辞理与词理。"情理"表述的是情与理，如《职制》"指斥乘舆及对捍制使"条(122)律《疏》将"情理切害"释为："原情及理，俱有切害者"，即行为人的主观心态与客观行为均具备恶性与危害性；"言理"所表述的含义是言辞的内容，在"指斥乘舆"等言论犯罪中即犯罪行为的内容。"情理"与"言理"的内在联系为："旧律云'言理切

---

① 这与通常的认识略有不符，唐律是一部典型的"等级法"与"宗法法"，参见刘俊文：《唐律疏议笺解》(上)，中华书局1996年版，"序论"第63—64页。"理"在唐律中似乎主要表达的是伦理等含义，但通过实证分析，这种通常的认识并不确切。
② 〔清〕王先慎：《韩非子集解》卷第六《解老》，钟哲点校，中华书局1998年版，第148页。
③ 〔宋〕司马光编著、〔元〕胡三省音注：《资治通鉴》卷第三，中华书局1956年版，第115页。
④ 分别为：《名例》中的"十恶"条(6)、"老小及疾有犯"条(30)，《职制》中的"制书官文书误辄改定"条(114)、"上书奏事犯讳"条(115)、"事应奏不奏"条(117)、"指斥乘舆及对捍制使"条(122)、"乘驿马枉道"条(128)，《户婚》中的"为婚妄冒"条(176)、"居父母夫丧嫁娶"条(179)，《贼盗》中的"谋反大逆"条(248)、"造袄书袄言"条(268)、"夜无故人人家"条(269)，《斗讼》"知谋反逆叛不告"条(340)，《杂律》中的"错认良人为奴婢部曲"条(401)、"不应得为"条(450)，《断狱》中的"讯囚察辞理"条(476)、"应言上待报而辄自决断"条(485)、"疑罪"条(502)。

害'，今改为'情理切害'者，盖欲原其本情，广恩慎罚故也。"从"言理"到"情理"是法学理论进一步发展的表现，即从单纯评价犯罪客观方面发展到从主、客观两方面评价犯罪行为。唐律中"情理"共出现十一次，其中八次都是对"指斥乘舆"这一犯罪行为的主、客观方面的评价，集中于两条律文：规定具体犯罪行为的《职制》"指斥乘舆及对捍制使"条（122）与规定通则性内容的《名例》"十恶"条（6）。另有一次"原情及理"的表述，也是律《疏》在解释"指斥乘舆"的具体内容时所使用的。《杂律》"错认良人为奴婢部曲"条（401）中的"情理"针对的具体对象和前述内容略有差异，但仍是对行为主、客观方面的评价。律文载："若错认他人妻妾及女为己妻妾者，情理俱重"，此处"情理俱重"是法律对"错认"行为主客观方面的评价，其中"理"仍作行为客观方面的内容。

唐律中另有两处"情理"与"言理"相似，其中的"理"作为"……内容"来讲。《户婚》"居父母夫丧嫁娶"条（179）规定了居丧嫁娶的处罚，并进一步说明嫁娶为妻科刑为重而嫁娶为妾科刑较轻，律《疏》释其原因："……妾既许以卜姓为之，其情理贱也，礼数既别，得罪故轻。"可以看出"情理贱也"与"礼数即别"表达的是同样的含义，妻与妾的差异如《礼记·内则》载："聘则为妻，奔则为妾。"郑玄注曰："聘，问也。妻之言齐也。以礼聘问，则得与夫敌体。妾之言接也。闻彼有礼，走而往焉，以得接见于君子也。奔，或为'衒'。"[①] 妻与妾的这些具体差异即"理"的所表达的内容，也是"嫁娶为妾"与"嫁娶为妻"相比得罪故轻的原因。"言理"共出现五次，主要是评价"指斥乘舆"及"造祆书、祆言"等言论犯罪的客观方面即言论内容是否具有现实危害性时所使用。其中一次出现于《名例》"十恶"条（6），其他四次出现于《贼盗》"造祆书祆言"条（268），根据律文规定，明知他人有"造祆书、祆言"等言论犯

---

① ［清］孙希旦：《礼记集解》卷二十八《内则第十二》，沈啸寰、王星贤点校，中华书局1989年版，第773页。

罪应当就近告官，否则同属犯罪行为。律文所谓"言理无害"即"袄书、袄言，虽说变异，无损于时"或"言理无害于时"。与"言理"含义相同甚至表述形式也极为相近的还有"词理"与"辞理"，说的都是言辞的内容，但"词理"与"言理"更为接近，评价的都是言论犯罪的客观方面即言论是否具备现实危害性。"词理"共出现两次，涉及两条律文，评价的都是"谋反"行为。《名例》"老小及疾有犯"条(30)与《贼盗》"谋反大逆"条(248)皆载："即虽谋反，词理不能动众，威力不足率人……"，说的是"虽构乱常之词，不足动众人之意"，评价的仍是言论是否具备现实的危害性或这种危害性究竟有多大。"辞理"虽然考察的也是言论的内容，但其针对的并非犯罪行为即言论犯罪而是囚犯供词的内容，"辞理"共出现两次，集中于《断狱》"讯囚察辞理"条(476)，其中的"审察辞理"指的是司法官员应当详尽审察囚犯供词的内容。

第二，事理。唐律中"事理"共出现四次，《职制》"制书官文书误辄改定"条(114)中的"于理有失""于事理无改动"表达的是同样的含义，故也作此种解释。具体来说，"事理"出现在以下三条律文中。

《职制》"制书官文书误辄改定"条(114)律《疏》载："'制书有误'，谓旨意参差，或脱剩文字，于理有失者，……依《公式令》：'下制、敕宣行，文字脱误，于事理无改动者，勘检本案，分明可知，即改从正，不须覆奏。其官文书脱误者，咨长官改正。'"其中的"于理有失""于事理无改动"评价的是官文书由于文字脱误等原因是否对文书的内容造成实质的改动，"理"自然是做"内容"来使用的。

《职制》"事应奏不奏"条(117)律《疏》载："格、令、式无合奏之文及事理不须闻奏者，是'不应奏而奏'"若上奏的事件根据其内容属不应上奏之列，则上奏行为应当受到处罚，"事理"即事件的内容。

《杂律》"不应得为"条(450)律文与律《疏》中都说到了不当为而为"情轻者，笞四十；事理重者，杖八十。"其中的"事理"即犯罪行为的具体内容或犯罪情节。

第三,其他形式。唐律中还有四处无固定形式的"理":

《职制》"上书奏事犯讳"条(115)律《疏》载:"'丘与区',意嫌而理别。"即此二字虽有相似的读音但内容、含义有别。"理"在此处作内容、含义。

《职制》"乘驿马枉道"条(128)"问答"载:"问曰:假有使人乘驿马枉道五里,经过反复,往来便经十里,如此犯者,从何科断?答曰:律云'枉道',本虑马劳,又恐行迟,于事稽废。既有往来之理,亦计十里科论。"其中的"既有往来之理"指的是存在往来路程的情节或行为内容,"理"仍作情节、内容讲。

《户婚》"为婚妄冒"条(176)律《疏》载:"违约之中,理有多种,或以尊卑,或以大小之类皆是。"本条规定的是为婚双方或其中的一方置契约于不顾,违约妄冒的处罚,"违约之中,理有多种"即违约的具体情节或违约行为的具体内容是多种多样的,其后举例说明了违约的具体内容,"或以尊卑,或以大小之类"。"理"在其中作情节、内容讲。

《断狱》"应言上待报而辄自决断"条(485)律《疏》引《唐令·狱官令》:"……若驾行幸,即准诸州例,案复理尽申奏。"其中的"案复理尽"指的是"经过(刑部)复核,情节(事实)清楚,罪刑相当。"[①]据此,"理"作情节或事实内容讲。

二、《唐律疏议》中"理"作为司法审判的根据或理由

"理"表达司法审判的根据或理由是其在《唐律疏议》中主要的含

---

① 汪潜:《唐代司法制度——〈唐六典〉选注》,法律出版社1985年版,第123—124页。

义,作此种含义时出现 108 次,约占总数的 56%。唐代成文法统称为"文法",[①]如《唐六典·刑部》载:"凡文法之名有四:一曰律,二曰令,三曰格,四曰式。"[②]律、令、格、式是唐代的四种法律形式,其以"文法"之名概括,即此四者为唐代成文法之具体形式。又如《旧唐书·屈突通传》载:"数岁,征拜刑部尚书,通自以不习文法,固辞之,转工部尚书。"[③]屈突通推辞不任刑部尚书的理由是"不习文法",即对成文法的具体规定不甚熟悉。传世文献中,可见到"理"与"文法"互为表里的使用情况,《旧唐书·徐有功传》载:"文法,理具之大者,故舜命皋陶为士,昌言诫敕,勤亦至焉。盖人命所悬,一失其平,冤不可复,圣王所以疚心也。"[④]将其中的"文法"与"理"对比考察,"理"侧重表达的是成文法的内在方面要素,"文法"侧重表达的是成文法的外在方面要素。"理具之大者"即对于法律的内容来说,形式方面的要素也是极为关键的,如法律条文措辞严谨、表意明确、逻辑清晰等。"舜命皋陶为士,昌言诫敕,勤亦至焉"也是为了达到这些要求。如未能达到这些基本要求则会导致失其平、冤难复,这种结果是圣王所不愿见到的。"理"与"文法"互为表里使用的情况为"理"引述律、令、格、式作为司法审判的根据、理由提供了前提和基础。《唐律疏议》中"理"作为司法审判的根据或理由时主要有以下三种用法:

(一)条文直接表述的根据、理由

"理"作为法定的根据、理由,在正史文献中有较多记载,《旧唐

[①] 钱大群教授谓:"唐代人自己把唐代的律、令、格、式统称之为'文法',在概念上十分精确。所谓'文法'就是'法律条文'的意思,也可以说是'成文法律'的意思。"钱大群:《唐律与唐代法制考辨》,社会科学文献出版社 2009 年版,第 7 页。

[②] [唐]李林甫等:《唐六典》(上)卷第六,第 180 页。

[③] [后晋]刘昫等:《旧唐书》卷五十九《屈突通传》,中华书局 1975 年版,第 2322 页。

[④] [后晋]刘昫等:《旧唐书》卷八十五《徐有功传》,第 2820 页。

书·哀帝本纪》载:"甲寅,敕:'责授登州刺史柳璨,素矜憸巧,每务回邪。幸以庸才,骤居重位,曾无显效,孤负明恩。诡谲多端,包藏莫测,但结连于凶险,独陷害于贤良。罪既贯盈,理须窜殛。可贬密州司户,再贬长流崖州百姓,委御史台赐自尽。'"① 登州刺史柳璨犯有种种恶行,最终被要求"窜殛"即流放、处死。就此结果来说,"理须"自然表述的是法律的要求。又《旧唐书·舆服志》载:"咸亨二年又下敕曰:'……又命妇朝谒,或将驰驾车,既入禁门,有亏肃敬。此并乖于仪式,理须禁断,自今已后,勿使更然。'"② "乖于仪式"即违反了相关的法律规定,因为仪式、礼仪等在性质上与律令并无二致,如《汉书·礼乐志》载:"今叔孙通所撰礼仪,与律令同录,藏于理官。"③ 那么,"理须禁断"自然是说依据法律的规定,必须禁止这些"乖于仪式"的行为。

唐律中的"理"做此种含义时共出现43次,涉及10篇计35条律文。典型的表述形式包括:据理、理有、理无、理不等。"理"作为法定的根据、理由主要有以下两种情况:

第一,表示较为具体的法律规定。即"理"的具体内容在条文中有较为详细的描述,这种描述有时是本条直接规定,有时是引述其他条文或令、格、式的内容。直接规定的情况如《户婚》"同姓为婚"条(182)律《疏》载:"……'女婿姊妹',于身虽并无服,据理不可为婚。""据理"所据之理是律文中规定的"外姻有服属而尊卑共为婚姻,……以奸论",实质上是根据本条的规定与女婿姊妹等不可为婚。本条对"理"所指称的内容作了较为详细描述的计18次,详情如下:

---

① [后晋]刘昫等:《旧唐书》卷二十下《哀帝本纪》,第805页。
② [后晋]刘昫等:《旧唐书》卷四十五《舆服志》,第1957页。
③ [汉]班固撰、[唐]颜师古注:《汉书》卷二十二《礼乐志第二》,中华书局1962年版,第1035页。

表 2.1 "理"的内容由本条规定之情况分布表

表述形式	本条
据理放之	《名例》"犯徒应役家无兼丁"条（27）
据理亦是弘通	
理然不坐	《名例》"官户部曲官私奴婢有犯"条（47）
理不相须	《户婚》"脱漏户口增减年状"条（150）
据理不可为婚	《户婚》"同姓为婚"条（182）
理须训以义方	《户婚》"义绝离之"条（190）
理不合死	《厩库》"牧畜产死失及课不充"条（196）
理用无惑	《斗讼》"斗殴以手足他物伤"条（302）
更无异理	《斗讼》"斗殴杀人"条（306）
理合救之	《斗讼》"祖父母为人殴击子孙即殴击之"条（335）
理合减科	《斗讼》"诬告人流罪以下引虚"条（344）
虽无别理	《斗讼》"教令人告事虚"条（357）
本无传送之理	《杂律》"应给传送剩取"条（408）
理不可疑（2）	《断狱》"讯囚察辞理"条（476）
是非之理均（2）	《断狱》"疑罪"条（502）
其理各均	

"理"引述其他条文或令、格、式的情况如《斗讼》"投匿名书告人罪"条(351)律《疏》载："若得告反逆之书，事或不测，理须闻奏，不合烧除。""理须闻奏"是法定义务，此义务的法律根据即《斗讼》"知谋反逆叛不告"条(340)的明确规定："诸知谋反及大逆者，密告随近官司，不告者，绞。"若得到告发他人反逆的匿名书信，法律规定必须上报随近官司，不得依照告发其他犯罪的匿名书信烧除。又如《名例》"犯流应配"条(24)载："问曰：妻有'七出'及'义绝'之状，合放以否？答曰：犯'七出'者，夫若不放，于夫无罪。若犯流听放，即假伪者多，依令不放，于理为允。""于理为允"所据之"理"为《唐令·狱官令》的规定："诸犯

流断定,及流移之人,皆不得弃放妻妾及私遁还乡。"① 唐律中还有一处通过引述唐式的规定来表述"理"的内容,《擅兴》"私有禁兵器"条(243)律《疏》载:"但甲有禁文,非私家合有,为非皮、铁,量罪稍轻,坐同禁兵器,理为适中。""理为适中"之"理"乃是《唐式·库部式》的规定:"诸甲非皮、铁者,私家听畜。"② "理"的内容引述其他条文或令、格、式的共计12次,详情如下:

表2.2 "理"的内容为引述其他条文之情况分布表

表述	"理"所引述的内容	本条
据理不合	《户婚》"居父母夫丧嫁娶"条(179)	《名例》"应议请减(赎章)"条(11)
	《户婚》"违律为婚恐喝娶"条(193)	
理务弘通	《贼盗》"缘坐非同居"条(249)	《名例》"除名"条(18)
于理为允	《唐令·狱官令》	《名例》"犯流应配"条(24)
据理亦未有辜	《名例》"略和诱人等赦后故藏匿"条(35)	《名例》"会赦应改正征收"条(36)
理不合坐		
理有契约	《唐令·户令》	《户婚》"为婚妄冒"条(176)
理不自由	《唐令·户令》	《户婚》"监临娶所监临女"条(186)
理为适中	《唐式·库部式》	《擅兴》"私有禁兵器"条(243)
理有未通	《名例》"称反坐罪之等"条(53)	《贼盗》"本以他故殴人因而夺物"条(286)
理须闻奏	《斗讼》"知谋反逆叛不告"条(340)	《斗讼》"投匿名书告人罪"条(351)
有当乘之理(2)	《职制》"文书应遣驿不遣"条(125)引《唐令·公式令》	《诈伪》"诈乘驿马"条(379)
	《职制》"文书应遣驿不遣"条(125)引《唐令·仪制令》	

---

① 〔日〕仁井田陞:《唐令拾遗》,第702页。
② 霍存福:《唐式辑佚》,社会科学文献出版社2009年版,第453页。

第二，表示较为抽象的法律原理。即本条对"理"的具体内容并无详细描述或虽有相关说明但仅是概括性的规定，如《名例》"犯死罪应侍家无期亲成丁"条(26)载："问曰：死罪因家无期亲，上请，敕许充侍。若逢恩赦，合免死以否？答曰：权留养亲，不在赦例，既无'各'字，止为流人。但死罪上请，敕许留侍，经赦之后，理无杀法，况律无不免之制，即是会赦合原。又，断死之徒，例无输课，虽得留侍，课不合征，免课沾恩，理用为允。"本条中"理"有两种具体表述：首先，犯死罪者经上请后允许其权留养亲，经赦之后，没有要求继续执行死刑的其他法律规定，"理无杀法"即是此意；其次，犯死罪者经上请后允许其权留养亲，经赦之后，适用免除赋税的规定在法律原理上是比较妥当的，此即"理用为允"。[①] 又《户婚》"有妻更娶"条(177)"问答"载："一夫一妇，不刊之制。有妻更娶，本不成妻。详求理法，止同凡人之坐。""止同凡人之坐"的根据是"理法"，或可称之为"法理"，具体内容为：有妻再娶妻，后娶之女与男子在法律上的身份关系并非夫妻关系，女子与男子之亲属相犯仅按照凡人相犯科刑，不以亲属相犯处理。"理"表示较为抽象的法律原理时共出现13次，详情如下：

表2.3 "理"的内容为抽象法律原理之情况分布表

表述形式	本条
理无杀法	《名例》"犯死罪应侍家无期亲成丁"条（26）
理用为允	
理便适中	《名例》"平赃及平功庸"条（34）
恐理未尽	《卫禁》"宿卫上番不到"条（75）
详求理法	《户婚》"有妻更娶"条（177）
理不自由	《户婚》"嫁娶违律"条（195）

[①] 亦可参见钱大群教授的相关注释，钱大群：《唐律疏义新注》，南京师范大学出版社2007年版，第112页。

续表

表述形式	本条
理贵机速	《擅兴》"征人稽留"条（231）
理用无疑	《贼盗》"夜无故入人家"条（269）
理弘尊敬	《斗讼》"殴皇家袒免以上亲"条（315）
理各不同	
理须谏诤	《斗讼》"告祖父母父母"条（345）
理不可为	《杂律》"不应得为"条（450）
理非行罚之职	《断狱》"监临自以杖捶人"条（483）

（二）评价行为是否合法的根据、理由

《唐律疏议》中"理"作为司法审判的根据、理由，最直接的用法是对行为是否合法作出评价。传世文献中可见到"理"的此种用法，《唐六典·吏部》"考功郎中"载："……凡考课之法，……有二十七最：……六曰决断不滞，与夺合理，为判事之最。"① "判事之最"包含了两方面的要求：一是案件审理时限的要求，即"不滞"，案件不能久拖不决，否则可能造成"冤滞不申"②；二是案件审理结果的要求，即"合理"，具体内容是司法官员裁判案件要符合法律规定，否则即为《职制》"有所请求"条（135）等所规定的"曲理"。又《旧唐书·郑善果传》载："郑善果，郑州荥泽人也。……隋开皇初，改封武德郡公，拜沂州刺史。大业中，累转鲁郡太守。善果笃慎，事亲至孝。母崔氏，贤明晓于政道，每善果理务，崔氏尝于阁内听之。闻其剖断合理，归则大悦；若处事不允，母则不与之言，善果伏于床前，终日不敢食。"③ "理务"即处理政务，郑善果

---

① ［唐］李林甫等：《唐六典》（上）卷第二，第42页。
② 《唐六典·刑部》载："凡有冤滞不申欲诉理者，先由本司、本贯；或路远而踬碍者；随近官司断决之。"其中"滞"为"久拘狱中不予审理"，汪潜：《唐代司法制度——〈唐六典〉选注》，第134页注释(1)。
③ ［后晋］刘昫等：《旧唐书》卷六十二《郑善果传》，第2378页。

先后为刺史、太守，审断案件自然是必理之务。"剖断合理"是对其职务行为合法性的具体要求。另外，传世文献中还可见到"非理"与"非法"同时出现并表达相似含义的情况，《旧唐书·太宗诸子传》载："蜀王愔，太宗第六子也。……愔常非理殴击所部县令，又畋猎无度，数为非法。"[①] 蜀王违法殴打下属官员，其中"非理"与"非法"可互训，这将"理"作为法律根据的含义表达得非常清晰。

作为评价行为是否合法的根据、理由，其评价结果自然只有合法与非法两种，唐律中将行为合法的情况一般表述为：以理、合理、得理等；将行为非法的情况一般表述为：不以理、非理、曲理等。"理"所指称的内容在唐律中一般采取以下三种具体方式予以表述：

第一，本条直接予以规定。即条文中直接对"理"的内容进行描述，进而判断具体行为是否合法。如《名例》"以理去官"条（15）载："诸以理去官，与见任同。（解虽非理，告身应留者，亦同。）"《疏》议曰："谓不因犯罪而解者，若致仕、得替、省员、废州县之类，应入议、请、减、赎及荫亲属者，并与见任同。解虽非理者，谓责情及下考解官者；或虽经当、免，降所不至者，亦是告身应留者：并同见任官法。"所谓"以理去官"即法定的正当离职事由，包括：致仕、得替、省员、废州县等。那么"非理"则是非因律文所列举的正当事由而离职。《名例》"无官犯罪"条（16）与"官当"条（17）所载的"停摄理是去官""以理去任""不以理去任"等内容也是此种含义，甚至是直接引述了本条的内容。

第二，引述令、格、式的内容。即本条未直接规定"理"的内容，而是引述令、格、式的内容，进而对违反的行为予以处罚。如《擅兴》"遣番代违限"条（239）载："若镇、戍官司役使防人不以理，致令逃走者，一人杖六十，五人加一等，罪止徒一年半。"律《疏》引述了《唐令·军防

---

① ［后晋］刘昫等：《旧唐书》卷七十六《太宗诸子传·蜀王愔》，第2659页。

令》的内容对"理"予以说明:"依《军防令》:'防人在防,守固之外,唯得修理军器、城隍、公廨、屋宇。各量防人多少,于当处侧近给空闲地,逐水陆所宜,斟酌营种,并杂蔬菜,以充粮贮及充防人等食。'"其中的"理"即唐令规定的防人除防守之外应从事劳作的内容及制度,"不以理"即不按唐令的相关规定行事。

第三,概括表述合法或非法。即本条对"理"的具体内容没有明确规定,仅是概括表述为"合理""以理"等。如《名例》"同职犯公坐"条(40)"问答"载:"假有判官处断乖失,通判官异同得理,长官不依通判官断,还同判官,各有何罪?案若申覆,唯通判官一人合理,即上下俱得免科。如其当处断讫施行,即乖失者依法得罪。唯通判、长官合理,余悉不论。"本条对于"合理"与否的具体内容没有明确规定,但根据其表述,"理"所表述的应当是官司断案应当遵循的相关法律规定。本条还提到"丞断合理""故违正理""曲理断免"等,皆是对官员是否依法判断作出的评价。又如《职制》"有所请求"条(135)律《疏》载:"凡是公事,各依正理。辄有请求,规为曲法者,笞五十。"公事应当依照法律规定来处理,"各依正理"即必须依照具体的法律规则,否则为"曲理"。本条将不依理的情况概括为"曲法",其与"曲理"表达了相同的含义。唐律中有11处"曲法"的表述,皆做此种含义。如《职制》"事后受财"条(139)载:"事若曲法,准前条'枉法'科罪。"又如《户婚》"监临娶所监临女"条(186)载:"监临官司曲法判事"。《唐律疏议》中"理"表达对行为合法性评价时共出现32次,详情如下:

表2.4 "理"的内容为行为的合法性评价之情况分布表

表述	本条
以理去官	《名例》"以理去官"条(15)
解虽非理(3)	
理是去官	《名例》"无官犯罪"条(16)

续表

表述	本条
（不）以理去任（2）	《名例》"官当"条（17）
以理去官	
故为合理	《名例》"除名"条（18）
异同失理	《名例》"同职犯公坐"条（40）
异同得理	
合理（3）	
故违正理	
曲理断免	
非理致死	《职制》"乘驿马枉道"条（128）
各依正理	《职制》"有所请求"条（135）
不违正理	《职制》"事后受财"条（139）
不以理（2）	《擅兴》"遣番代违限"条（239）
理直（7）	《斗讼》"两相殴伤论如律"条（310）
以（非）理死（2）	《杂律》"受寄物辄费用"条（397）
以理身死	《杂律》"从征从行身死不送还乡"条（407）

（三）比类相附的根据、理由

《唐律疏议》中"理"作为司法审判的根据、理由，较为典型的用法是通过类比明确犯罪行为的定罪量刑详情，或通过不同法律条文的比较明确法律词汇的具体含义。比附作为传统刑律中常见的立法技术记载较多，《尚书·吕刑》载："上下比罪，无僭乱辞。"[①] 比罪是有条件的，只能在成文法无明确规定的前提之下进行。《荀子·大略》载："有法者以法行，无法者以类举。以其本知其末，以其左知其右，凡百事异理而相守也。庆赏刑罚，通类而后应；政教习俗，相顺而后行。"类举的目的是发掘、追求事物运行的抽象规律即"统类"，《荀子·性恶》载："多言则

---

① ［汉］孔安国传、［唐］孔颖达疏：《尚书正义》卷第十九，第549页。

文而类，终日议其所以，言之千变万举，其统类一也，是圣人之知也。"这种抽象规律体现在法典与法律实践中便是"律贯"，《荀子·成相》载："臣谨修，君制变，公察善思论不乱，以治天下，后世法之成律贯。"① 寻求法律实践中的抽象规律必须经由类比的原因在于：基于传统立法客观具体、一事一例的体例，传统刑律当中关于犯罪行为及其具体处罚的内容必然是具体的列举；此种具体列举的又不可能对所有犯罪行为与科处刑罚都一一规定，因此，比类相附便是必由之路。②

《唐律疏议》中"理"作此种用法共出现33次，涉及9篇计29条律文，其中近一半出现在《名例》中。"理"的此种用法具有固定、典型的形式，与其他用法相比，在形式上易于分辨。根据结果，可将类比分为两类：一是将法律未明确规定的犯罪行为、法律概念与法律明确规定的相似、相近内容进行比较，从而得出肯定的结论；另一类是通过上述比较得出否定的结论。③

第一，肯定的类比。唐律中"理"作类比根据时，主要是以肯定的形

---

① 张晓光：《荀子"有法者以法行，无法者以类举"的法律思想》，张伯元主编：《法律文献整理与研究》，北京大学出版社2005年版，第130—135页。
② 徐朝阳与戴炎辉皆对传统刑律中的比类相附给予了极高的评价。徐朝阳先生认为其能弥补法定主义的僵化与擅断主义的恣意，"法律之条件与刑罚之种目，虽预以法令定之，而用法程度，则任法官之自由裁量，既不致如擅断主义，法官有滥用职权诸种弊害；亦不致如法定主义，不能适宜应付万殊之事情。……凡百事理皆宜有标准以为量度，固当然也。惟事物不同，应效斯矣，彼法定主义者以衡量尺寸比法，实昧于物人之性质，故量物与量人，决不能混为一谈，其理甚显。折中主义以类举之，济条文之穷，此其所以为善也。"徐朝阳：《中国刑法溯源》，商务印书馆1934年版，第35—36页。戴炎辉先生认为：由于唐律客观、具体的立法体例，对于罪名往往一事一例，其初衷在于贯彻罪刑法定主义，但事实上，欲强化条文的适用性，则导致条文无限增加。若不设比附援引，则易产生两类弊端：应入罪者由于无专条规范而逍遥法外；应出罪者由于无专条规范而未得减免。故其积极意义在于补救律条之硬性，而予以弹性。参见戴炎辉：《唐律通论》，第17—21页。
③ 戴炎辉先生将唐律比附之具体形态分为：罪名之比附、加减等之比附、通例之比附。参见戴炎辉：《唐律通论》，第17—19页。黄源盛教授亦有此种划分。参见黄源盛：《唐律轻重相举条的法理及其运用》，林文雄教授祝寿论文集编辑委员会：《当代基础法学理论——林文雄教授祝寿论文集》，学林文化事业有限公司2001年版，第268—270页。

式来对律文中未作明确、具体规定的犯罪行为予以定罪、量刑,主要表述形式有:理同、理从、理准、理依、理当等。表达的是之所以对不同行为予以相同的处罚在法律规定、法律原理等方面的根据或理由。如《名例》"会赦应改正征收"条(36)律《疏》载:"即工、乐、杂户,当色相养者,律、令虽无正文,无子者理准良人之例。"工、乐、杂户若无子,亦得以收养子。但未有关于工、乐、杂户养子的法律规定,"理准良人之例"即比照良人养子的法律规定来处理,按《户婚》"养子舍去"条(157)律《疏》载:"依《户令》:'无子者,听养同宗于昭穆相当者。'"《户婚》"养杂户等为子孙"条(159)也有规定:"若当色自相养者,同百姓养子之法。杂户养官户,或官户养杂户,依《户令》:'杂户、官户皆当色为婚。'据此,即是别色准法不得相养"。又如《名例》"十恶"条(6)律《疏》载:"但有谋杀及卖缌麻以上亲,无问尊卑长幼,总入此条。若谋杀期亲尊长等,杀讫即入'恶逆'。今直言谋杀,不言故、斗,若故、斗杀讫,亦入'不睦'。举谋杀未伤是轻,明故、斗已杀是重,轻重相明,理同十恶。"谋杀未伤已入"不睦",斗、故杀讫重于谋杀未伤,自然仍入"不睦"。"理"在《唐律疏议》中作为肯定类比的根据、理由共出现27次,详情如下:

表 2.5 "理"的内容为类比的根据之情况分布表

表述	本条
理入此条	《名例》"十恶"条(6)
理同十恶	
理亦无别	《名例》"免官"条(19)
理与六载义同	《名例》"除免官当叙法"条(21)
理同无丁之法	《名例》"犯徒应役家无兼丁"条(27)
理准良人之例	《名例》"会赦应改正征收"条(36)
理与强盗义同	《名例》"共犯罪本罪别"条(43)
此理既同	《名例》"共犯罪有逃亡"条(44)

续表

表述	本条
理与十处盗同	《名例》"二罪从重"条（45）
理从勿论	
理同一人之财	
理亦不别	《名例》"同居相为隐"条（46）
理与制书义同	《职制》"被制书施行有违"条（112）
理与借畜产不殊	《厩库》"监主借官奴畜产"条（208）
理与工、乐谋杀太常卿、少府监无别	《贼盗》"谋杀制使府主等官"条（252）
理与"窃盗发觉，弃财逃走"义同	《贼盗》"有所规避执人质"条（257）
理同殴法	《贼盗》"憎恶造厌魅"条（264）
理从"强乞"之律	《贼盗》"恐喝取人财物"条（285）
理依加法	《斗讼》"流外官以下殴议贵等"条（316）
其妇理亦如姑	《斗讼》"妻妾殴詈故夫父母"条（331）
理依亲姑之法	
理当"不睦"	《斗讼》"殴妻前夫子"条（333）
理依诬告之法	《斗讼》"投匿名书告人罪"条（351）
理从"同罪"而科	《诈伪》"非正嫡诈承袭"条（371）
理依"压部曲为奴"之法	《诈伪》"诈除去死免官户奴婢"条（376）
理同凡奸之法	《杂律》"奸父祖妾等"条（413）
理同凡斗而科	《断狱》"监临自以杖捶人"条（483）

第二，否定的类比。唐律中的"理"作为否定类比的根据或理由的情况较少，仅出现了6次，涉及2篇计6条律文。主要表达的是对不同犯罪行为区别对待的根据、理由或于法律规定、法律原理等方面存在的差异。详情如下：

《名例》"十恶"条（6）"问答"载："厌、咒虽复同文，理乃诅轻厌重。"厌魅、咒诅的行为内容与具体处罚均规定于《贼盗》"憎恶造厌魅"

条(264),根据法律规定,咒诅轻而厌魅重。

《名例》"除名"条(18)"问答"载:"各于当条见义,亦无一定之理。"《贼盗》"杀一家三人支解人"条(259)规定:杀伤贱人与杀伤良人不同对待,根据为《贼盗》"强盗"条(281)的规定:杀伤贱人与杀伤良人不殊,此即"理"之不同。

《名例》"免所居官"条(20)"问答"载:"委亲之官,依法有罪。既将之任,理异委亲;及先已任官,亲后老疾,不请解侍:并科'违令'之罪。"委亲之官,根据法律规定属于犯罪行为;将亲任官与委亲之官在法律原理上有差异,不属于犯罪行为。

《名例》"犯流应配"条(24)律《疏》载:"加役流者,本法既重,与常流理别,故流三千里,居役三年。"根据《名例》"应议请减(赎章)"条(11)的内容,加役流与常流具体处罚内容不同。常流①俱役一年,加役流则流三千里,役三年。

《名例》"犯时未老疾"条(31)"问答"载:"……唯有疾人与老者理别,多有事发之后,始作疾状,临时科断,须究本情:若未发时已患,至断时成疾者,得同疾法;若事发时无疾,断日加疾,推有故作,须依犯时,实患者听依疾例。""理别"的含义为:疾病与年老两种情况在法律优遇的适用方面不同。

《户婚》"妄认盗卖公私田"条(166)律《疏》载:"地既不离常处,

---

① 此处所谓"常流"即《名例》"流刑三"条(4)中所规定之三等流刑:"流刑三:二千里。(赎铜八十斤。)二千五百里。(赎铜九十斤。)三千里。(赎铜一百斤。)"《疏》议曰:"……今之三流,即其义也。"亦称"三流"。除《名例》"犯流应配"条(24)以外,唐律中另有两次出现"常流"之名,《名例》"犯罪已发已配更为罪"条(29)《疏》议曰:"若前犯常流,后犯加役流者,亦止总役四年。"《断狱》"官司出入人罪"条(487)《疏》议曰:"若从三流入至加役流者,'各计加役年为剩',但入加役流者,加常流役二年,将加二年以为剩罪。"可见,"常流"或"三流"乃相对之概念,是立法特为与《名例》"应议请减(赎章)"条(11)之"五流"即加役流、反逆缘坐流、子孙犯过失流、不孝流、会赦犹流相区别而言,从立法中的表达来看,"常流"之名多是为与加役流之区别而设。另可见《唐六典·刑部郎中员外郎》:"常流唯役一年,此流役三年,故以加役名焉。"[唐]李林甫等:《唐六典》(上)卷第六,第185页。

理与财物有殊,故不计赃为罪,亦无除、免、倍赃之例。"盗卖土地与盗其他财物在法律规定方面不同,不能以盗其他财物计赃定罪的标准来评价盗卖土地的行为。

三、《唐律疏议》的结构与"理"的含义

《唐律疏议》的内容按产生顺序分为:律文、注文、疏文三部分。疏,是对旧注的阐释;注,是对律的说明。因此,注是在律的基础上产生的,疏是在注的基础上产生的。有疏必先有注,有注必先有律,《唐律疏议》是《唐律》及其基础之上的注、疏的合编本。[①] 疏文是对律文与注文进一步的解释、说明。[②] 进一步分析《唐律疏议》中"理"在律、注、疏中的分布:"理"在律、注、疏中皆有出现,但依出现频次来考察,绝大多数出现在疏文中;考察具体条文,"理"出现的偏重不同,有的条文同时在注、疏中出现,有的条文律、注、疏中皆有出现,但绝大多数条文仅出现在疏中。

(一)按照律、注、疏的结构统计"理"的出现频次

《唐律疏议》中"理"共出现192次,出现在律文中20次,约占总数的10%;出现在注文中5次,约占总数的3%;出现在疏文中167次,约占总数的87%。绝大多数"理"出现在疏文中,考察其具体内容,疏文中的"理"是对律、注中"理"的进一步解释、说明,且疏文一般都引述了律、注中的原文。因此,疏文中"理"的含义与用法可以完整地表达其在整部唐律中的含义与用法。如《斗讼》"两相殴伤论如律"条(310)载:"诸斗两相殴伤者,各随轻重,两论如律;后下手理直者,减二等。"律《疏》中首先引述了律文中的表述"后下手理直者,减二等";其次,

---

[①] 张伯元:《律注文献丛考》,社会科学文献出版社2009年版,第133页。
[②] 钱大群:《唐律与唐代法制考辨》,社会科学文献出版社2009年版,第38—39页。

举例予以说明"乙不犯甲,无辜被打,遂拒殴之,乙是理直,减本殴罪二等,合笞二十。"又在"问答"中对特殊情况予以进一步例示,"问曰:尊卑相殴,后下手理直得减,未知伯叔先下手殴侄,兄姊先下手殴弟妹,其弟、侄等后下手理直,得减以否?答曰:凡人相殴,条式分明。五服尊卑,轻重颇异。只如殴缌麻兄姊杖一百,小功、大功递加一等;若殴缌麻以下卑幼,折伤减凡人一等,小功、大功递减一等。据服虽是尊卑,相殴两俱有罪,理直则减,法亦无疑。若其殴亲侄、弟妹,至死然始获罪,伤重律则无辜。罪既不合两论,理直岂宜许减?举伯叔兄姊,但殴伤卑幼无罪者,并不入此条。"本条律文中的"理直"在疏文中被引述且进行了详细的解释、说明,同时,疏文中补充了大量律文未提及的定罪量刑详情,完全可以脱离律文了解"理直"的含义,丝毫不会产生理解上的歧义与偏差。

(二)按照律、注、疏的结构统计"理"所在的条文

《唐律疏议》共计条文503条(将《名例·序》作为独立条文计算在内),其中96条出现了"理",出现在律文中的17条,约占总数的18%;出现在注文中的5条,约占总数的5%;出现在疏文中的95条,约占总数的99%。需要说明的是,这一统计数据中存在着交叉,具体来说:仅有1条"理"出现在律文中,注、疏中皆未出现;[1] 有2条在律、注、疏中皆出现了"理";[2] 有3条在注、疏中出现了"理";[3] 有15条在律、疏中出现了"理"。[4] 可以看出,《唐律疏议》出现"理"的条文,绝大多数

---

[1] 《贼盗》"谋反大逆"条(248)载:"即虽谋反,词理不能动众,威力不足率人者,亦皆斩;"注文将"词理不能动众"释为:"谓结谋真实,而不能为害者。"疏文将之释为:"谓虽构乱常之词,不足动众人之意。"疏文在解释律、注中"理"的相关内容时未引述原文,也未有相关"理"的表述,但这是仅有的一例。

[2] 分别为:《名例》"以理去官"条(15)与《杂律》"不应得为"条(450)。

[3] 分别为:《名例》"十恶"条(6)、《诈伪》"诈乘驿马"条(379)、《断狱》"疑罪"条(502)。

[4] 分别为:《卫禁》"私度及越度关"条(82),《职制》中的"合和御药有误"条(102)、

"理"仅出现在疏文中;律、注、疏三者同时出现或出现在其中两者的条文中,皆是疏文对律、注中的"理"予以引述并解释、说明。如《名例》"以理去官"条(15)律文载:"诸以理去官,与见任同。"注文中补充列举了一种与其性质相同的情况:"解虽非理,告身应留者,亦同。"疏文将"以理去官"释为:"谓不因犯罪而解者,若致仕、得替、省员、废州县之类"。对于注文中的"解虽非理",疏文首先引述了原文,而后释为:"解虽非理者,谓责情及下考解官者;或虽经当、免,降所不至者,亦是告身应留者"。因此,疏文中"理"的含义与用法可以全面、准确地代表其在整部《唐律疏议》中的含义与用法。

(三)唐律疏文的功能及其中"理"的含义与用法

《唐律疏议》中的"理"绝大多数出现在疏文中,这些"理"可以完整、准确地代表其在整部唐律中的含义与用法。通过对唐律疏文特征与功能的分析,可以对"理"的含义与用法有进一步了解。《名例·序》载:"今之典宪,前圣规模,章程靡失,鸿纤备举。而刑宪之司,执行殊异:大理当其死坐,刑部处以流刑;一州断以徒年,一县将为杖罚。不有解释,触涂睽误。"即为律文作疏是为了避免法律适用过程中的分歧、误解,其主要意图是"以法律的平衡一致、统一适用为重心的,讲求的是轻重画一。"[①] 那么,疏文在《唐律疏议》中最基本的功能在于:沟通律内相关

"指斥乘舆及对捍制使"条(122),《擅兴》"遣番代违限"条(239),《贼盗》中的"谋反大逆"条(248)、"造袄书袄言"条(268),《斗讼》中的"两相殴伤论如律"条(310)、"告期亲以下缌麻以上尊长"条(346)、"投匿名书告人罪"条(351)、"因不得告举他事"条(352)、"以赦前事相告言"条(354)、"告人罪须明注年月"条(355)、"邀车驾挝挝鼓诉事不实"条(358),《诈伪》"诈除去死免官户奴婢"条(376),《断狱》"狱结竟取服辩"条(490)。

① 《唐律》之作义疏,史料记载互有不同。对此,霍存福教授曾有比较详尽的辨析:据《旧唐书·刑法志》所载,唐律疏文的产生是为明法科科举考试所作的"标准答案";而据《名例·序》所载,制作疏文是以法律的平衡一致、统一适用为重心的,讲求的是轻重划一。皇帝下令为律、注作疏未必着眼于法律的统一适用;学者作义疏,条分缕析,前后照应,自然重视律文的统一

条文及律与其他法律形式，使整部法典乃至唐代法制高度体系化。而发挥这一功能最直接的手段即在疏文中引述律、令、格、式的具体内容，其中，除律之外引述最多的是唐令，这也是隋唐律令体系"违礼令入律"的具体表现。① 唐律中的"理"大多数都引述了律、令、格、式的具体内容。如《诈伪》"诈乘驿马"条(379)注文载："辄乘，谓有当乘之理，未得符券者。"疏文释为："注云'辄乘，谓有当乘之理，未得符券者'，谓衔命有实，未得符券而乘者。""当乘之理"所指乃是《职制》"文书应遣驿不遣"条(125)所规定的应乘驿马的法定事由，而此内容是引述了唐令的相关规定，即《唐令·公式令》载："在京诸司有事须乘驿，及诸州有急速大事，皆合遣驿。"②《唐令·仪制令》载："皇帝践祚及加元服，皇太后加号，皇后、皇太子立及赦元日，刺史若京官五品以上在外者，并奉表疏贺，州遣使，余附表。"③ 通过引述别条律文及唐令的规定对本条不明之处予以阐释，使律内不同条文及不同法律形式之间形成了互相补充、互相完善的密切的联系，为法律适用提供了极大的便利。

平衡，企求理解一致。总之，至少唐代统治者在制作及颁行义疏时，在认识上已不仅仅是为科举考试作统一答案，而是由科举进入司法，期望通过义疏使执法者理解法律一致和统一适用法律。参见霍存福：《论〈唐律〉"义疏"的法律功能》，《吉林大学社会科学学报》1987年第4期。

① 高明士教授认为"纳礼入律令、违礼令入律"乃是隋唐律令的特质或立法原理。参见高明士：《隋唐律令的立法原理》，郑州大学历史研究所编：《高敏先生八十华诞纪念文集》，线装书局2006年版，第284—294页。亦可参见高明士：《从律令制的演变看唐宋间的变革》，《台大历史学报》2003年12月(第32期)。《唐律疏议》疏文引述的内容最主要的是别条律文或注、疏的规定，除此之外，引述最多的是唐令的内容。《唐律疏议》中引述了唐令的条文有145条，约占全部条文的29%，涉及《狱官令》《公式令》《户令》《军防令》等20种；引述了唐格的条文仅有3条，其中《名例》"除免比徒"条(23)引述了《祠部格》中相关条文、《卫禁》"越度缘边关塞"条(88)引述了《主客格》中相关条文、《诈伪》"妄认良人为奴婢部曲"条(375)引述了《刑部格》中相关条文；《唐律疏议》中引述了唐式的条文有9条，涉及《刑部式》《上请式》《主客式》《库部式》等11种。唐律疏文引述令、格、式的具体情况还可参见霍存福教授的统计，霍存福：《〈唐律〉"义疏"的法律功能》，《吉林大学社会科学学报》1987年第4期。

② 〔日〕仁井田陞：《唐令拾遗》，第519页。

③ 同上书，第409页。

既然制作唐律疏文的意图在于促进法律准确、统一适用，而疏文实际上又发挥着沟通律内相关条文及律与其他法律形式的基本功能，疏文中大量出现的"理"自然也是围绕此意图发挥基本功能。那么，《唐律疏议》中的"理"就不宜解释为宽泛的事理、义理等，否则便背离其意图也无法发挥基本功能。《唐律疏议》中的"理"主要是通过引述别条律文或令、格、式来为司法审判提供根据、理由。

四、小结

《唐律疏议》中"理"共出现192次，除《捕亡》外，涉及了其余11篇中的相关律文，共计96条。"理"在唐律中的含义与用法较为复杂，但大致上可分为两类：一类为"理"在传世文献中的常见含义，虽然出现在法典中仍作通常的用法；另一类为"理"在法典中的固定含义，直接表达了司法审判的根据或理由。《唐律疏议》中的"理"绝大多数出现在疏文部分，疏文在法典结构中的基本功能在于：沟通相关条文及律与令、格、式之间的关系，使整部法典乃至唐代法制高度体系化。发挥这一功能的直接手段为引述律、令、格、式的具体内容。"理"作为司法审判的根据、理由，在疏文中也是通过引述律、令、格、式来表达具体含义的。《唐律疏议》中"理"的表义结构、主要含义与法典结构均表明：以成文法的规定为价值判断依据是唐律立法的基本精神。《唐律疏议》中多数"理"都是作为法典中的专有词汇出现的，其作为法律术语，主要表达了司法审判的根据或理由。"理"作此种用法时，基本上都有明确、具体的来源，即通过引述律、令、格、式的具体规定来表达司法审判的根据或理由，甚至表达了疏文对律、注进行解释的法律要求。[①] 因此，将唐律中

---

① 戴炎辉先生曾指出唐律疏文中大量的"理法""理合""合理"等表述乃是疏议对法

的"理"一概视为抽象的事理、义理等含义是不准确的；所谓的事理、义理也不可能成为唐代司法活动中与律、令并行的另一种价值判断依据。[①]这种观点实质上忽略了"理"在律文中所表达的具体含义，并可能导致我们对唐律基本精神的认识有所偏差。既然唐律中所体现的作为司法判断依据的"理"大都有具体、明确的来源，而且都是成文法的规定，那么，唐律条文中便明确地体现了将成文法的规定作为司法审判主要依据的明确倾向，这也是唐律立法的基本精神。[②]需要注意的是，立法的基本精神在司法实践中能否得到贯彻是另一论题，已超越笔者此处的考察的范围。[③]但通过考察《唐律疏议》中"理"的含义与用法所关注的问题是：

条进行解释必须遵循的要求，即解释须"合理"。但对于"合理"的具体含义并未说明。结合戴氏所举之例，可看出"合理"乃是合于具体的法律规定与抽象的法律原理之意。如《名例》"除名"条(18)"问答"载："各于当条见义，亦无一定之理。"戴氏谓此解释之意图在于阐明"概念之相对性"，即通过疏文的解释，寻求法律概念在不同场合的准确适用。参见戴炎辉：《唐律通论》，第16页。

① 在传世文献中所见到的义理、事理等表述，也有作为法律规范、原理使用的情况，如《全唐文》"请减明法科选限奏"载："臣窃见明法一科，久无人应。今应令请减其选限，必当渐举人。谨案考课令诸明法试律令十条，以识达义理问无疑滞者为通，所贵悬科待士，自勤讲学之功。为官择人，终免旷遗之咎，况当明代，宜举此科。"[清]董诰等：《全唐文》卷八百五十九，中华书局1983年影印版，第9005页下。其中的"义理"所指显然是"律令十条"所包含的法律规范、法律原理等内容，而非抽象的事理、道理等。

② 戴炎辉先生将之概括为唐律的特质，即"罪刑法定主义"，参见戴炎辉：《唐律通论》，第9—14页。高明士教授认为戴氏所述的"罪刑法定义"等六项内容可视作唐律立法原理，亦可相通。参见高明士：《隋唐律令的立法原理》，郑州大学历史研究所编：《高敏先生八十华诞纪念文集》，线装书局2006年版，第284页。

③ 从日本学者佐立治人、英国学者马若斐以及国内学者徐忠明教授、王志强教授的相关研究来看，宋元明清时期司法审判过程中司法官员对制定法条文的援引不仅是立法本身明确的要求，也是司法官员维护自身利益的需要。关于宋代司法判决当中对于制定法的援引以及司法文书中"理"的含义可参见[日]佐立治人：《〈清明集〉的"法意"与"人情"——由诉讼当事人进行法律解释的痕迹》，杨一凡总主编、[日]川村康主编：《中国法制史考证（丙编第三卷）》，中国社会科学出版社2003年版，第438—477页；[英]马若斐：《南宋时期的司法推理》，陈煜译，中国政法大学法律古籍整理研究所编：《中国古代法律文献研究》（第七辑），社会科学文献出版社2013年版，第299—358页。关于司法过程中对制定法的援引及其根源，可参见王志强：《制定法在中国古代司法判决中的适用》，《法学研究》2006年第5期；

不论司法实践中能否严格执行成文法的规定,至少立法中明确表达了这种倾向。

徐忠明:《明清时期的"依法裁判":一个伪问题?》,《法律科学》2010年第1期。限于主旨,相关问题此处不再展开探讨。

第三章　唐律中的"不用此律"

　　《名例》一篇一般被认为是《唐律疏议》的总则，《卫禁》《职制》《户婚》《厩库》《擅兴》《贼盗》《斗讼》《诈伪》《杂律》《捕亡》《断狱》等十一篇一般被认为是《唐律疏议》的分则，这种总则与分则二元划分的法典结构上承秦汉，[①]又对宋元明清法典的体例与结构产生了极大影响；[②]唐律对具体犯罪行为的规定方式，采取的是具体、个别、客观的列举。[③]这两种概括性的结论从整体上似乎是对传统律典结构比较全面的

---

　　① 实际上，关于中国古代法典及其结构比较明确的探讨往往追溯至战国时期相传为李悝所作之《法经》与相传为汉初丞相萧何所作之《九章律》。其中的《具法》或《具律》被认为是中国古代法典总则的滥觞。但历史上是否确实存在过《法经》与《九章律》仍为学者所质疑，其最为主要的依据即关于《法经》与《九章律》的记载都为后世文献，而为同时期或相近时代的史料记载所欠缺。相关探讨可参见谢冠生：《历代刑法书存亡考》，《东方杂志》1926年第3期；〔德〕陶安：《法典与法律之间——近代法学给中国法律史带来的影响》，《法制史研究》第5期。笔者不欲参与此问题的进一步探讨，但《具律》的内容应当是确实的，至于其究竟为谁所首创？最早出现于何时？对于本章相关问题的探讨并无直接影响。因此，本章的探讨将所谓《具律》称为"秦汉《具律》"。

　　② 这种观点可参见大量的法制史教材及研究成果，如曾宪义先生主编的《中国法制史》第七章"隋唐的法律制度"中表述为：唐律的总则——《名例律》、唐律的分则——其他各篇主要内容。参见曾宪义主编：《中国法制史》，北京大学出版社2009年版，第153、159页。又如宋四辈教授认为："中国古代刑法典的编纂体例和结构从整体上由总则和分则两部分组成"。参见宋四辈：《中国古代刑法典的编幕体例和结构特点——兼论中国传统刑法文化的作用和影响》，《郑州大学学报（哲学社会科学版）》2003年第4期。

　　③ 日本学者仁井田陞对唐律立法体例做了极为系统、全面的概括："与其说唐律是抽象、概括、主观地观察各种犯罪，毋宁认为它是具体、个别、客观地对待各种犯罪的，作为在这一点上体现了古代法特征的法典，唐律是著名的。例如，虽是性质相同的犯罪，却根据犯意、犯罪的状况、犯罪的方法、犯罪人以及被害人的身份、犯罪的目标等情况的不同，设立各种罪名、科以不同的处罚。"〔日〕仁井田陞：《唐律的通则性规定及其来源》，刘俊文主编：《日本

概括性描述,但我们对于传统律典的认识若满足于概括性结论则会遮蔽一些具体、细节的问题,最终可能使我们对唐律立法体例及相关问题的理解过于绝对化。唐律中有一种较为典型、固定的表述:"不用此律",其在一部律内共出现39次,[①] 涉及17条律文。其中《名例》一篇出现20次,涉及9条律文,占总数的51%;其他各篇出现19次,涉及8条律文,占总数的49%。唐律中"不用此律"的功能与效果是在特定条件下对之前法律规范适用效力的排除,如《名例》"无官犯罪"条(16)载:"诸无官犯罪,有官事发,流罪以下以赎论。(……犯十恶及五流者,不用此律。)"又《斗讼》"部曲奴婢良人相殴"条(320)载:"部曲、奴婢相殴伤杀者,各依部曲与良人相殴伤杀法。……相侵财物者,不用此律。""不用此律"在唐律各篇的分布与出现频次详如下:

表3.1 《唐律疏议》中的"不用此律"分布表

性质		篇目	"不用此律"出现的频次	"不用此律"涉及的条文数
总则		《名例》(凡57条)	20次	9条
分则	事律[②]	《卫禁》(凡33条)	2次	1条
		《职制》(凡59条)		
		《户婚》(凡46条)	5次	2条
		《厩库》(凡28条)		
		《擅兴》(凡24条)	2次	1条

学者研究中国史论著选译(第八卷·法律制度)》,中华书局1992年版,第155—156页。

① 若严格依照字面分析,《唐律疏议》中的"不用此律"出现35次,另外有4次在表述上略有不同,但结合前后律文,其表意与"不用此律"是一致的。其中《名例》"无官犯罪"条(16)律《疏》中的"不用此条赎法"、《贼盗》"盗经断后三犯"条(299)律《疏》中的"不用此'三犯'之律"、《斗讼》"以赦前事相告言"条(354)律《疏》中的"不用入罪之律"三处表述均出现在"不用此律"之后,是对其进一步解释、说明;另有《名例》"同居相为隐"条(46)律《疏》中的"不用相隐之律",其含义与"不用此律"是一致的,只是前者将"此律"表述为更加具体的"相隐之律"。

② 刘俊文教授将《唐律疏议》十二篇按照内容及性质分为四部分:总则、事律、罪律、

续表

性　　质		篇　　目	"不用此律"出现的频次	"不用此律"涉及的条文数
分则	罪律	《贼盗》（凡54条）	3次	1条
		《斗讼》（凡60条）	5次	2条
		《诈伪》（凡27条）		
		《杂律》（凡62条）	2次	1条
		《捕亡》（凡18条）		
	专则	《断狱》（凡34条）		
总计			39	17

　　从"不用此律"在唐律各篇的分布来看，集中于《名例》一篇，且出现在作为总则的《名例》中涉及的条文数、频次与作为分则的其他十一篇中相当（9条、20次与8条、19次）；分则中，"不用此律"出现在"事律"中涉及的条文数、频次与"罪律"中相当（4条、9次与4条、10次）。

　　那么，我们的问题是：《名例》中的"不用此律"与其他各篇中的"不用此律"在形式上呈现出如此有规律的关系，若将唐律中的"不用此律"作为一个整体来考察，是否说明《名例》与其他各篇除了我们通常所认为的法典总则与分则的二元关系外，还有一些其他的细节需要进一步探讨？另外，"不用此律"从字面上理解是不适用特定的法律规范，那么，在具体、个别、客观列举的体例之下，《名例》中出现的"不用此律"与其他各篇中出现的"不用此律"在内容上有无关系？有何关系？"不用此律"在一部律内发挥了什么功能？目前，学界尚未关注到唐律中"不用此律"的相关内容。本章拟以"不用此律"在唐律《名例》与其他各篇

则。总则即《名例》，主要规定全律通用的刑名和法例；事律包括《卫禁》《职制》《户婚》《厩库》《擅兴》，主要规定违反各种行政制度的罚则；罪律包括《贼盗》《斗讼》《诈伪》《杂律》《捕亡》，主要规定各种刑事犯罪的处罚；专则即《断狱》，主要规定司法审判制度及相关罚则。参见刘俊文：《唐律疏议笺解》（上），中华书局1996年版，"序论"第29—36页。

中的内容、功能、渊源为基础，对唐律立法体例涉及的相关问题从微观视角出发，通过实证途径稍作探讨。

一、《名例》中的"不用此律"

关于唐律《名例》的渊源与内容，篇首律《疏》说得很详细：

……魏文侯师于里悝，集诸国刑典，造《法经》六篇：一、盗法；二、贼法；三、囚法；四、捕法；五、杂法；六、具法。商鞅传授，改法为律。汉相萧何，更加悝所造户、兴、厩三篇，谓《九章》之律。魏因汉律为一十八篇，改汉《具律》为《刑名》第一。晋命贾充等，增损汉、魏律为二十篇，于魏《刑名律》中分为《法例律》。宋齐梁及后魏，因而不改。爰至北齐，并《刑名》、《法例》为《名例》。后周复为《刑名》。隋因北齐，更为《名例》。唐因于隋，相承不改。名者，五刑之罪名；例者，五刑之体例。名训为命，例训为比，命诸篇之刑名，比诸篇之法例。但名因罪立，事由犯生，命名即刑应，比例即事表，故以《名例》为首篇。

唐律《名例》的主要内容是在秦汉律《具律》的基础之上发展而来，由《具律》至《名例》，在传统法典体系中的表现形式与具体内容方面皆产生了较大的发展、变化。[①] 形式方面的变化显而易见，《名例》一篇出现在法典篇首，[②] 通则性规定置于法典篇首的意义，从立法技术方面来说，使得

---

① 参见孟彦弘：《从"具律"到"名例律"——秦汉法典体系演变之一例》，中国社会科学院历史研究所学刊编委会：《中国社会科学院历史研究所学刊》（第四集），商务印书馆2007年版，第125—131页。

② 《名例》出现在《唐律疏议》篇首应当是法典形式、结构方面最为明显的变化，但从《法经》中的《具律》置于篇末发展为唐律《名例》置于篇首，其间发展、演变的详细过程尚不得而知。我们能看到曹魏新律将《具律》改为《刑名》，置于法典篇首。出土的竹简秦汉律中，各篇未有标序，因此，秦汉《具律》在法典中的位置无法确证。但可以肯定的是秦汉《具律》不在法典之首，否则，曹魏新律《刑名》一篇置于法典之首就没有必要强调；另外，从性质上说，汉律《具律》尚不具备法典通则的性质，内容仍与其他各篇并列。

定罪量刑的具体条款引据通则性规定时更加便利。①内容方面，秦汉《具律》主要的内容是"具其加减"或"具其增减"，即对同样的犯罪行为由于身份、情节等特殊情况加重或减轻处罚，"一言以蔽之，《具律》是对犯同样的罪却予以不同处罚的规定，是其他各律所规定的惩罚之外的、具有通则性的而相对于其他各律的情况而言是属于'例外'的处罚情况。"②《名例》一篇设立之法意为"命诸篇之刑名，比诸篇之法例"，其主要内容包含两方面："一是有关刑罚之规定，即所谓'刑名'；二是有关处罚原则之规定，即所谓'法例'。二者皆带有通例性质。"③刑名的主要内容即刑种与刑等，法例之内容则大致与汉律《具律》相似。

"不用此律"在律文中的功能是排除特定法律规范的适用效力，从其排除的法律规范的内容来看，"有关刑罚之规定"不大可能出现不适用的情况（如刑种、刑等），那么，"不用此律"所排除适用的法律规范应当是"有关处罚原则之规定"，即《名例》中的"不用此律"从性质上来说是对"法例"适用效力的限制或排除。唐律《名例》中"不用此律"共出现20次，涉及9条律文，详情如下：

表3.2 《唐律疏议·名例》中"不用此律"的具体内容详表

法例	排除条件	本条
诸八议者，犯死罪，皆条所坐及应议之状，先奏请议，议定奏裁；流罪以下，减一等。	其犯十恶者，不用此律。	"八议者（议章）"条（8）
诸皇太子妃大功以上亲、应议者期以上亲及孙、若官爵五品以上，犯死罪者，上请；流罪以下，减一等。	其犯十恶，反逆缘坐，杀人，监守内奸、盗、略人、受财枉法者，不用此律。	"皇太子妃（请章）"条（9）

---

① 参见蔡墩铭：《唐律与近世刑事立法之比较研究》，商务印书馆1968年版，第11页。
② 孟彦弘：《从"具律"到"名例律"——秦汉法典体系演变之一例》，中国社会科学院历史研究所学刊编委会：《中国社会科学院历史研究所学刊》（第四集），第128页。
③ 刘俊文：《唐律疏议笺解》（上），第16页。

续表

法例	排除条件	本条
诸无官犯罪，有官事发，流罪以下以赎论。	犯十恶及五流者，不用此律。	"无官犯罪"条（16）
诸除名者，比徒三年；免官者，比徒二年；免所居官者，比徒一年。	流外官不用此律。	"除免比徒"条（23）
诸流配人在道会赦，计行程过限者，不得以赦原。	有故者，不用此律。	"流配人在道会赦"条（25）
诸犯徒应役而家无兼丁者，徒一年，加杖一百二十，不居作；一等加二十。若徒年限内无兼丁者，总计应役日及应加杖数，准折决放。	盗及伤人者，不用此律。	"犯徒应役家无兼丁"条（27）
诸年七十以上、十五以下及废疾，犯流罪以下，收赎。	犯加役流、反逆缘坐流、会赦犹流者，不用此律。	"老小及疾有犯"条（30）
九十以上，七岁以下，虽有死罪，不加刑。	缘坐应配没者不用此律。	
诸公事失错，自觉举者，原其罪；应连坐者，一人自觉举，余人亦原之。	其断罪失错，已行决者，不用此律。	"公事失错自觉举"条（41）
诸同居，若大功以上亲及外祖父母、外孙，若孙之妇、夫之兄弟及兄弟妻，有罪相为隐；部曲、奴婢为主隐：皆勿论，即漏露其事及擿语消息亦不坐。其小功以下相隐，减凡人三等。	若犯谋叛以上者，不用此律。	"同居相为隐"条（46）

根据唐律《名例》中"不用此律"的相关内容，我们可以从以下两方面进行分析：

（一）"不用此律"所排除的法例的内容

唐律《名例》中"不用此律"排除适用效力的法例内容皆为法律针

对特殊主体而设的出罪规定或定罪量刑方面的优遇,[①]"不用此律"的功能是特定条件下排除这些特殊主体享有的优遇或出罪规定,所达到的效果是入罪或加刑。如《名例》"八议者(议章)"条(8)规定"八议"之人犯死罪上请,犯流罪以下减一等处罚。"不用此律"所达到的效果是特定条件下"八议"之人不再享有此种殊遇,即不再享有刑罚减免特权。又《名例》"公事失错自觉举"条(41)规定官员公事失错,自觉举者,官员本人及其他应连坐之人皆原其罪,不再处罚。"不用此律"所达到的效果是特定条件下,官员公事失错,即使自觉举,仍不免处罚。

(二)"不用此律"排除法例适用效力的条件

唐律《名例》中"不用此律"排除了特定主体定罪量刑方面的优遇或出罪规定,其适用主要是针对特定犯罪类型而设,即并非特定主体所为的所有犯罪行为皆能适用由于其身份而享有之法定优遇。如《名例》"八议者(议章)"条(8)所规定的"八议"之人的刑罚减免特权,若犯"十恶"之罪,则法定优遇不再有效;也有综合考虑犯罪类型与犯罪情节而不适用法定优遇的情况,如《名例》"公事失错自觉举"条(41)规定官员"缘公事致罪而无私曲",若所错之事"未发自言,皆免其罪",但"公事失错"已造成不可逆转的结果,虽自觉举,仍不免其罪。即"断罪失错,已行决者,不用此律",律《疏》释:"断罪失错已行决者,谓死及笞、杖已行决讫,流罪至配所役了,徒罪役讫,此等并为'已行'。官司虽自觉举,不在免例,各依失入法科之,故云'不用此律'。"《名例》中对法例

[①] 需要说明的是《名例》"流配人在道会赦"条(25)中"不用此律"排除的"法例"为:"诸流配人在道会赦,计行程已限者,不得以赦原。"流配之人若行程过限则不得赦原,但行程过限具备法定事由的,仍得以赦原。严格地说,此条所列"法例"并非出罪或优遇之相关内容,这与《名例》中其他涉及"不用此律"的内容略有差异,但仅此一处。

适用效力的排除主要针对以下犯罪类型：十恶、杀人、盗及伤人、五流；反逆缘坐、缘坐应配没；监守内奸、盗、略人、受财枉法。这几类犯罪不但在立法中对行为人因其身份所享有的法定优遇予以限制，在遇有特殊理由诏令赦免时，亦予以限制。《旧唐书·武宗本纪》："……诏：京城天下系囚，除官典犯赃、持杖劫杀、忤逆十恶外，余罪递减一等，犯轻罪者并释放。"[①]或虽予减免但处罚仍重于普通犯罪。《旧唐书·睿宗本纪》载："……诏……大赦天下。其谋杀、劫杀、造伪头首并免死配流岭南，官典受赃者特从放免。"[②]

唐律《名例》中"不用此律"所达到的效果均为入罪、加刑，未有出罪、减刑的内容。从内容上来看，唐律《名例》中"不用此律"所涉及的内容似乎沿袭了秦汉《具律》"具其加减"的部分内容。我们可以明显地看到《名例》中"不用此律"的相关内容仅沿袭了秦汉《具律》中"具其加"即加重处罚的内容，而未见"具其减"即减轻处罚的痕迹。

二、《名例》以外的"不用此律"

唐律《名例》以下十一篇律文中，有六篇出现了"不用此律"的表述，从篇目来看，涉及"不用此律"的篇目可归为两类，《卫禁》《户婚》《擅兴》三篇属于传统法典中的"事律"，主要内容是违反各种行政制度的罚则；《贼盗》《斗讼》《杂律》三篇属于传统法典中的"罪律"，主要内容是各种刑事犯罪的罚则。因此，"不用此律"在这些律篇中所起到的功能与作用是排除相关罚则的适用效力，详情如下：

---

① ［后晋］刘昫等：《旧唐书》卷十八上《武宗本纪》，第609页。
② ［后晋］刘昫等：《旧唐书》卷七《睿宗本纪》，第157—158页。

表 3.3 《唐律疏议·名例》以外"不用此律"的具体内容详表

罚则	排除条件	本条
诸官有员数,而署置过限及不应置而置,谓非奏授者。一人杖一百,三人加一等,十人徒二年;后人知而听者,减前人署置一等;规求者为从坐,被征须者勿论。	即军务要速,量事权置者,不用此律。	《卫禁》"置官过限及不应置而置"条(91)
诸卖口分田者,一亩笞十,二十亩加一等,罪止杖一百;地还本主,财没不追。	即应合卖者,不用此律。	《户婚》"卖口分田"条(163)
诸妻无七出及义绝之状,而出之者,徒一年半;虽犯七出,有三不去,而出之者,杖一百。追还合。	若犯恶疾及奸者,不用此律。	《户婚》"妻无七出而出之"条(189)
若不即调发及不即给与者,准所须人数,并与擅发罪同;其不即言上者,亦准所发人数,减罪一等。	若有逃亡盗贼,权差人夫,足以追捕者,不用此律。	《擅兴》"擅发兵"条(224)
诸盗经断后,仍更行盗,前后三犯徒者,流二千里;三犯流者,绞。	其于亲属相盗者,不用此律。	《贼盗》"盗经断后三犯"条(299)
即部曲、奴婢相殴伤杀者,各依部曲与良人相殴伤杀法。	相侵财物者,不用此律。	《斗讼》"部曲奴婢良人相殴"条(320)
诸以赦前事相告言者,以其罪罪之。官司受而为理者,以故入人罪论。至死者,各加役流。	若事须追究者,不用此律。	《斗讼》"以赦前事相告言"条(354)
违限私载,若受寄及寄之者,五十斤及一人,各笞五十;一百斤及二人,各杖一百;每一百斤及二人,各加一等,罪止徒二年。从军征讨者,各加二等。监当主司知而听之,与同罪。	空船者,不用此律。	《杂律》"乘官船违限私载"条(426)

唐律《名例》以下十一篇律文的主要内容是各类犯罪行为的"罚则",即对各种具体犯罪行为的列举以及相应的处罚,①"罚则"的核心是明确

---

① 唐律对具体犯罪行为以及相应罚则的规定方式是概括规定、具体列举、比附论罪、轻

具体犯罪行为与法定刑之间一一对应的关系。"不用此律"是对特定法律规范适用效力的排除，那么《名例》以外出现的"不用此律"从逻辑上说，应当是对具体犯罪行为与法定处罚之间对应关系的变更，即律文原本规定了某种具体的犯罪行为应当科以某种处罚，但由于出现了具体的情节而不适用这种处罚。以下具体分析：

（一）"不用此律"所排除的罚则的内容

分析《名例》以外各篇涉及"不用此律"的内容，我们发现"不用此律"所排除的"罚则"皆为"入罪条款"，其内容是对具体犯罪行为分别予以处罚，并且对量刑的标准也有非常细致的规定。"不用此律"对罚则适用效力的排除产生的效果是对罚则所规定的定罪量刑内容不予适用，这里有两种具体情况：一是不适用定罪量刑规定而不予处罚；二是不适用定罪量刑规定而减轻处罚，即不适用此种定罪量刑标准而适用其他的罚则。前者如《户婚》"卖口分田"条（163）规定田产原则上不得买卖，若违法出卖，应当根据所卖面积多少予以处罚，"一亩笞十，二十亩加一等，罪止杖一百"。又《斗讼》"以赦前事相告言"条（354）规定赦前之事，不合告言，否则不但对告言之人以所告之事予以处罚，对受理的官司亦予处罚，"以赦前事相告言者，以其罪罪之。官司受而为理者，以故入人罪论。至死者，各加役流。"不适用此罚则即特定条件下，出卖田产及以赦前事相告言皆属合法行为而不予处罚。后者如《贼盗》"盗经断后

重相举四层次相结合的方式，概括规定不涉及具体犯罪情节、犯罪工具、犯罪时机、犯罪主体与犯罪对象间的身份关系等详情，具体列举则将以上详情包揽无遗，比附论罪涉及的是罪质相同、犯罪形式相异的犯罪。具体列举与比附论罪中，又可依犯罪主体与犯罪对象间是否存在特殊身份关系分为两类。轻重相举包含了所有在律无文的犯罪。参见刘晓林：《唐律"七杀"研究》，商务印书馆2012年版，第63—64页。此处所说的"列举"是广义的说法，即律文对罚则所做的比较详细的描述，而非上述四层次中有具体含义的"列举"。

三犯"条（299），规定了频犯盗罪的罚则："诸盗经断后，仍更行盗，前后三犯徒者，流二千里；三犯流者，绞。"同时规定"亲属相盗"不用此律，即仍适用亲属相盗之罚则，《贼盗》"盗缌麻小功亲财物"条（287）："诸盗缌麻、小功亲财物者，减凡人一等；大功，减二等；期亲，减三等。"这实际上是排除了重罚罚则的适用效力而适用轻罚罚则。

（二）"不用此律"排除罚则适用效力的条件

"不用此律"对罚则适用效力的排除都是针对特定情节而设，如《户婚》"卖口分田"条（163）规定具有法定理由而出卖田产的"不用此律"，即不用计所卖面积入罪之律。法定理由即律《疏》载："永业田家贫卖供葬，及口分田卖充宅及碾硙、邸店之类，狭乡乐迁就宽者，准令并许卖之"。又《斗讼》"以赦前事相告言"条（354）规定"事须追究者，不用此律"，律《疏》释："'不用此律'者，谓不用入罪之律。"律注对"事须追究"的具体内容作了说明："追究，谓婚姻、良贱、赦限外蔽匿，应改正征收及追见赃之类。"《疏》议曰："谓违律为婚，养奴为子之类，虽会赦，须离之、正之。'赦限外蔽匿'，谓会赦应首及改正征收，过限不首，若经责簿帐不首、不改正征收。及应征见赃，谓盗诈之赃，虽赦前未发，赦后捉获正赃者，是谓'见赃之类'，合为追征。"这些内容都是犯罪行为所具有的特定情节，而如此规定的目的是为了进一步追求犯罪行为与法定刑之间的一一对应关系，即立法关注到了犯罪行为及具体情节的复杂性，通过"不用此律"对罚则的适用做了更加细致的规定，排除了一概而论的情况。这也是唐律在客观具体、一事一例的立法体例之下，通过立法技术的自我完善。

唐律《名例》以外各篇中"不用此律"所达到的效果皆为出罪、减刑，未有入罪、加刑的内容，即针对不同情节，减轻了原有的处罚。这些内容与秦汉律《具律》"具其减"的内容具有明显的沿袭痕迹。

从内容上来看，《名例》以外各篇中的"不用此律"与《名例》中的"不用此律"形成了明显的互补关系，若将唐律中"不用此律"的内容及功能作为一个整体来考察，恰好是秦汉律《具律》"具其加减"的承袭。

三、《唐律疏议》中"不用此律"相关内容的渊源

限于史料，我们对唐律中"不用此律"相关内容的渊源与发展轨迹无法详究，但可以肯定的是其非唐代首创，我们在张家山汉简《二年律令》中已能见到较为普遍的表述：

《贼律》

有挟毒矢若谨（堇）毒、糵，及和为谨（堇）毒者，皆弃市。或命糵谓臘毒。诏所令县官为挟之，不用此律。(一八)[1]

《贼律》

以县官事殴若詈吏，耐。所殴詈有秩以上，及吏以县官事殴詈五大夫以上，皆黥为城旦春。长吏以县官事詈少吏(四六)□者，亦得毋用此律。(四七)[2]

《传食律》

……使者非有事其县道界中也，皆毋过再食。其有事焉，留过十日者，禀米令自(二三四)炊。以诏使及乘置传，不用此律。……(二三五)[3]

《□市律》

贩卖缯布幅不盈二尺二寸者，没入之。能捕告者，以畀之。缔绪、

---

[1] 张家山二四七号汉墓竹简整理小组：《张家山汉墓竹简〔二四七号墓〕（释文修订本）》，文物出版社2006年版，第10页。

[2] 同上书，第15页。

[3] 同上书，第40页。

缔绪、才缘、朱缕、䌈(罽)、繻(二五八)布、縠(縠)、荃蒌,不用此律。(二五九)①

《津关令》

□、制诏御史,其令诸关,禁毋出私金器□,其以金器入者,关谨籍书,出复以阅,出之。籍器,饰及所服者不用此令。(四九三)②

根据一八简的内容,持有毒矢等毒物要处以弃市之刑,但某些情况下持有、使用毒物的行为是合法的,"不用此律"即不适用前述将持有毒物者处以弃市之刑的规定。排除适用效力的条件即"诏所令县官为挟之",关于其具体内容,结合张家山汉简《二年律令·贼律》的相关记载来看就会比较清楚:"军(?)吏缘边县道,得和为毒,毒矢谨臧(藏),节追外蛮夷盗,以假之,事已辄收臧(藏)。匿及弗归,盈五日,以律论。(一九)"③ 其中的"以律论"即以一八简规定的内容论处:持有毒物处以弃市,这也是对"不用此律"的限制,虽然具备特定条件,但超过时限者,仍适用前述罚则。四六、四七两支简的内容是由于官府事务或是在从事公务时,发生官吏之间殴、詈的罚则,"不用此律"所指即"长吏以县官事詈少吏□者"不适用前述条文所规定的罚则。二三四、二三五两支简的内容是传食制度在时间、标准方面的一些具体内容与程序,"不用此律"是说使用诏书和乘置传的使者,禀食规定不受法律上的限制。二五九简从内容方面看是市场管理方面的规定,贩卖缯布幅不盈二尺二寸者予以没收,"不用此律"是说缔绪、缟繻、才缘、朱缕、罽、繻布、縠、荃蒌不适用布幅二尺二寸的限制。四九三简的内容在性质方面与前述几支简有所不同,四九三简为汉令,而前述简文的内容皆为律。虽然从传世文献的记载中能看到汉代律令之间存在比较明确的界限,但从内容与法律效力等方面来看,汉时律、令之间的区别还未像唐代不同法律形

---

① 张家山二四七号汉墓竹简整理小组:《张家山汉墓竹简〔二四七号墓〕(释文修订本)》,文物出版社2006年版,第44页。
② 同上书,第84页。
③ 同上书,第11页。

式之间的区别那么明显。①其中的"不用此令"是说已经登记的器物或者物品、衣服上的金饰,均不在法律的约束范围之内,即不需要在入关时登记,出关时逐一点数。

从以上内容中我们发现:《二年律令》所见涉及"不用此律"的内容中,仅有《贼律》中"不用此律"的含义、功能与唐律一致:首先,"不用此律"之前规定了具体的罚则;其次,列举了适用条件与标准;最后,规定了若出现特定情节,罚则不再具有适用效力。而《□市律》《传食律》与《津关令》中"不用此律"涉及的内容与唐律截然不同,从其内容与功能来看,与"具其加减"差异较大,"不用此律"与"不用此令"排除适用效力的法律规范不是关于定罪量刑的法例或罚则,而是规定某种行为必须具备的特定程序、要素。②这与唐令中的"不用此令"在内容与功能方面是一致的:

开元二十五年《户令》:"……诸户欲析出口为户,及首附口为户者,非成丁,皆不合析。应分者,不用此令。"③

开元二十五年《假宁令》:"诸外官授讫,给装束假,其一千里内者卌日,二千里内者五十日,三千里内者六十日,四千里内者七十日,过四千里者八十日,并除程。其假内欲赴任者,听之。若有事须早遣者,不用此令。"④

开元二十五年《丧葬令》:"诸身丧户绝者,所有部曲、客女、奴婢、店宅、资财,并令近亲(亲依本服,不以出降)转易货卖,将

---

① 关于秦汉时期律令关系的详细探讨可参见孟彦弘:《秦汉法典体系的演变》,《历史研究》2005年第3期。

② 目前所见的竹简秦汉律,有很多条文并非定罪量刑的规定,而是具有行政性的法律规范,这些内容并不仅限于涉及"不用此律"的条文。大致在魏晋法典化的时期,定罪量刑的法律规范与行政性法律规范才逐渐剥离。至唐代,我们看到行政性法律规范都出现在唐令之中,而唐律中不再有相关内容。

③ 〔日〕仁井田陞:《唐令拾遗》,第144页。

④ 同上书,第681—682页。

营葬事及量营功德之外，余财并与女（户虽同，资财先别者，亦准此）；无女，均入以次近亲；无亲戚者，官为检校。若亡人存日，自有遗嘱处分，证验分明者，不用此令。"①

可以推测，汉律中涉及"具其加减"的内容都集中于《具律》，其他各篇可能未有太多相关内容；而汉律《具律》以外涉及"不用此律"的条文，由于其内容与定罪量刑关涉不大，在后世法典发展演变的过程中逐步归入令的范畴。这也从具体的角度说明了秦汉至唐代律令关系发生了一些变化，秦汉时期，令与律并无严格的区分，② 甚至可以说令是律的修正、补充，③ 而唐代律、令则有比较明显的界限。

四、小结

"不用此律"是《唐律疏议》中固定且典型的表述，其出现在《名例》中与出现在其他各篇中涉及的条文数与频次相当、功能互补，相关内容有"具其加减"的性质，与秦汉律《具律》的内容接近。从法典结构方面来说，《名例》以外存在大量的通则性条款，"不用此律"的表述可作为其中一类具体的标识；从立法技术来说，"不用此律"是唐律在客观具体、一事一例的立法体例之下，通过立法技术对列举不尽、不清之事的补充、完善。从《唐律疏议》的结构来分析，《名例》一篇的内容是"命诸篇之刑名，比诸篇之法例"的"通例"或"通则性规定"，"不用此律"

---

① 〔日〕仁井田陞：《唐令拾遗》，第 770—771 页。
② 从整体上来说，秦令是否如此尚不确知，但从目前公布的情况来看，秦令基本上是行政性命令，如岳麓秦简中所见的一组简文（0640、0635、0526、0319）内容就是有关遣送难民的令，其中未有罚则，是典型的行政性命令。这批简文的相关具体内容可参看欧扬：《岳麓秦简所见秦比行事初探》，中国文化遗产研究编：《出土文献研究》（第十四辑），中西书局 2016年版，第 70—78 页。
③ 参见孟彦弘：《秦汉法典体系的演变》，《历史研究》2005 年第 3 期。

所排除适用效力的法律规范性质上是具有通则性的"法例";《名例》以下各篇皆是定罪量刑的条文,包括具体犯罪行为的列举与相应的罚则两部分内容,"不用此律"所排除适用效力的法律规范性质上是"罚则"。排除"罚则"适用效力的过程蕴含着具体情况具体分析的内在逻辑,即"罚则"针对某些具体情况不宜一概而论。因此,从逻辑上分析,通过"不用此律"排除适用效力的罚则一定是包含了抽象、概括的"通则性规定"的因素,一定不是纯粹的具体犯罪行为的一事一罚,否则,根本不必在立法上通过"不用此律"排除适用效力。换句话说,《名例》以下各篇中"不用此律"排除的"罚则"也在某种程度上具有"法例"的通则性质。如《斗讼》"部曲奴婢良人相殴"条(320)载:"即部曲、奴婢相殴伤杀者,各依部曲与良人相殴伤杀法。(余条良人、部曲、奴婢私相犯,本条无正文者,并准此。)相侵财物者,不用此律。"其内容是贱人相犯的处罚原则,具有法例的性质,而"不用此律"所表达的,是在"相侵财物"这种特殊情况之下,不适用前述贱人相犯之原则性规定。①从这一点来看,《名例》以外存在而且是比较大量的存在"通则性规定",《名例》与其他各篇的划分是相对的,并不是总则与分则的绝对划分。②结合前文所述《贼盗》

---

① 刘俊文教授已经注意到了唐律中的"通则性规定"并非集中于《名例》:"《名例》篇所收虽为全律之通例,然仅是最重要之通例,并非囊括全部通例。实际上,尚有若干通例,散见于《名例》以外之各篇中,……故研究通例之总则,当以《名例》篇为主,而不可囿于《名例》一篇。"刘氏将《名例》以下各篇中的"通则性规定"做了汇集,并将其分为"适用于全篇之通例"与"适用于全律各篇之通例"两类,《斗讼》"部曲奴婢良人相殴"条(320)所载之贱人相犯的处罚原则作为"全律各篇皆适用"的通例性明确标出。参见刘俊文:《唐律疏议笺解》,第16、1467页。但刘俊文教授对《名例》以下各篇中的通则性条文所做的汇集乃是着眼于条文内容,未从法典结构、立法体例等形式特征出发,也未指出《名例》以外大量存在的通则性条文在形式上存在哪些特征、标识与判断标准,这可能是源于刘俊文教授出身史学的学科背景。将本章列举的《名例》以外涉及"不用此律"的相关内容与刘氏汇总的条文对照,会发现有一些内容不在其汇集之列。

② 亦可参见蔡墩铭先生之观点:"《唐律》之名例虽相当于今之总则,但《唐律》关于总则之规定,不尽在名例之内,名例律之各种规定,只能为总则规定之主要者,其他总则规定,尚散见于名例以外之各律。故检讨《唐律》之总则规定者,自不应将其限于名例律之条文,更

"盗经断后三犯"条(299)律《疏》中的"不用此'三犯'之律"、《斗讼》"以赦前事相告言"条(354)律《疏》中的"不用入罪之律","三犯之法"与"入罪之律"明显是法律适用的原则性规定而非一事一罚的分则条文。《名例》以外存在"通则性规定"是肯定的,而就"不用此律"的表述可以作为《名例》之外"通则性规定"的标识这一点来说,也大致是可信的。

因此,《名例》作为法典总则,具有比较明显的形式意义,而内容上并未穷尽唐律中所有的通则性条款。通则性条款比较大量的存在于《名例》以外的各篇当中,这一现象产生的根源有两个:一是法典沿革的历史渊源,二是唐律的立法体例。就法典沿革过程来说,"不用此律"欲达到的效果是"针对不同的人或不同的情况,而改变原有的处罚",这个过程中发挥的仍是"具其加减"的功能。[①]通过本章的分析,唐律中"不用此律"的相关内容与秦汉时期《具律》的内容非常相似,《名例》中"不用此律"涉及的内容最终效果都是加重原有处罚,《名例》以外各篇中"不用此律"涉及的内容最终效果都是减轻原有处罚。若将唐律中涉及"不用此律"的内容作为一个整体来分析,其可能在法典沿革、流变的过程中具有相同或相近的渊源。唐律《名例》一篇源自秦汉《具律》已成定论,唐律《名例》以外涉及"不用此律"的内容是否源自秦汉《具律》尚待证实。根据秦汉《具律》所见内容与现有的研究成果来看,唐律《名例》以外涉及"不用此律"的内容与之比较相似,但尚不能说完全一致。[②]我们说唐律《名例》以外涉及"不用此律"的条文内容在发展、演变过程中

应及于其他各律之有关条文。"蔡墩铭:《唐律与近世刑事立法之比较研究》,第11—12页。

[①] 参见孟彦弘:《从"具律"到"名例律"——秦汉法典体系演变之一例》,中国社会科学院历史研究所学刊编委会:《中国社会科学院历史研究所学刊》(第四集),第125—131页。

[②] 彭浩教授从《睡虎地秦墓竹简·法律答问》中,辑出了他认为当属具律的相关内容,结合张家山汉简《二年律令·具律》的相关内容与唐律《名例》以外涉及"不用此律"的内容相比较,可以发现是有相似之处的。参见彭浩:《秦〈户律〉和〈具律〉考》,李学勤主编:《简帛研究》(第一辑),法律出版社1993年版,第51—54页。

受到了《具律》极大的影响应当是可信的。就立法体例来说,具体、个别、客观列举的体例对于具体犯罪行为的规定是具有优势的,"虽是性质相同的犯罪,却根据犯意、犯罪的状况、犯罪的方法、犯罪人以及被害人的身份、犯罪的目标等情况的不同,设立各种罪名、科以不同的处罚。"[①]这种立法体例对于罪刑均衡这一立法目标的实现极具积极意义与价值,但对于通则性条款的规定显然存在一些不可避免的缺陷。通则性条款具有不同程度的抽象、概括特征,具体与抽象、概括与个别从逻辑上就存在着矛盾。因此,以具体、个别、客观列举的方式来规定通则性条款极易出现条文列举不清、不尽之处,也不大可能在《名例》一篇穷尽一部律内的通则性条款,而立法对这一缺陷的自足方式便是通过一些具体的技术手段在法典相应部分对立法不清、不尽之处予以说明、补充,"不用此律"便是这些技术手段中的一种。

[①] 〔日〕仁井田陞:《唐律的通则性规定及其来源》,刘俊文主编:《日本学者研究中国史论著选译(第八卷·法律制度)》,中华书局1992年版,第156页。

第四章 唐律中的"余条准此"

"余条准此"作为立法语言与立法技术，是传统立法客观具体、一事一例的体例之下的内生产物，在法典中被习以为常地使用。现代法学理论的视野之下，"准此"对于法典体例与结构的特殊功能及意义尤为凸显，对之进行深入探讨对于揭示中华法系法典编纂体例的发展、演变颇有助益。以笔者所见，目前未有针对"余条准此"进行专门、系统探讨的研究成果。[①] 本章拟针对唐律中"余条准此"涉及的条文及其渊源、性质、功能进行初步探讨，以此揭示传统法典在立法技术及体例、结构方面的若干特质。

一、唐律中"余条准此"的含义与用法

（一）含义与表述形式

《唐律疏议》中"余条准此"出现七次，皆出现在注、疏中，相关内容涉及四篇计五条律文。详如下：

《厩库》"官私畜毁食官私物"条（204）

[①] 当代学者针对《宋刑统》"一部律内余条准此"的内容，多会从功能与结构方面进行总结与概括，相关内容可参见薛梅卿：《宋刑统研究》，法律出版社1997年版，第37页；周密：《宋代刑法史》，法律出版社2002年版，第132页。在探讨唐代修律的过程与特征时，也对律注中的"准此"有所注意，相关内容可参见郑显文：《〈唐律疏议〉的律注研究》，王沛主编：《出土文献与法律史研究》（第四辑），上海人民出版社2015年版，第205页。

诸官私畜产，毁食官私之物，登时杀伤者，各减故杀伤三等，偿所减价；畜主备所毁。(临时专制亦为主。余条准此。)

《疏》议曰："'余条准此'，谓下条'犬杀伤他人畜产'及'畜产抵啮人而应标帜羁绊'之类，虽非正主，皆罪在专制之人。"

《贼盗》"谋杀制使府主等官"条(252)

诸谋杀制使，若本属府主、刺史、县令及吏卒谋杀本部五品以上官长者，流二千里；(工、乐及公廨户、奴婢与吏卒同。余条准此。)

《疏》议曰："……'余条'，谓工、乐、官户、奴婢殴詈本部五品以上官长，当条无罪名者，并与吏卒同。"

《贼盗》"盗缌麻小功亲财物"条(287)

诸盗缌麻、小功亲财物者，减凡人一等；大功，减二等；期亲，减三等。杀伤者，各依本杀伤论。(此谓因盗而误杀者。若有所规求而故杀期以下卑幼者，绞。余条准此。)

《疏》议曰："'余条'，谓诸条奸及略、和诱，但是争竞，有所规求而故杀期以下卑幼，本条不至死者，并绞。故云'余条准此'。"

《杂律》"盗决堤防"条(425)

其故决堤防者，徒三年；漂失赃重者，准盗论；以故杀伤人者，以故杀伤论。

《疏》议曰："上条：'杀伤人，减斗杀伤罪一等。有杀伤畜产，偿减价。余条准此。'"

《捕亡》"将吏捕罪人逗留不行"条(451)

即为人捕得及罪人已死，若自首，各追减二等。(已经奏决者，不在追减之例。余条追减准此。)

《疏》议曰："'余条追减准此'，谓'亡失宝印'及'不觉失囚'等，称'追减'者，若事经奏决，亦不在追减之例，故云'余条准此'。"

根据以上条文，我们可以对唐律中"余条准此"的内容与形式有初步认识：

内容方面，"余条准此"本身在律文中表达的含义是"其余条文皆准据此条"。如《厩库》"官私畜毁食官私物"条（204）律《注》载："临时专制亦为主。余条准此。"结合律《疏》的解释，"余条准此"表达的内容是：其他条文中若出现了牲畜造成人、财、物损伤的情况，皆准此处之义，由实际管控牲畜的人承担罪责而并不局限于牲畜的所有人。

形式方面，"余条准此"并非严格的表述形式，因为律《疏》在诠释其含义时，将"余条准此"解释为"余条……准此"，如《捕亡》"将吏捕罪人逗留不行"条（451）中的"余条准此"即"余条追减准此"；《杂律》"盗决堤防"条（425）中的"余条准此"是引述别条的内容，律《疏》中所称"上条"即《杂律》"无故于城内街巷走车马"条（392），该条律《注》："杀伤畜产者，偿所减价。余条称减斗杀伤一等者，有杀伤畜产，并准此。"可见，"余条准此"亦为"余条……并准此"。既然"余条准此"并非严格的表述形式，结合其含义可将表述分为"余条"与"准此"两部分。以现代汉语的立场来分析，"余条"即"其余条文"，其中"余"作形容词使用，表达的含义为"其余，其他，以外"。传世文献中相同的用法比较常见，如《史记·平原君虞卿列传》："得十九人，余无可取者，无以满二十人。"[1]"准此"即准据此条，其中的"准"作动词"仿效，效法"。传世文献中相同用法亦不鲜见，如《新唐书·窦建德传》："始都乐寿，号金城宫，备百官，准开皇故事。"[2]"准开皇故事"即仿效、效法开皇故事。从逻辑上分析，"准此"已包含了"余条"表达之含义，其强调的内容自然是除本条之外其他相关条文准据此条，即"余条准此"的核心在于"准此"。[3]结合《唐律疏议》中七处涉及"余条准此"的条文，"余条"一语

---

[1] ［汉］司马迁：《史记》卷七十六《平原君虞卿传》，中华书局1963年版，第2366页。
[2] ［宋］欧阳修、宋祁：《新唐书》卷八十五《窦建德传》，中华书局1975年版，第3699页。
[3] 当然，这里说"余条准此"的核心在于"准此"并不是说"余条"的出现没有任何必要，

是否出现并不影响其表意。"准此"所表达的含义是提示之前的法律规范具有较为普遍的适用效力,并非一事一例。

若依"准此"统计,一部律内出现221次,涉及110条律文;其具体表述形式包括:"并准此""亦准此""皆准此""准此令文""亦各准此""以下准此""各准此法""各准此例",也有单独表述"准此"的情况。以下将各篇中"准此"出现的频次与涉及的条文数略作统计:

表 4.1 《唐律疏议》各篇"准此"分布表

篇目	出现的频次	涉及的条文数
《名例》(凡 57 条)	34 次	22 条
《卫禁》(凡 33 条)	20 次	8 条
《职制》(凡 59 条)	24 次	9 条
《户婚》(凡 46 条)	23 次	11 条
《厩库》(凡 28 条)	24 次	8 条
《擅兴》(凡 24 条)	4 次	3 条
《贼盗》(凡 54 条)	21 次	11 条
《斗讼》(凡 60 条)	34 次	20 条
《诈伪》(凡 27 条)	10 次	4 条
《杂律》(凡 62 条)	10 次	5 条
《捕亡》(凡 18 条)	13 次	6 条
《断狱》(凡 34 条)	4 次	3 条

从初步统计来看,《名例》中"准此"出现的频次与涉及的条文数最多,这与《名例》一篇的内容相符,既然《名例》"序"《疏》中说:"名训为命,例训为比,命诸篇之刑名,比诸篇之法例。"其中包含的内容被大量

只是强调"余条"是否出现对"准此"的表意没有本质的影响。但是"余条"的意义与作用还是比较明显的,其对之后出现的"准此"一语起到了补充说明的作用,意图在于防止出现立法语言表达方面的疏漏。

"仿效、效法"作为具体犯罪行为定罪量刑的准据则是应有之义。《名例》以外出现的"准此"也是值得注意的内容:《斗讼》一篇"准此"出现的频次与《名例》相当;《厩库》一篇计28条,条文数不足《名例》的一半,但"准此"出现24次;唐律各篇皆有"准此"出现,《名例》中出现的频次与涉及的条文数分别占总数的15%与20%。另外,换一个角度观察唐律结构可将其分为:总则、事律、罪律、专则四部分。《名例》一篇为全律之"总则",规定通用全律之刑名与法例;《卫禁》《职制》《户婚》《厩库》《擅兴》等五篇为"事律",主要规定违反各种行政制度的罚则;《贼盗》《斗讼》《诈伪》《杂律》《捕亡》等五篇为"罪律",主要规定各种刑事犯罪的处罚;《断狱》一篇为"专则",主要规定司法审判制度及相关的罚则。"唐律始以总则,终以专则,先列事律,后列罪律,是一部内容丰富、体例整严的综合性法典。"①除去"总则"与"专则","准此"在"事律"中出现95次、在"罪律"中出现88次,涉及的条文数分别为39条、46条。也就是说,"准此"在"事律"与"罪律"中出现的频次、涉及的条文数大致相当。

结合唐律的篇章结构与"准此"的含义观察其分布,我们发现:"准此"根源于通则性规范、集中于《名例》而渗入各篇,将律内大量定罪量刑的具体条文指向若干通则性规范,使整部法典呈现出条理化、体系化状态。

(二)"准此"与"准"

传统律学中有"律分八字之义"或"八例"之说,"若于词状文规及一切公式文状,亦用此八字也。"②其中"准"字例在表述形式上与"准此"

---

① 刘俊文:《唐律疏议笺解》(上),第30—36页。
② "八例"具体包括:以、准、皆、各、其、及、即、若。其名称见于宋代以后大量律学著作,包括但不限于:[宋]傅霖撰、[元]郄□韵释、[元]王亮增注:《刑统赋解》,杨一凡编:《中

非常相似,那么,两者是否等同或两者之间的具体关系就是我们探讨唐律中的"准此"所必须注意的前提性问题。

详究"准"字之义,《唐律疏议·名例》"称反坐罪之等"条(53):"称'准枉法论'、'准盗论'之类,罪止流三千里,但准其罪。"《疏》议曰:"……但准其罪者,皆止准其罪,亦不同真犯。"后世律学著作可见到较多对于"准"的集中注解。宋代律学著作《刑统赋解》有"例分八字",解曰:"准者,止准其罪,当复职,无倍赃。"元人王亮增注:"准者,与真犯有间矣"。[①] 元代律学著作《吏学指南》:"止准其罪谓之准。凡称准者,止同以赃计钱为罪。假如官吏毋得指克敌为名,取要一切撒花拜见礼物,如违并准赃论,故曰只准其赃定罪,不在除名倍赃之例。"[②] 明律注:"准字,亦二义。其曰准窃盗论,准盗论,准凡盗论,此则但准其罪,不在除名刺字之例也。又如人命律,过失杀伤人者,各准斗殴杀伤人罪,依律收赎,则但准其罪名,不加刑法,止令如数收赎而已,此又一例也。"清律注:"准者,与真犯有间矣。谓如准枉法,准盗论,但准其罪,不在除名刺字之例,罪止杖一百,流三千里。"清人王明德谓:"准者,用此准彼也。所犯情与事不同,而迹实相涉,算为前项所犯,惟合其罪,而不概如其实,故曰准。"[③] 可见,传统刑律中"准"的含义比较固定,由唐至

国律学文献(第一辑)》(第一册),黑龙江人民出版社 2004 年版,第 34—36 页。[元]徐元瑞等:《吏学指南(外三种)》,杨讷点校,浙江古籍出版社 1988 年版,第 54—55 页。[明]佚名:《大明律讲解》,杨一凡编:《中国律学文献(第一辑)》(第四册),黑龙江人民出版社 2004 年版,第 9—10 页。[清]王明德:《读律佩觿》卷之一,何勤华等点校,法律出版社 2001 年版,第 2—14 页。目前法律史学界亦可见到针对传统律学尤其是唐律中的"八例"进行专门探讨的成果,包括(并不限于):张田田:《律典"八字例"研究——以〈唐律疏议〉为中心》,吉林大学 2014 年博士学位论文;陈锐:《中国传统律学新论》,《政法论坛》2018 年第 6 期。但其中未见系统比较"准此"与"准"的内容。

① [宋]傅霖撰、[元]郄口韵释、[元]王亮增注:《刑统赋解》,第 34 页。
② [元]徐元瑞等:《吏学指南(外三种)》,杨讷点校,浙江古籍出版社 1988 年版,第 54 页。原书最后一句为:"不在除名赔赃之例",原书误,当为:"不在除名倍赃之例"。
③ [清]王明德:《读律佩觿》卷之一,第 5 页。

宋元明清并无实质变化，其词性一般仍作动词"仿效，效法"，引申为参照、比照之意。用作法律词汇、术语的"准……论"比较专门的含义是"将此行为附于彼罪名下，不完全依彼罪名的罚则处刑，且有罪止，但不适用加重罚"。①

将传统律学概括的"八例"之"准"与"准此"相比较，可以看到两者明显的差异："准"强调的是同中之异，关注的是不同的具体犯罪行为比附量刑过程中的差别所在，"准此"强调的是异中之同，关注的是所准之内容在不同适用范围中的通则性效力；"准"是立法技术微观层面的比类相附，"准此"涉及的内容是中观层面的通则性条款，也包含了一些宏观层面的法律适用原则。两者还有一个比较明显的区别，即"准"在传统律学中占很重要的地位，唐代以后，诸多律学著作对"准"皆有集中注释，"准此"则未被传统律学所注意，也未见注解文字。

至于为何"准此"没有被传统律学所注意，我们推测有两方面原因：第一，条文注释方面的原因。唐律中"准此"绝大多数出现于注、疏，其出现可能已是专为注解律文所作，这可能是"准此"不再注解的原因之一。而唐律中的"准"多数出现在律文中，不但律文中直接说明了"但准其罪"，注、疏中仍有解释、说明。后世律学著作也承袭了唐律中对"准"的解释，如沈家本谓："古今刑法，隋以前书多散失，惟《唐律》独存完全无阙。论者咸以唐法为得其中，宋以后皆遵用，虽间有轻重，其大段固本于唐也"。② 第二，法典结构与体例方面的原因。通则与分则、具体条款与原则性规定之间的区别在传统律学的视野中并非重要的问题，因为《名例》与其他各篇内容的差异主要是量的差异，《名例》中的通则性

---

① 霍存福、丁相顺：《〈唐律疏议〉"以""准"字例析》，《吉林大学社会科学学报》1994年第5期。

② ［清］沈家本：《历代刑法考》（一）《刑制总考四·唐》，邓经元、骈宇骞点校，中华书局1985年版，第51页。

条款也是以具体行为列举的形式予以表述的。①传统律学对其解说也主要是功能方面的，还未上升到现代法中总则与分则的绝对差别。《名例》中存在定罪量刑的具体条文、《名例》以外存在大量通则性条款，这一现象说明总则与分则的差别主要还是量的差别而非质的差别、是功能的差别而非性质的差别。传统律学的关注点仍在具体犯罪行为的处罚方面。基于此，不大可能关注到法典体系、结构方面比较抽象的定性问题。换句话说，"准此"在立法技术方面较为突出的特质只有在现代法学理论的视野下才得以凸显，古代刑律与传统律学的视野之中，"准此"作为立法技术的表达形式只能被自发地运用，尚未被自觉地概括并总结其特质。这大概就是传统律学著作中未见对"准此"系统解说的根本原因。

（三）唐律中"准此"的用法

既然"准此"连接了通则性规范与具体定罪量刑条文，那么，根据所"准"之内容，我们可以分类进行探讨。

1. 适用原则

唐律中"准此"所"准"之内容为法律适用原则的情况仅有一处。

《名例》"彼此俱罪之赃"条（32）

问曰：私铸钱事发，所获作具及钱、铜，或违法杀马牛等肉，如此之类，律、令无文，未知合没官以否？

答曰：其肉及钱，私家合有，准如律、令，不合没官。作具及钱，不得仍用，毁讫付主，罪依法科。其铸钱见有别格，从格断。余条

---

① 这可能与当时的立法技术有关，也可能与唐律刚刚颁布有关，律令整合的过程需要经过很长一段时间才能系统形成，这大概也就是唐人理解的唐律与宋元以后诸律学著作所诠释的唐律不尽相同的原因。律疏对"名例"一词有这样的解释："名训为命，例训为比，命诸篇之刑名，比诸篇之法例。但名因罪立，事由犯生，命名即刑应，比例即事表，故以名例为首篇"。名就是刑名，例就是诸律中事项的模拟，所以名例中的通则性条款都是由"罪"与"犯"而生，比照他律而已，列举类的表述形式也是《名例》的特点之一。

有别格见行破律者,并准此。

"准此"指示的通则性规范是:格与律两种法律形式针对同一法律事件或法律行为作出规定且相互抵触时,两者适用效力的判断标准。即针对同一事件或行为,遇有格、律相抵触的情况,格的法律效力高于律。从内容来看,这是比较抽象的法律适用原则,但引起我们注意的是表述法律适用原则的方式,并非如现行刑法总则做抽象、概括的一般性陈述,而是通过具体事例阐述法律适用原则。"余条有别格见行破律者并准此"表达的含义是:"别格见行破律"并非仅适用于前述具体行为,而是通贯全律的原则。

唐格久已亡佚,目前所见仅有传世文献中的片段引文与敦煌遗书中的少量写本残卷。关于私铸钱罪之处罚,我们恰好见到敦煌所出《神龙散颁刑部格残卷》的相关内容,得以看到唐格修改、补充或变通唐律的规定:

40　一私铸钱人,勘当得实,先决杖一百,头首处尽,
41　家资没官;从者配流,不得官当、荫赎,有官
42　者仍除名。勾合头首及居停主人,虽不自铸,
43　亦处尽,家资亦没官。若家人共犯,罪其家
44　长,资财并没;家长不知,坐其所由者一房资财。
45　其铸钱处邻保处徒一年,里正、坊正各决杖一百。
46　若有人纠告,应没家资并赏纠人。同犯自首
47　告者,免罪,依例酬赏。①

将唐格内容与唐律具体条文相互参照,我们可以清晰地看到"以格破律"的具体情况:

《杂律》"私铸钱"条(391)

---

① 刘俊文:《敦煌吐鲁番唐代法制文书考释》,中华书局1989年版,第249页。

诸私铸钱者,流三千里;作具已备,未铸者,徒二年;作具未备者,杖一百。

《疏》议曰:"私铸钱者,合流三千里。其'作具已备',谓铸钱作具,并已周备,而未铸者,徒二年。若'作具未备',谓有所欠少,未堪铸钱者,杖一百。若私铸金银等钱,不通时用者,不坐。"

律文规定私铸钱者罚及己身且罪止流刑,格文扩大了处罚范围,不但处罚私铸钱者还处罚勾合头首、居停主人、家长、邻保、里正、坊正,刑罚适用方面也不再止于流刑。唐代"以格破律"的根源在于唐格的性质,"唐格既是依据制敕拟定的追加法,这就使它具有较高的权威性和较大的灵活性,从而能够按照统治的需要和具体情况的差异,对律、令、式等成法进行修改、补充和变通。"同时,"以格破律"并未破坏律、令、式等其他基本法律形式的效力与稳定,而是在保持稳定的前提下,增强其针对性和灵活性。[①]

2. 计量标准

唐律中"准此"所"准"之内容,有一些是律内多次适用的计量标准:

《名例》"笞刑五"条(1)

笞刑五:笞一十。(赎铜一斤。)笞二十。(赎铜二斤。)笞三十。(赎铜三斤。)笞四十。(赎铜四斤。)笞五十。(赎铜五斤。)

《疏》议曰:"从笞十至五十,其数有五,故曰'笞刑五'。徒、杖之数,亦准此。"

《名例》"平赃及平功庸"条(34)

平功、庸者,计一人一日为绢三尺,牛马驼骡驴车亦同;……庸、赁虽多,各不得过其本价。

---

① 参见刘俊文:《论唐格——敦煌写本唐格残卷研究》,中国敦煌吐鲁番学会编:《敦煌吐鲁番学研究论文集》,汉语大词典出版社1991年版,第556—557页。

《疏》议曰:"计功作庸,应得罪者,计一人一日为绢三尺。牛马驼骡驴车计庸,皆准此三尺,故云'亦同'。……假有借驴一头,乘经百日,计庸得绢七匹二丈,驴估止直五匹,此则庸多,仍依五匹为罪。自余庸、赁虽多,各准此法。"

《厩库》"乘官畜脊破领穿"条(201)

诸乘驾官畜产,而脊破领穿,疮三寸,笞二十;五寸以上,笞五十。(谓围绕为寸者。)

《疏》议曰:"注云'谓围绕为寸者',便是疮围三寸,径一寸;围五寸一分,径一寸七分。虽或方圆,准此为法,但廉隅不定,皆以围绕为寸。"

计量标准自然是反复适用的规范,从常识上推断,其适用也不局限于法典之中。唐律条文所述的这些计量标准在法典内的适用范围略有区别,其中《名例》"笞刑五"条(1)当中"准此"所指示的内容适用范围比较具体,条文中明确指出徒、杖刑等准笞刑五等之数。[1] 后两条中"准此"的内容适用范围相对较广,但此处的适用范围仅有量的差别而无质的不同,皆为通则性规范而非一事一例,只是适用于法典内具体事项的范围广狭有别。

3. 法律术语的解释

唐律中"准此"所"准"之内容,还有一些是关于法律专门术语的解

---

[1] 《名例》"笞刑五"条(1)律《疏》中所谓的"徒、杖之数亦准此"还表达了一些值得深入探讨的信息:唐律中所规定的"五刑"二十等,即笞刑五等、杖刑五等、徒刑五等、流刑三等、死刑二等,其内容皆存在量刑过程中的刑等计算问题,为何此条《疏》中仅说"徒、杖之数亦准此",而未涉及流刑与死刑的刑等计算?从常识上考虑,原因大概是流刑、死刑之刑等计算与笞刑、杖刑、徒刑不同。结合唐律立法之具体规定,其中理由非常清晰,《名例》"称加减"条(56):"惟二死、三流,各同为一减。"《疏》议曰:"假有犯罪合斩,从者减一等,即至流三千里。或有犯流三千里,合减一等,即处徒三年。故云'二死、三流,各同为一减'。其加役流应减者,亦同三流之法。"死刑、流刑之刑等计算与笞、杖、徒有异,故律《疏》在表述刑等计算标准时并未一概而论,其中可见唐律立法之精准与细致。

释、说明,即对典型、关键的术语进行诠释,并强调一部律内凡出现该术语,皆"准"此种解释。

《名例》"称日年及众谋"条(55)

称"众"者,三人以上。称"谋"者,二人以上。(谋状彰明,虽一人同二人之法。)

《疏》议曰:"称众者,《断狱律》云:'七品以上,犯罪不拷,皆据众证定刑,必须三人以上始成众。'但称众者,皆准此文。称谋者,《贼盗律》云:'谋杀人者徒三年,皆须二人以上。'余条称谋者,各准此例。"

律文中对"众"与"谋"的特定含义做了说明,即"众"为三人以上,"谋"为二人以上。值得注意的是,律《疏》在诠释法律术语的含义时引述的是《断狱》与《贼盗》的内容,即作为总则的《名例》在叙述通则性规范时,引述了作为分则的《断狱》《贼盗》条文作为依据。究其原因,唐律在解释法律术语的含义、范围、程度时,一般通过明确具体罪刑关系予以说明,即在具体犯罪行为定罪量刑的过程中,出现需要解释的法律术语而予以有针对性地说明。那么,这些内容应当是出现在涉及各类具体犯罪行为的篇章中,立法者在编纂注、疏的过程中,通过引述其他各篇的相关内容对律文进行解释。唐律《名例》以外,"准此"指向法律术语解释的内容仍有很多:

《卫禁》"阑入宫殿门及上阁"条(59)

诸阑入宫门,徒二年。殿门,徒二年半。持杖者,各加二等。(杖,谓兵器杵棒之属。余条称杖准此。)

《疏》议曰:"余条,谓下文'持杖及至御在所者',并'持杖强盗者',并准此。"

《职制》"役使所监临"条(143)

若有吉凶,借使所监临者,不得过二十人,人不得过五日。其于亲属,虽过限及受馈、乞贷,皆勿论。(亲属,谓缌麻以上及大功以上婚姻之家。余条亲属准此。)

《疏》议曰:"余条亲属准此者,谓一部律内,称'亲属'处,悉据本服内外缌麻以上及大功以上共为婚姻之家,故云'准此'。"

《户婚》"子孙别籍异财"条(155)

诸祖父母、父母在,而子孙别籍、异财者,徒三年。(别籍、异财不相须,下条准此。)

《疏》议曰:"称祖父母、父母在,则曾、高在亦同。若子孙别生户籍,财产不同者,子孙各徒三年。注云'别籍、异财不相须',或籍别财同,或户同财异者,各徒三年,故云'不相须'。'下条准此',谓父母丧中别籍、异财,亦同此义。"

《户婚》"相冒合户"条(161)

诸相冒合户者,徒二年;无课役者,减二等。(谓以疏为亲及有所规避者。)主司知情,与同罪。即于法应别立户而不听别,应合户而不听合者,主司杖一百。

《疏》议曰:"'应别',谓父母终亡,服纪已阕,兄弟欲别者。'应合户',谓流离失乡,父子异贯,依令合户。而主司不听者,各合杖一百。应别、应合之类,非止此条,略举为例,余并准此。"

《户婚》"同姓为婚"条(182)

诸同姓为婚者,各徒二年。缌麻以上,以奸论。若外姻有服属而尊卑共为婚姻,及娶同母异父姊妹,若妻前夫之女者,(谓妻所生者。余条称前夫之女者,准此。)亦各以奸论。

《疏》议曰:"'余条称前夫之女者,准此',据《杂律》'奸妻前夫之女',亦据妻所生者,故云'亦准此'。"

可以看出,唐律在对法律术语进行解释时,一般不做抽象、概括的集中说明,而是在规定具体犯罪与处罚的过程中,根据需要,有针对性地进行解释。这也是"准此"存在的根源之一，法律术语应当具有统一、稳定的含义，既然体例上没有集中的概括说明，以"准此"来指示法律概念、术语超越一般性条文的通则性效力就成为克服唐律客观、具体立法体例固有弊端的需要。

4. 引述其他法律规范

唐律涉及"准此"的条文中，能见到"准此令文""准令"等表述，如《名例》"除免官当叙法"条(21)律《疏》载："准此令文，出身高于常叙，自依出身法；出身卑于常叙，自依常叙。故云'出身品高者，听从高'。"其中所准之令文即《唐令·选举令》"官人犯除名限满叙法"条："诸官人犯除名，限满应叙者，文武三品以上奏闻听敕，正四品于从七品下叙，从四品于正八品上叙，正五品于正八品下叙，从五品于从八品上叙，六品、七品并于从九品上叙，八品、九品并于从九品下叙。若有出身品高于此法者，仍从高（出身，谓藉荫及秀才、明经之类）。"[1]唐律条文中的"准此"表达的是准据所引述的内容，"准此令文"即所引述之唐令条文本身具有通则规范的性质，唐律中以"准此"的表达方式予以强调。

还有一种情况是"准此"的表述本身也在被引述的内容之中，如《名例》"会赦应改正征收"条(36)律《疏》载："依令：'王、公、侯、伯、子、男，皆子孙承嫡者传袭。无嫡子，立嫡孙；无嫡孙，以次立嫡子同母弟；无母弟，立庶子；无庶子，立嫡孙同母弟；无母弟，立嫡孙。曾、玄以下准此。'若不依令文，即是'以嫡为庶，以庶为嫡'。又，准令：'自无子者，听养同宗于昭穆合者。'若违令养子，是名'违法'。即工、乐、杂户，当色相养者，律、令虽无正文，无子者理准良人之例。"所依之令即《唐令·封爵令》"王公以下子孙承嫡者传袭"条："诸王公侯伯子男，皆子

---

[1] 〔日〕仁井田陞：《唐令拾遗》，第213页。

孙承嫡者传袭,若无嫡子及有罪疾,立嫡孙;无嫡孙,以次立嫡子同母弟,无母弟,立庶子;无庶子,立嫡孙同母弟;无母弟,立庶孙。曾、玄以下准此。无后者国除。"[1]律《疏》中的"准令"与前述"准此令文"是一致的,值得注意的是所引令文中出现了"准此"之语,我们在唐令条文中也确实见到有大量"准此"的表述。又《户婚》"立嫡违法"条(158)《疏》议曰:"依令:'无嫡子及有罪疾,立嫡孙;无嫡孙,以次立嫡子同母弟;无母弟,立庶子;无庶子,立嫡孙同母弟;无母弟,立庶孙。曾、玄以下准此。'"引述之令文为《唐令·封爵令》"王公以下子孙承嫡者传袭"条:"诸王公侯伯子男,皆子孙承嫡者传袭,若无嫡子及有罪疾,立嫡孙;无嫡孙,以次立嫡子同母弟,无母弟,立庶子;无庶子,立嫡孙同母弟;无母弟,立庶孙。曾、玄以下准此。无后者国除。"[2]唐律条文中"准此"所指示的内容在相关条文中被反复引述也表明了其所具有的通则性效力。

5. 定罪量刑的"法例"

唐律乃至传统刑律的核心问题是罪刑关系,即针对不同的犯罪行为分别予以适当的处罚。基于此,唐律中大量"准此"指示的内容都是犯罪行为定罪量刑方面的"准据"。如《名例》"除名"条(18)载:"诸犯十恶、故杀人、反逆缘坐,狱成者,虽会赦,犹除名。"律《疏》对"故杀人"作了解释:"'故杀人',谓不因斗竞而故杀者;谋杀人已杀讫,亦同。余条称'以谋杀、故杀论',及云'从谋杀、故杀'等,杀讫者皆准此。"即明确规定了以谋故杀论、从谋故杀等行为若既遂,仍同于故杀人"虽会赦,犹除名"的附加处罚特例。又《名例》"共犯罪本罪别"条(43):"诸共犯罪而本罪别者,虽相因为首从,其罪各依本律首从论。"《疏》议曰:"谓五服内亲,共他人殴、告所亲及侵盗财物,虽是共犯,而本罪各别。

---

[1] 〔日〕仁井田陞:《唐令拾遗》,第219页。
[2] 同上。

假有甲勾他外人乙共殴兄,甲为首,合徒二年半;乙为凡斗从,不下手,又减一等,合笞二十。又有卑幼勾人盗己家财物十匹,卑幼为首,合笞三十;他人为从,合徒一年,又减常盗一等,犹杖一百。此是'相因为首从,其罪各依本律首从论'。此例既多,不可具载,但是相因为首从,本罪别者,皆准此。"律《疏》举了大量事例对"共犯罪而本罪别"作说明,"准此"是说这些例子及与这些例子相同、相似的情况都应当准据此例定罪量刑。

唐律《名例》以外各篇,也有大量"准此"做此种用法的内容,如《卫禁》"宿卫冒名相代"条(62)《疏》议曰:"余条主司准此者,谓一部律内,但言主司,并不觉减二等,知而听行与同罪。"根据律《注》:"主司,谓应判遣及亲监当之官。"律《疏》中"准此"的内容即根据主司不同的主观心态分别予以处罚:"不觉减二等,知而听行与同罪"。凡冒名相代,而主司不知冒名相代之情,减本罪二等处罚,主司知情而听任冒名相代之事发生,与本罪同等处罚。又《户婚》"州县不觉脱漏增减"条(152)《疏》议曰:"'余条通计准此',谓一部律内,州管县,监管牧,折冲府管校尉,应通计者,得罪亦准此,各罪止徒三年。"强调的也是州县脱漏户口处罚的"法例"。

唐律中"准此"做此种用法时,《名例》中涉及16条律文;《名例》以外各篇共涉及80条律文。以数量统计,唐律中的"准此"指示定罪量刑的"法例"是其最主要的用法。

二、唐律中"准此"的渊源

唐代之前的法典资料有限,但正史文献中"准此"比较常见,大量相关内容与唐律中"准此"的含义、用法一致。据此,我们可以对唐律中"准此"的渊源稍作探讨。

（一）正史文献中的"准此"

我们自南北朝至唐代的正史文献中见到了大量关于"准此"的内容：

《宋书·礼志二》："右并白纸书。凡内外应关笺之事，一准此为仪。"①

《陈书·后主十一子传》："江左自西晋相承，诸王开国，并以户数相差为大小三品。大国置上、中、下三将军，又置司马一人；次国置中、下二将军；小国置将军一人。余官亦准此为差。"②

《魏书·食货志》："诸地狭之处，有进丁受田而不乐迁者，则以其家桑田为正田分，又不足不给倍田，又不足家内人别减分。无桑之乡，准此为法。"③

《周书·明帝纪》："时事殷猥，病困心乱，止能及此。如其事有不尽，准此以类为断。"④

《隋书·律历志中》："求朔望入气盈缩术：以入气日算乘损益率，如十五得一，余八已上，从一；以损益盈缩数为定盈缩。其入气日十五算者，如十六得一，余半法已上亦从一，以下皆准此。"⑤

《通典·食货九·钱币下》："计一百文重一斤四两二十铢，自余皆准此为数。"⑥

相关记载还有很多，此处仅引其要者。从以上内容来看，值得我们注意

---

① ［梁］沈约：《宋书》卷十五《礼二》，中华书局1974年版，第383页。
② ［唐］姚思廉：《陈书》卷二十八《后主十一子传》，中华书局1972年版，第379页。
③ ［北齐］魏收：《魏书》卷一百一十《食货志》，中华书局1974年版，第2854页。亦可参见［唐］杜佑：《通典》卷一《食货一·田制上》，王文锦等点校，中华书局1988年版，第18页。
④ ［唐］令狐德棻等：《周书》卷四《明帝纪》，中华书局1971年版，第60页。亦可参见［唐］李延寿：《北史》卷九《周本纪上·世宗明帝》，中华书局1974年版，第338页。
⑤ ［唐］魏徵、令狐德棻：《隋书》卷十七《律历中》，中华书局1973年版，第439页。
⑥ ［唐］杜佑：《通典》卷九《食货九·钱币下》，王文锦等点校，中华书局1988年版，第197页。

的有两方面：首先，相关内容都与典志、规则相关，"准此"表达的含义也比较固定，皆为依照、按照此规则处理之义，这与唐律中的"准此"一致，其中"准此为仪""准此为差""准此为法""准此以类为断""准此为数"等表述强调了以之为常行制度的含义；其次，正史文献中的"准此"所"准"之内容多见计量标准，特别是《陈书》中的官品设置、《通典》中的计重标准等内容，这与唐律中"准此"的具体用法一致。从这两方面来看，唐律中的"准此"与唐代之前正史文献中所见的"准此"具有比较清晰的沿袭痕迹。

（二）法典中的"准此"

竹简秦汉律中未见"准此"的表述，但其中出现了大量关于"如律令""如律然""它如律""如律"等表述，[①] 这些表述在形式上虽然不尽一致，但核心均在"如"，所表达的含义是：某种行为准据某种法律规范处理。至于所准据法律规范的具体指向，则有所差别。这些表述在形式上与"准此"非常相似，两者间是否存在渊源关系？以下试作探讨。

1. 秦律中的"如律令""如律然""它如律""如律"

睡虎地秦简《秦律十八种·仓》：

[①] 对于秦汉时期"如律令"的相关内容，学界已有比较充分的探讨，我们在这里关注的主要是竹简秦汉律中所见的"如律令"及相关表述的含义与用法，尤其是立足于唐律中"准此"的内容与之进行比照，暂不涉及秦汉时期行政文书与司法文书中"如律令"的相关内容。关于秦汉时期"如律令"的系统、全面探讨可参见：王国维：《流沙坠简》，中华书局1993年版，第106页；邢义田：《汉代书佐、文书用语"它如某某"及"建武三年十二月候粟君所责寇恩事"简册档案的构成》，邢义田著：《治国安邦：法制、行政与军事》，中华书局2011年版，第499—530页；〔日〕鹰取祐司：《居延汉简劾状册书的复原》，宫长为译，李学勤、谢桂华主编：《简帛研究二〇〇一》，广西师范大学出版社2001年版，第750页；〔德〕陶安：《张家山汉简〈奏谳书〉吏议札记》，王沛主编：《出土文献与法律史研究》（第二辑），上海人民出版社2013年版，第95页；李均明：《秦汉简牍文书分类辑解》，文物出版社2009年版，第141—142页；张伯元：《"如律令"的再认识》，张伯元著：《出土法律文献研究》，商务印书馆2005年版，第268—284页。

……栎阳二万石一积,咸阳十万一积,其出入禾、增积如律令。长吏相(二六)杂以入禾仓及发,见屡之粟积,义积之,勿令败。 仓(二七)①

睡虎地秦简《秦律十八种·司空》

……·凡(一三七)不能自衣者,公衣之,令居其衣如律然。……(一三八)②

睡虎地秦简《秦律十八种·效》

实官佐、史被免、徙,官啬夫必与去者效代者。节(即)官啬夫免而效,不备,代者【与】居吏坐之。故吏弗效,新吏(一六二)居之未盈岁,去者与居吏坐之,新吏弗坐;其盈岁,虽弗效,新吏与居吏坐之,去者弗坐,它如律。 效(一六三)③

睡虎地秦简《秦律答问》

"邦客与主人斗,以兵刃,投(殳)梃、拳指伤人,擎以布。"可(何)谓"擎",擎布入公,如赀布,入赀钱如律。(九〇)④

二六、二七两支简的内容是规定谷物入仓、出仓的管理及具体程序:谷物一万石为一积;又规定了两个地点的特殊度量标准,栎阳二万石一积,咸阳十万一积;最后规定虽然栎阳、咸阳谷物入仓、出仓的计量标准与其他地点有异,但"入禾、增积如律令",即"其出仓、入仓和增积的手续均同上述律文规定。"⑤一三八简中的"如律然"显然也是说准据某具体的法律规范来处理之意,但准据什么法律规范来处理?上下文没有明确引述。一六二、一六三两支简的内容是说贮藏谷物官府中的佐、史分别被免职、调任,新旧官吏交接时,出现谷物不足数时责任归属的情况,"它如律"之前显然是列举了一类比较特殊的行为及其处理结果,

---

① 睡虎地秦墓竹简整理小组:《睡虎地秦墓竹简·释文》,文物出版社1990年版,第25页。
② 同上书,第51页。
③ 同上书,第57页。
④ 同上书,第114页。
⑤ 同上书,第26页。

"除此而外,其余都依此类推,依法处理。如律,指《效律》,也指其他律文中与之相关的法律规定。"①九〇简中的"入赍钱如律"整理小组注释为:"依法缴钱","如律"表述的即其所依之法,具体内容应当有比较具体的指向。按睡虎地秦简《秦律十八种·效》:"效公器赢、不备,以赍律论及赏(偿),毋赍者乃直(值)之。"整理小组注:"核验官有器物而发现超出或不足数,按《赍律》论处和赔偿,律文没有规定的则加以估价。""毋赍者,据简文应指《赍律》没有规定钱数。"②据此,前述"入赍钱如律"指向的就是秦律《赍律》中的相关内容。③

根据上述内容我们可以发现,《仓律》《效律》中的"如律令""它如律"所"如"之内容,即对具体行为予以处理时所准据的法律规范的具体内容都是本条所详细列举的,这与唐律"准此"的用法一致;《司空律》《法律答问》中的"如律然""如律"所"如"之内容,即对具体行为予以处理时所准据的法律规范的具体内容是本条所未列举的,应当存在于本条之外的其他条文中。立法应当是明确规定了具体行为的处理结果,否则法律规范是无法适用的,那么,上述睡虎地秦简中所见的"如律然"与"如律"所准据之内容未在本条引述则存在两种可能:一是墓主人抄写时为避繁琐而予以省略;二是所准据之内容应当是类似于唐律中的通则性条文,这些条文在叙述时已经说明了其在律文一定范围内广泛适用的通则性效力。当然,这两种推测也有可能是同时成立的。

2. 汉律中的"如律""如令""它如律令"

张家山汉简《二年律令·盗律》

徼外人来入为盗者,要(腰)斩。吏所兴能捕若斩一人,揉(拜)

---

① 张伯元:《"如律令"的再认识》,张伯元著:《出土法律文献研究》,第280页。
② 睡虎地秦墓竹简整理小组:《睡虎地秦墓竹简·释文》,文物出版社1990年版,第59页。
③ 关于秦律中的"赍律"可参看朱红林:《再论睡虎地秦简中的"赍律"》,霍存福、吕丽主编:《中国法律传统与法律精神》,山东人民出版社2010年版,第585—593页。

爵一级。不欲揱(拜)爵及非吏所兴，购如律。(六一)[1]

张家山汉简《二年律令·捕律》

……·死事者，置后如律。……(一四二)[2]

……其斩一人若爵过大夫及不当揱(拜)爵者，皆购之如律。……(一四八)[3]

……杀伤(一五二)群盗、命者，及有罪当命未命，能捕群盗、命者，若斩之一人，免以为庶人。所捕过此数者，赎如律。(一五三)[4]

张家山汉简《二年律令·钱律》

……诇告吏，吏捕得之，赏如律。(二〇五)[5]

张家山汉简《二年律令·传食律》

丞相、御史及诸二千石官使人，若遣吏、新为官及属尉、佐以上征若迁徙者，及军吏、县道有尤急(二三二)言变事，皆得为传食。……(二三三)食马如律，禾之比乘传者马。……(二三四)[6]

使非吏，食从者，卿以上比千石，五大夫以下到官大夫比五百石，(二三六)大夫以下比二百石；吏皆以实从者食之。诸吏乘车以上及宦皇帝者，归休若罢官而有传者，县舍食人、马如令。(二三七)[7]

张家山汉简《二年律令·户律》

诸不为户，有田宅，附令人名，及为人名田宅者，皆令以卒戍边二岁，没入田宅县官。为人名田宅，能先告，除其(三二三)罪，有(又)畀之所名田宅，它如律令。(三二四)[8]

---

[1] 张家山二四七号汉墓竹简整理小组：《张家山汉墓竹简〔二四七号墓〕（释文修订本）》，文物出版社2006年版，第17页。
[2] 同上书，第28页。
[3] 同上书，第29页。
[4] 同上。
[5] 同上书，第36页。
[6] 同上书，第40页。
[7] 同上。
[8] 同上书，第53页。

张家山汉简《二年律令·津关令》

……诸乘私马入而复以出，若出而当复以入者，(五〇七)出，它如律令。……(五〇八)①

《盗律》《捕律》《钱律》《传食律》中所见的"购如律""置后如律""赎如律""赏如律""食马如律"所"如"之法律规范都是本条未引述而在汉律相关篇章中明确规定的内容，这些内容应该都是具有一般性的量化数额或程序规定，"如果没有量化数额和具体规定，'如律'前用于区分的'赏''赎''置后''食马'就变得没有意义了"。②至于本条为何没有详细引述这些规范？张伯元教授认为："其原因无外乎在其他律条中已经明示，无需重复"。③比如一四二简中的"置后如律"应当指的是《置后律》中的相关法律规范，即"□□□□为县官有为也，以其故死若伤二旬中死，皆为死事者，令子男袭其爵。毋爵者，其后为公士。毋子男以女，毋女(三六九)以父，毋父以母，毋母以男同产，毋男同产以女同产，毋女同产以妻。诸死事当置后，毋父母、妻子、同产者，以大父，毋大父(三七〇)以大母与同居数者。(三七一)"④这种解释就目前来看应当是比较合理的，这也说明上文所引睡虎地秦简中"如律"所准据之内容未在本条规定不是出于墓主人抄写方面的原因。另外需要补充一点原因，这些法律规范应当是在一定范围内具有通则性适用效力的法律规范，无须在使用时一一引述，这也是通则性条款的必然属性。

二三六、二三七两支简中的"县舍食人马如令"指的是前述律文规

---

① 张家山二四七号汉墓竹简整理小组：《张家山汉墓竹简〔二四七号墓〕（释文修订本）》，文物出版社2006年版，第86页。
② 张伯元：《"如律令"的再认识》，张伯元著：《出土法律文献研究》，商务印书馆2005年版，第280页。
③ 同上。
④ 张家山二四七号汉墓竹简整理小组：《张家山汉墓竹简〔二四七号墓〕（释文修订本）》，文物出版社2006年版，第59页。

定的情况，也就是说无有秩级的官吏，由于身份特殊，过邮传时也需要按照官吏的待遇给予人、马之食。此处"如令"与前述睡虎地秦简《秦律十八种·仓》中的"如律令"以及唐律中"准此"的用法是一致的。

三二三、三二四两支简的内容是对有田宅而不立户、不名田宅或附令他人名籍和代替他人名田宅等行为的处罚情况，其中的"它如律令"字面含义是说：除此以外都要准据律令的规定予以处理，那么"除此以外"指的是什么？条文中规定"为人名田宅，能先告，除其罪，有（又）界之所名田宅"，即为人名田宅而予以告发，则不仅不予处罚，还要给予告发人田宅登记。除了有告发情节的，都必须按照律令的规定予以处罚。"它如律令"所准据的不仅是前述律文规定的内容，也包括其他相关的条文内容。

五〇七、五〇八两支简的内容是乘马出入津关的事宜，其中的"它如律令"是说除了让私乘马者入而复出之外，其他的情况都要依据律令的规定处理，其所依据的法律规范亦不限于前述条文规定。

通过对竹简秦汉律中所见的"如律令"及相关表述进行分析，我们可以得出以下几点认识：

第一，"如律令""如律""它如律令"等表述的核心在于"如"，表达的是依照相关法律规定处理之意，这些表述都有具体的条文指向，区别在于：极少内容在本条明确做了规定，多数内容需要参照其他相关条文。就这一点来说，秦汉律中的"如律令"与秦汉行政文书中"如律令"作为纯粹公文套语的用法存在比较明显的差异。[①]

第二，"如律令"及相关的表述与唐律中的"准此"有所区别，"准此"所"准"之内容皆在本条有明确的规定，"如律令"所"如"之内容

[①] 秦汉时期行政文书中"如律令"的含义与用法可参见邢义田：《从"如故事"和"便宜从事"看汉代行政中的经常与权变》，邢义田著：《秦汉史论稿》，东大图书公司1987年版，第347页。

虽有明确指向，但多数指向了其他条文而非本条规定，个别表述如：它如律令、爰书、约束等，表达的含义是"其它如律令、爰书、约束……"，指示的是不依通常处理的法律行为或法律事件，这一用法与秦汉行政文书中的用法是一致的。①

第三，详辨相关内容可以发现"如律令"与"准此"所指向的条文内容也有一些相同之处。不论本条是否做了明确的引述，"如律"所指向的法律规范的内容也多具有一定程度广泛适用的性质，除了在其出现的条文以及具体针对的事件与行为外，这些法律规范还可以作为参照、准据对相关的事件与行为发生规范效力。

就此来说，"如律"与"准此"在功能上具有一些相似的因素，不能排除秦汉律中的"如律"对唐律中的"准此"可能产生的影响以及两者之间可能的渊源，但尚不能说两者之间具有比较直接的承袭关系。另外，作为立法技术的表述形式，秦汉律中的"如律令"还存在用法、形式、含义等方面的不统一、不规范之处，但随着立法技术的发展与法典体系的成熟，这种准据适用的表述形式进一步统一、规范应当是必然趋势。

3. 唐宋律典中的"准此"

竹简秦汉律中未见"准此"的表述，魏晋南北朝时期律典不存，从相关研究成果来看未见"准此"的内容，② 以正史文献中大量出现的"准

---

① 此处的含义与用法邢义田教授已作清晰解释："'它如律令、爰书、约束……'意谓'其它如律令、爰书、约束……'的公文末尾用语。在文书所涉的事件中，如有不依惯常程序，须要特别处理，或调整改变之处，文书会特别具体说明调整改变的部分，其它仍依既有规定办理的部分则不再费辞，以'它如某某'一语带过。"邢义田：《汉代书佐、文书用语"它如某某"及"建武三年十二月候粟君所责寇恩事"简册档案的构成》，邢义田著：《治国安邦：法制、行政与军事》，中华书局2011年版，第499—530页。又如《汉书·儒林传》载："(公孙)弘为学官，悼道之郁滞，乃请曰：'……请著功令。它如律令。'制曰：'可。'"颜师古注"它如律令"为："此外并如旧律令。"［汉］班固撰、［唐］颜师古注：《汉书》卷八十八《儒林传》，中华书局1962年版，第3594、3596页。

② 2002年6月，甘肃省玉门市花海镇出土了《晋律注》残卷，据参与发掘整理者介绍，

此"及其含义与用法来看,这一时期的律文、律注中或已对"准此"有所援用。

唐律中"准此"的使用非常普遍且用法固定,详细分析"准此"一语在律、注、疏中的分布:《唐律疏议》中"准此"共出现221次,涉及110条律文,只有4条出现在律文部分;① 另有4条在律、疏中同时出现。② 可见,唐律中关于"准此"的表述,绝大多数出现在注、疏中,仅出现在律文中的比例不足总数的4%,而注、疏中同时出现的条文有53条,所占比例达到总数的48%,仅出现在疏中的条文也有50条,所占比例达到了45%。这说明唐代立法者充分吸收了前代典志中"准此"的含义与用法,并在修律的过程中通过增加注、疏的方式充分应用,使"准此"作为立法技术的表达方式呈现于法典中。③

内容有4500字左右,但释文至今未见公布。从相关研究成果中,未见到关于"准此"的表述。玉门花海出土〈晋律注〉的相关介绍与研究成果可参见张俊民:《玉门花海出土〈晋律注〉》,李学勤、谢桂华主编:《简帛研究二〇〇二、二〇〇三》,广西师范大学出版社2005年版;张俊民:《玉门花海出土〈晋律注〉概述》,《考古与文物》2010年第4期;曹旅宁、张俊民:《玉门花海所出〈晋律注〉初步研究》,《法学研究》2010年第4期。

① 具体包括:
《名例》"犯罪已发已配更为罪"条(29):"若已至配所而更犯者,亦准此。"
《名例》"盗诈取人财物首露"条(39):"即财主应坐者,减罪亦准此。"
《卫禁》"不应度关而给过所"条(83):"即以过所与人及受而度者,亦准此。"
《断狱》"与囚金刃解脱"条(470):"若囚本犯流罪以上,因得逃亡,虽无伤杀,亦准此。"

② 具体包括:
《名例》"犯流应配"条(24):"移乡人家口,亦准此。"《疏》议曰:"移乡人,妻妾随之,父祖子孙欲随者听,不得弃放妻妾,皆准流人,故云'亦准此'。"
《厩库》"损败仓库积聚物"条(214):"监、署等亦准此。"《疏》议曰:"监、署等,有所损坏,亦长官为首,以次为从,故云'亦准此'。"
《厩库》"输给给受留难"条(219):"门司留难者,亦准此。"《疏》议曰:"而受给门司留难者,亦准受给官司之法,故云'亦准此'。"
《杂律》"食官私田园瓜果"条(441):"非应食官酒食而食者,亦准此。"《疏》议曰:"'非应食官酒食而辄食者,亦准此',谓辄食者,坐赃论;弃毁者,亦同持去者,准盗论;强持去者,以窃盗论。"

③ 郑显文教授在探讨唐律"律注"相关内容的过程中也有这样的观点:"由于贞观时期

至宋代，法典中"准此"的应用更加自觉。《宋刑统》将一部律内散列各条的"余条准此"汇集为一门，附于《名例律》之内为"一部律内余条准此条"。其实质在于将《名例》以外涉及"余条准此"的内容汇集一处，将之作为《名例》一篇的延伸与扩展，功能在于"俾诸检详无遗误"，这显然是法典编纂方面较之唐律进一步的发展。详检《宋刑统·名例》"一部律内余条准此条"的内容，[①]"余条准此"实际上还包含"余条……准此"的表述形式，如《宋刑统·户婚》"同姓为婚"条："妻前夫之女者谓妻所生者。余条称前夫之女准此。"[②]而"余条……准此"中的"准此"又具体表述为："亦准此""并准此""各准此"等，如《宋刑统·卫禁》"阑入太庙门"条："余条守卫及监门，各准此。"需要注意的是《宋刑统》条文中所称："一部律内称余条准此，共四十四条"，这与前文统计《唐律疏议》中"准此"的出现频次差异非常大。抛开《宋刑统》与《唐律疏议》法典结构、条文内容的细微差异不谈，[③]其原因大致包括两方面：首先，《宋刑统》"一部律内余条准此条"的统计未涉及《名例》本身出现的关于"准此"的表述；[④]其次，《宋刑统》的统计实际上只涉及了"准此"的

大规模修改了律文，为了使前后律文相互协调，有时通过在律文中夹带注释的形式进行解释，以达到相互协调的效果。从现有的文献资料来看，有唐一代对律文大规模的修订当属《贞观律》，后来《永徽律》又作了一些微调。此前的《武德律》和以后的《垂拱律》《开元律》等对律文的改动并不大。有了这样的认识，就可以初步推断在《贞观律》的律注中出现'余条……准此'的可能性很大。"郑显文：《〈唐律疏议〉的律注研究》，王沛主编：《出土文献与法律史研究》（第四辑），上海人民出版社2015年版，第205页。

① ［宋］窦仪：《宋刑统》，薛梅卿点校，法律出版社1999年版，第121—126页。另可参见周密：《宋代刑法史》，法律出版社2002年版，第129—132页。

② 此条内容显然沿袭自唐律，按《唐律疏议·户婚》"同姓为婚"条（182）律《注》："余条称前夫之女者，准此。"《疏》议曰："'余条称前夫之女者，准此'，据《杂律》'奸妻前夫之女'，亦据妻所生者，故云'亦准此'。"

③ 实际上这方面的因素几乎可以忽略，因为我们在统计唐律中涉及"余条准此"的相关条文时已发现，《唐律疏议》与《宋刑统》中涉及"余条准此"的条文内容差别是微乎其微的。

④ 基于法典的结构与体例，我们推测《宋刑统·名例》"一部律内余条准此条"未将《名例》中涉及"准此"的条文汇集在内是出于两方面原因：第一，《名例》所有的内容皆为通则

两种具体表述形式:"余条准此"与"余条……准此",未涉及其他形式,换言之,《宋刑统》"一部律内余条准此条"中的统计结果是以条文中是否出现"余条"为主要标准,而不是以"准此"为标准。因此,仅出现"皆准此""以下准此""各准此法""各准此例"等表述而未出现"余条"的情况,《宋刑统》"一部律内余条准此条"并未汇集在内。①

三、唐律中"准此"的性质与功能

唐律中的"准此"作为立法语言,直接表达了一种准据或指向,即立法通过技术性手段强调或标识了所"准"之法律规范特殊的性质与功能。对此,有学者认为"准此"指向的法律规范是具有类推适用性质的条文;② 或是准用刑律的制度,功能在于使司法机关适用其他相应律文条款去处理无法直接规定的各种犯罪,这种立法体例也可以起到"用简以驭繁"的积极作用。③ 这些观点分别针对"准此"的一些具体方面做了比较深入的探讨,但未对唐律中涉及"准此"的法律规范内容作出比较系统、概括的说明,以下具体分析。

(一)"准此"的性质

按照法典篇章结构,我们可以把唐律中涉及"准此"的内容分为两部分来讨论:《名例》中涉及"准此"的内容与《名例》以外涉及"准此"

性规范,涉及"准此"的内容亦如之,没有必要单独汇集;第二,"一部律内余条准此条"本身就在《名例》之内,故体例上也不宜再将本篇内容重复汇集。从以上两点也可以看出"一部律内余条准此条"所涉及、指向的具体条文所具有的通则性规范的性质,在客观、具体列举的体例之下,立法通过"一部律内余条准此条"予以汇集并附于《名例》之内。

① 若依"准此"统计,《宋刑统》中共出现345次,比《唐律疏议》中"准此"出现的次数要多出124次,排除《名例》出现的次数,《名例》以外涉及"准此"的条文也远远多于44条。
② 参见薛梅卿:《宋刑统研究》,法律出版社1997年版,第37页。
③ 周密:《宋代刑法史》,法律出版社2002年版,第132页。

的内容。

　　《名例》一篇设立之法意为"命诸篇之刑名，比诸篇之法例"，其主要内容包含两方面："一是有关刑罚之规定，即所谓'刑名'；二是有关处罚原则之规定，即所谓'法例'。二者皆带有通例性质。"[①]通过分析《名例》中涉及"准此"的条文，我们发现只有一条属于刑名，即关于刑罚之规定，《名例》"笞刑五"条(1)《疏》议曰："从笞十至五十，其数有五，故曰'笞刑五'。徒、杖之数，亦准此。"其余涉及"准此"的条文内容皆属"法例"，如《名例》"共犯罪本罪别"条(43)《疏》议曰："此例既多，不可具载，但是相因为首从，本罪别者，皆准此。"其中的"此例"是说律文中的"相因为首从，其罪各依本律首从论"，内容明显是关于处罚原则之规定即"法例"。

　　《名例》以外涉及"准此"的内容都具有"法例"的性质，这种"法例"所具有的通则性质在有些条文中予以明确的强调，如《职制》"贷所监临财物"条(142)《疏》议曰："注云'余条强者准此'，谓如下条'私役使及借驼骡驴马'之类，强者各加二等。但一部律内，本条无强取罪名，并加二等，故于此立例。""于此立例"之"例"与前述《名例》"共犯罪本罪别"条(43)中的"此例既多"之"例"指向的法律规范的内容都是"法例"，即关于处罚原则之规定，条文内容将其表述得非常清晰。又《捕亡》"主守不觉失囚"条(466)《疏》议曰："上条'征人逃亡者，主司故纵与同罪'，及流徒囚限内而亡，监当官司不立捕限及不觉故纵，如此之类，并准此条为法。"其中的"并准此条为法"与"准此条为例"等同、亦可互换，表达的都是"法例"之意。另外，《名例》以外涉及"准此"的条文中，还有大量关于"准此例""准此法"的表述：

　　　　《户婚》"相冒合户"条(161)

---

① 刘俊文：《唐律疏议笺解》(上)，第16页。

诸相冒合户者，徒二年；无课役者，减二等。（谓以疏为亲及有所规避者。）主司知情，与同罪。即于法应别立户而不听别，应合户而不听合者，主司杖一百。

《疏》议曰："应别、应合之类，非止此条，略举为例，余并准此。"

《厩库》"乘官畜脊破领穿"条（201）

诸乘驾官畜产，而脊破领穿，疮三寸，笞二十；五寸以上，笞五十。（谓围绕为寸者。）

《疏》议曰："注云'谓围绕为寸者'，便是疮围三寸，径一寸；围五寸一分，径一寸七分。虽或方圆，准此为法，但廉隅不定，皆以围绕为寸。"

《斗讼》"两相殴伤论如律"条（310）

诸斗两相殴伤者，各随轻重，两论如律；后下手理直者，减二等。（至死者，不减。）

《疏》议曰："'斗两相殴伤者'，假有甲乙二人，因斗两相殴伤，甲殴乙不伤，合笞四十；乙殴甲伤，合杖六十之类。或甲是良人，乙是贱隶，甲殴乙伤，减凡人二等，合笞四十；乙殴甲不伤，加凡人二等，合杖六十之类。其间尊卑、贵贱，应有加减，各准此例。"

《斗讼》"殴缌麻小功亲部曲奴婢"条（324）

诸殴缌麻、小功亲部曲奴婢，折伤以上，各减杀伤凡人部曲奴婢二等；大功，又减一等。过失杀者，各勿论。

《疏》议曰："'殴缌麻、小功亲部曲'，谓殴身之缌麻、小功亲部曲。减凡人部曲二等，谓总减三等。假如殴折肋者，凡人合徒二年，减三等，合杖一百。若殴奴婢折齿，凡人合徒一年，奴婢减二等，缌麻、小功亲奴婢又减二等，总减四等，合杖七十。故云'折伤以上，各减凡人部曲、奴婢二等'。'大功，又减一等'，谓殴大功部曲折齿，总减四等，合杖七十；若殴大功奴婢，合杖六十。自外殴折伤以上，各准此例为减法。"

《斗讼》"妻殴詈夫"条（326）

诸妻殴夫，徒一年；若殴伤重者，加凡斗伤三等；（须夫告，乃坐。）死者，斩。媵及妾犯者，各加一等。（加者，加入于死。）过失杀伤者，各减二等。

《疏》议曰："'过失杀者，各减二等'，谓妻、妾、媵过失杀者，并徒三年。假如妻折夫一支，加凡人三等，流三千里，过失减二等，合徒二年半；若媵及妾折夫一支合绞，过失减二等，合徒三年。自余折伤，各随轻重，准此加减之例。"

《斗讼》"殴妻前夫子"条（333）

诸殴伤妻前夫之子者，减凡人一等；同居者，又减一等。死者，绞。殴伤继父者，与缌麻尊同；同居者，加一等。（余条继父准此。）

《疏》议曰："注云'余条继父准此'，谓诸条准服尊卑相犯得罪，并准此例。"

《捕亡》"知情藏匿罪人"条（468）

注：即尊长匿罪人，尊长死后，卑幼仍匿者，减五等；尊长死后，虽经匿，但已遣去而事发，及匿得相容隐者之侣，并不坐。小功以下，亦同减例。

《疏》议曰："'小功以下，亦同减例'，即例云：'小功以下相容隐，减凡人三等。'今匿小功、缌麻亲之侣，亦准此例减之，总减罪人罪四等，故云'亦同减例'。"

当然，我们说分则条文的表述中出现"例"并不意味着内容就是"法例"，但涉及"例"的内容又同时出现了"准此"的表述，那么我们说在一定范围内被准据适用的"例"是唐律分则条文中出现的"法例"，应当是可信的。结合上述条文中涉及"例"与"准此"的表述与内容，也能证实这一点。另外，《贼盗》"卑幼将人盗己家财"条（288）"问答"："……

即准'强者加二等'。此是一部通例,故条不别生文。"通过引述《职制》"贷所监临财物"条(142)律《注》的内容:"强者,各加二等。余条强者准此。"强调了所引述的内容为"通例",即"余条强者准此"为一部律内之"通例",这可以说是唐律条文对"准此"所指示的条文性质的直接说明。因此,可以总结说:唐律《名例》之外涉及"准此"的条文内容,皆属通则性规范。①

(二)"准此"的功能

既然唐律中涉及"准此"的法律规范内容皆属通则性规定,那么,这些条文自然发挥了通则性条文所具有的功能,如统率定罪量刑的具体条款、规定具体条文适用的一般原则等。但"准此"作为立法技术的一种特别表述方式,其涉及的内容自然具有比较独特的、区别于其他通则性条文的功能。我们特别注意到的是唐律涉及"准此"的条文中所见大量"准上条"与"准下条"的表述,典型者如《名例》"犯流应配"条(24)律《注》载:"下条准此。"《疏》议曰:"谓下条云:'流人逃者身死,所随家口仍准上法听还。'上有'下条准此'之语,下有'准上法'之文,家口合还及不合还,一准上条之义。""准此"前后文若见"下条"或"上条"

---

① 如刘俊文教授谓:"《名例》篇所收虽为全律之通例,然仅是最重要之通例,并非囊括全部通例。实际上,尚有若干通例,散见于《名例》以外之各篇中,……故研究通例之总则,当以《名例》篇为主,而不可囿于《名例》一篇。"刘氏将《名例》以下各篇中的"通则性规定"做了汇集,并将其分为"适用于全篇之通例"与"适用于全律各篇之通例"两类,将刘氏所列举的《名例》以外之通例与《名例》以外涉及"准此"之条文一一对照,多有重合。个别条文不在刘俊文先生列举之范围,但究其条文内容,仍属通例。可参见第16、1467页。亦可参见蔡墩铭教授之观点:"《唐律》之名例虽相当于今之总则,但《唐律》关于总则之规定,不尽在名例之内,名例律之各种规定,只能为总则规定之主要者,其他总则规定,尚散见于名例以外之各律。故检讨《唐律》之总则规定者,自不应将其限于名例律之条文,更应及于其他各律之有关条文。"蔡墩铭:《唐律与近世刑事立法之比较研究》,商务印书馆1968年版,第11—12页。

之语，一般是说所准之内容具有相对确定的适用范围，而且条文中通过指出"下条""上条"之所在，将适用范围也限定的比较清晰。如《职制》"官人无故不上"条(95)《疏》议曰："下条准此者，谓'之官限满不赴'及'官人从驾稽违及从而先还'，虽无官品，亦同官人之法。"又《户婚》"子孙别籍异财"条(155)律《注》："别籍、异财不相须，下条准此。"《疏》议曰："'下条准此'，谓父母丧中别籍、异财，亦同此义。"唐律涉及"准此"的条文中有19条通过"上条""下条"的表述勾连前后律文，使一部律内前后统一并借以提高法典的体系化程度，列其典型者：①

《名例》"称道士女官"条(57)

观寺部曲、奴婢于三纲，与主之期亲同。

《疏》议曰："观有上座、观主、监斋，寺有上座、寺主、都维那，是为'三纲'。其当观寺部曲、奴婢，于三纲有犯，与俗人期亲部曲、奴婢同。依《斗讼律》：'主殴杀部曲，徒一年。'又条：'奴婢有犯，其主不请官司而杀者，杖一百。'注云：'期亲杀者，与主同。下条部曲准此。'"

《职制》"大祀不预申期及不如法"条(98)

注：凡言祀者，祭、享同。余条中、小祀准此。

《疏》议曰："'余条中、小祀准此'，但在中祀有犯，皆减大祀二等；小祀有犯，皆减中祀二等。谓下条'大祀在散斋，吊丧问疾'，贼盗律'盗大祀神御物'之类，本条无中、小祀罪名者，准此递减。"

《户婚》"盗耕种公私田"条(165)

---

① 此处仅列举了9条律文中的相关内容，另外，还有10条律文具体内容不再详细列举，分别为：《职制》"合和御药有误"条(102)、《职制》"贷所监临财物"条(142)、《厩库》"官私畜毁食官私物"条(204)、《贼盗》"略人略卖人"条(292)、《斗讼》"告祖父母父母"条(345)、《斗讼》"告期亲以下缌麻以上尊长"条(346)、《诈伪》"诈假官假与人官"条(370)、《诈伪》"诈欺官私财物"条(373)、《杂律》"盗决堤防"条(425)、《捕亡》"从军讨亡"条(457)。

诸盗耕种公私田者,一亩以下笞三十,五亩加一等;过杖一百,十亩加一等,罪止徒一年半。荒田,减一等。强者,各加一等。苗子归官、主。下条苗子准此。

《疏》议曰:"'下条苗子准此',谓'妄认及盗贸卖'、'侵夺私田'、'盗耕墓地',如此之类,所有苗子各还官、主。"

《厩库》"监主贷官物"条(212)

所贷之人不能备偿者,征判署之官。(下条私借亦准此。)

《疏》议曰:"注云'下条私借亦准此',谓下条'监临主守之官以官物借人',若所借人不能备偿,亦征判署之官,故云'准此'。"

《贼盗》"部内人为盗及容止盗"条(301)

诸部内有一人为盗及容止盗者,里正笞五十,(坊正、村正亦同。)三人加一等;县内,一人笞三十,四人加一等;(部界内有盗发及杀人者,一处以一人论,杀人者仍同强盗之法。)

《疏》议曰:"杀人者仍从强盗之法,下文'强盗者加一等',杀人者亦加一等,与强盗同。即是部内有一人强盗者,里正杖六十,虽非部内人,但当境内强盗发,亦准此。容止杀人贼者,亦依强盗之法。"

《斗讼》"主杀有罪奴婢"条(321)

诸奴婢有罪,其主不请官司而杀者,杖一百。无罪而杀者,徒一年。(期亲及外祖父母杀者,与主同。下条部曲准此。)

《疏》议曰:"'下条部曲'者,下条无期亲及外祖父母伤杀部曲罪名,若有伤杀,亦同于主,故云'准此'。"

《诈伪》"诈为制书及增减"条(367)

诸诈为制书及增减者,绞;(口诈传及口增减,亦是。)未施行者,减一等。(施行,谓中书覆奏及已入所司者。虽不关由所司,而诈传增减,前人已承受者,亦为施行。余条施行准此。)

《疏》议曰:"'余条施行准此',余条谓'以伪印文书施行'及下条'诈为官文书施行',如此诸条,已施行及未施行皆准此。"

《杂律》"无故于城内街巷走车马"条(392)

诸于城内街巷及人众中,无故走车马者,笞五十;以故杀伤人者,减斗杀伤一等。(杀伤畜产者,偿所减价。余条称减斗杀伤一等者,有杀伤畜产,并准此。)

《疏》议曰:"注云'杀伤畜产者,偿所减价。余条称减斗杀伤一等者,有杀伤畜产,并准此',谓下条'向城及官私宅,若道径,射、放弹及投瓦石'、'施机枪、作坑阱',杀伤人者,减斗杀伤一等;若以故杀伤畜产,并偿减价之类。"

《捕亡》"主守不觉失囚"条(466)

注:谓此篇内,监临主司应坐,当条不立捕访限及不觉故纵者,并准此法。

《疏》议曰:"上条'征人逃亡者,主司故纵与同罪',及流徒囚限内而亡,监当官司不立捕限及不觉故纵,如此之类,并准此条为法。"

上有"下条准此"之语,下有"一准上法"之文,其中"准此"作为具体立法技术的表述形式,在克服客观具体立法体例的固有弊端、使一部律内前后内容达到统一、避免法律适用过程中的冲突与矛盾、提高法典的体系化程度等方面所起到的功能与作用是显而易见的。

四、小结

唐律中"余条准此"的核心在于"准此",这种表述提示了之前的法律规范具有较为普遍的适用效力、并非一事一例。立法者在修律的过程中通过增加注、疏的方式将"准此"充分应用于法典编纂。"准此"指向的内容具有通则性质，功能在于克服客观具体立法体例的固有弊端、使律内前后统一、避免法律适用中的冲突与矛盾，从而提高法典的条理化、体系化程度。关于传统法典中《名例》一篇的功能与意义，宋代律学博士傅霖谓："一部律义三十卷内有五刑、十恶、八议、六赃、七杀，合告不合告、应首不应首、合加不合加、合减不合减，制不倍细，俱在《名例》卷内以为总要也。"元人王亮增注："律文谓之制事同，谓之例，天下之事万端制律之文安能必备，然则立例为总。"① 其中强调了世事万端与律文有限之间的矛盾，并指出《名例》存在的客观必要。清人王明德将这一立法必须面对的矛盾说得更加详细：

> 《名例》之义何居乎？……逮乎后世，方与廓矣，品类纷矣，彝伦叙矣，冠裳定矣，等威隆杀其各别矣，车书文物其繁备矣。以人，则有勋爵宾耆，贵贱尊卑，亲疏上下，老幼男女，工虞技术，疲癃愚弱之不同。以事，则有常变精粗，大小远近，迟速久暂，征伐戍守，宾筵祭享，农桑考课，工作力役之各别。以情，则有狡诈狙虐，杀越诱张，顽憨悍犷，灾眚终怙，真伪欺诚之不一。以文，则有祖孙子父，僧尼寮属，伦常公私，皆各准以，罪同同罪，日时程限，出入加减等类之或同或不同。是固科条等则之未可概而绳也，董威创惩之未可统而论也，异同同异之未可以词组分、只字识也。倘欲即此全律正文，二十九篇，四百一十一条中，各为条析缕分，详切着明以示焉，虽罄南山之竹，不足以书也。绝中山之颖，不足以备也。竭娄视之明，亦不足以悉纤微而无漏也，故为之简其名，核其实，撮其要，尽其变，分其类，着为四十八条，冠于律首以统贯夫全律。②

---

① ［宋］傅霖撰、［元］郄口韵释、［元］王亮增注：《刑统赋解》，杨一凡编：《中国律学文献（第一辑）》（第一册），黑龙江人民出版社2004年版，第85—86页。

② ［清］王明德：《读律佩觿》卷之二"例"，第19—20页。

《名例》之设的目的是"冠于律首以统贯夫全律",[①] 其必要性在于:具体行为、情节繁杂、多样,条文有限,不可能一事一例。而传统法典的立法体例恰好是具体、个别、客观地列举。[②] 基于此种立法体例,集中规定一些通则性规范,就成为克服传统刑律立法体例固有不足的必要措施。而随着立法技术的发展,这些条文集中于法典篇首又成为趋势。[③] 但问题在于,出现于法典篇首的《名例》一篇所包含的若干条文能否完全克服传统法典立法体例的不足?完全达到"冠于律首以统贯夫全律"的目的?从《名例》的内容来看,答案似乎是否定的。基于传统法典编纂的技术与体例,当中不可能出现如现行法中总则条文一样高度抽象、概括、定性的内容。《名例》中的条文与其他各篇相比的确比较抽象、概括,但这种抽象、概括仍是通过客观具体的列举方式来实现的,"具体的列举抽象规范"本身就存在着明显的逻辑矛盾,而抽象、概括性有限的《名例》条文在统率大量定罪量刑的具体条文时也存在着明显的不足。"余条准此"就是立法化解这种矛盾与不足的技术性手段。唐律中出现的大量"余条准此"作为具体立法技术根源于通则性规范、集中于《名例》、

---

① 这实际是宋元以后的律学家与律学著作的说法,因为我们似乎未见到唐人把《名例》地位看得那么高。唐律制定、颁布之时,《名例》应该仅是对特殊事例的规定和解释,而这种做法也是因袭前代而来。至于《名例》在结构、效力等方面具有了超越其他篇章的地位,应当是条文经过长期的整理过程之后才出现的。比较《刑统赋解》与《读律佩觽》中关于《名例》的说法,从中能明显地看出成书于清代的《读律佩觽》对《名例》的重要性及其意义强调得远比宋元时期的律学家更多。

② 日本学者仁井田陞谓:"与其说唐律是抽象、概括、主观地观察各种犯罪,毋宁认为它是具体、个别、客观地对待各种犯罪的,作为在这一点上体现了古代法特征的法典,唐律是著名的。例如,虽是性质相同的犯罪,却根据犯意、犯罪的状况、犯罪的方法、犯罪人以及被害人的身份、犯罪的目标等情况的不同,设立各种罪名、科以不同的处罚。"〔日〕仁井田陞:《唐律的通则性规定及其来源》,刘俊文主编:《日本学者研究中国史论著选译(第八卷·法律制度)》,中华书局1992年版,第155—156页。

③ 从立法技术方面来说,通则性条文集中于法典篇首会使得定罪量刑的具体条款引据通则性规定时更加便利。参见蔡墩铭:《唐律与近世刑事立法之比较研究》,商务印书馆1968年版,第11页。

渗入各篇,在法典内起到了上下勾连、前后关照的作用,将大量定罪量刑的具体条文统一于若干通则性规范之下,提高了法典的条理化、体系化程度。

第五章　唐律中的"罪名"

"罪名"是现代刑事立法与刑法理论中的核心概念，含义为："高度概括某类犯罪、某类罪中某节犯罪或者某种犯罪本质特征，是某类犯罪、某节犯罪或者某种犯罪的称谓"[①]；与"罪状"即刑事立法对具体犯罪行为的描述相比，突出了抽象性、概括性的特征。[②]"罪名"一语在中国古代刑事立法中出现较晚，至唐律中始见有集中、系统的表述，并形成比较固定的含义与特征。目前，唐律注释成果未充分关注"罪名"的表述与含义，[③]与之相应，唐律、中国古代刑律以及一些古今比较的研究成果

[①]　李希慧：《罪状、罪名的定义与分类新论》，《法学评论》2000年第6期。

[②]　"罪名"在现代法学理论中的含义比较固定，常见法学辞书中的注释也比较一致，相关内容可参见杨春洗、康树华、杨殿升主编：《北京大学法学百科全书·刑法学、犯罪学、监狱法学》，北京大学出版社2001年版，第1149页。高铭暄、王作富、曹子丹主编：《中华法学大辞典·刑法学卷》，中国检察出版社1996年版，第831页。

[③]　以《唐律疏议》中表述较为概括的"罪名"为例，注释者或直述"罪名"不加解释，或释为"名称与等级"等，如《名例》"犯罪未发自首"条(37)"问答"载："律定罪名，当条见义。"常见注释为："法律上规定的罪名，就在各该条文中见到它的含义。"或："律定罪罚，各条有各自的特定道理。"又《杂律》"序"《疏》载："诸篇罪名，各有条例。"常见注释为："各篇的罪罚名称，各自有它的条例。"或："《律疏》中各篇的罪名，分别有围绕其篇名的律条与法例。"所见注释内容略有深入分析的为《名例》"序"《疏》中的表述："名者，五刑之罪名。"钱大群教授注释："罪名，此处不作现代通常之'罪名'讲，而实指五刑罪罚之名称与等级，义同于下句中的'刑名'。"钱氏所谓"下句中的'刑名'"即："名训为命，例训为比，命诸篇之刑名，比诸篇之法例。"其注释"刑名"："在唐律中刑名概括指五刑二十等的名称与等级。……唐以前也指贯穿于全律的刑罚适用的原则与制度，也就是'法例'之意义。……'法例'：与体例、条例、罪条例是同义异词。"钱大群教授颇有见地地指出唐律中的"罪名"不同于现代之"罪名"，但其注解将"罪名"等同于法例、体例、条例、罪条例，则是值得商榷的。若从唐律篇章结构、立法体例等宏观视角观察，此种注释并无不周，但若我们将目光转向专业词汇的具体含义，此种

也未加辨析,[①]往往以现代"罪名"之纲归纳古代"罪行"之目。[②]必须承认:

注释则会带来一些认识方面的疑障。但客观地说,注释类的研究成果关注的必然是整部法典的结构、体例与整体风格,单个词汇不大可能也不应该成为此类研究的重点。相关内容可见曹漫之主编:《唐律疏议译注》,吉林人民出版社1989年版,第16、212、867页。钱大群:《唐律疏义新注》,南京师范大学出版社2007年版,第3、8、162、833页。

① 以笔者所见,王瑞峰撰文《〈刑案汇览三编〉中的"罪名"——兼论对中国传统律典中"罪名"的解读》,王文以《刑案汇览》中关于"罪名"的表述为中心,对传统刑律中"罪名"的含义作了分析,其中的问题意识颇具新意:"如果依据现代语义学的观点,一个词语的含义只能在它的运用中才能真正得到理解的话,那么要解释上述'罪'与现在通行语义冲突的地方,就只能回到清代司法中的日常实践中,看看在《刑案汇览三编》所反映的清代司法过程中,'罪'到底在什么功能或意义上使用的。"王文最终结论:《刑案汇览》所代表的清代刑律乃至中国古代刑律当中,"罪名"所表达的含义即"刑罚",《唐律疏议》中所谓的"五刑之罪名"可以解释为"五种刑罚的名目"。参见王瑞峰:《〈刑案汇览三编〉中的"罪名"——兼论对中国传统律典中"罪名"的解读》,《法制史研究》第11期,元照出版公司2007年版,第215—247页。虽然作者在探讨《刑案汇览》中"罪名"的过程中问题意识非常清晰,即以概念辨异为主旨,但其在材料的选取与运用以及具体观点方面仍有值得商榷之处:首先,既然是探讨刑律中的"罪名",即作为立法语言的"罪名",其出发点当为法典或制定法规范当中的"罪名"及相关表述,之后再与司法文书当中的记载作对照分析,但作者显然是以《刑案汇览》中的具体表述为中心又反推至法典当中的含义。其次,即使忽略立法文本与司法文书之间的先后逻辑关系,作者在运用材料的过程中也有不周延之处,作者所选取的《刑案汇览》中关于"罪名"的表述及案例是否能反映整部《刑案汇览》乃至清代刑事法制中"罪名"的整体情况?清代刑律中"罪名"的含义与用法沿袭自何处?沿袭过程中有无发展变化?这些问题于王文中显然未得到足够的关注。

② 典型者如蔡枢衡著《中国刑法史》,氏著乃是刑法史领域影响非常大的作品,其中有两章专门探讨了"几种古老罪名及其处罚的变化",内容占整部书的近五分之一。参见蔡枢衡:《中国刑法史》,中国法制出版社2005年版,第129—163页。古今比较的研究成果如钱大群著《唐律与中国现行刑法比较论》,其中专门探讨了"罪名、罪状与法定刑",内容也是将唐律条文以现代刑法中的罪名、罪状与法定刑类比。参见钱大群、夏锦文:《唐律与中国现行刑法比较论》,江苏人民出版社1991年版,第48—56页。唐律研究专著如王立民著《唐律新探》,书中第十四章"唐律在唐后的变革"专设"罪名的变革"探讨了改变罪名、归并罪名、增加罪名、弃去罪名等相关内容。参见王立民:《唐律新探》(第四版),北京大学出版社2010年版,第201—204页。刑法学者的著述中,此趋势更加明显,如高绍先著《中国刑法史精要》,书中专设"罪名与罪状"一章,完全借用现代刑法之概念。参见高绍先:《中国刑法史精要》,法律出版社2001年版,第241—248页。以"杀人"为例,若立足于现代刑法理论中的相关概念进行分析,不免要追问:传统刑律中"杀人罪"的说法是否成立?若"杀人"是罪名,"七杀""六杀"与"谋杀""故杀""过失杀""误杀"等表述是否罪名?是什么罪名?其在法律规范体系中的关系如何?唐律中出现了大量"罪名"的表述所指究竟是"杀人"还是"谋杀""故杀"等行为?再以传统刑律中"奸罪""强奸""和奸"等表述为例,"奸罪"是否罪名?如果"奸罪"

现代研究者面对包括刑事立法在内的大量古代立法信息，以适当的现代法理论与视角整理其结构，以便现代研究者接受与理解是行之有效且必经的途径。但是，当"罪名"的表述大量出现于古代刑律中且具有比较固定的形式与内容时，将古代与现代"罪名"的含义详加辨析必定是深入研究的前提与基础。毕竟，我们对古代刑律的认识不能停留于常识性介绍。基于此，本章拟以《唐律疏议》中"罪名"的含义及用法为基础，以律文中"罪名"的表述形式及特定法律意义为中心，以实证分析为路径进行系统探讨，并结合明清律中的相关内容对"罪名"在中国古代刑律中的发展趋势试作梳理，以之与现代刑法中的"罪名"稍作辨析。

一、"罪名"的含义

"罪名"是刑事立法与刑法理论中的核心概念，中国古代亦有此表述。但有此表述并不是说中国古代存在着完全相同的概念，进一步说，即使存在高度相似的概念，作为立法语言其是否具有相同的立法主旨？在法典体系中是否具有相同的地位？是否发挥了相同的功能？解决这一系列问题的基础是深入辨析传统法中所出现的"罪名"表达了什么含义？以笔者所见，"罪名"出现在传世文献中的时间较早，但用作立法词汇与专业术语的时间相对较晚，至唐代，法典中的"罪名"才有比较系统的表述。

是"罪名"，那么"强奸"和"和奸"是不是"罪名"？是什么"罪名"？唐律中出现了大量"罪名"的表述，所指是"强奸""和奸"之类比较具体的内容还是"奸罪"等比较抽象的内容？显然，古代刑律中对于犯罪行为的列举有大量溢出现代法概念框架之处。另见大量学术论文直接使用"罪名"的表述，但未辨析所称"罪名"具体所指为何。如王应瑄：《从唐代姚文秀杀妻案看我国古代故杀人罪的罪名定义》，《法学评论》1985年第5期；柴英：《〈唐律疏议〉主要罪名考》，《郑州大学学报(哲学社会科学版)》2011年第3期。

（一）传世文献中"罪名"的含义与用法

"罪名"从表述上来看，法律词汇的痕迹非常明显，我们自传世文献的记载中，发现相关内容皆与狱讼等事密切相关。《周礼·秋官司寇》载："以两造禁民讼，入束矢于朝，然后听之。以两剂禁民狱，入钧金，三日乃致于朝，然后听之。"郑玄注曰："讼，谓以财货相告者。狱，谓相告以罪名者。"贾公彦疏曰："相告以罪名"与"相告以财货"相对，"此相对之法。若散文则通，是以卫侯与元咺讼，是罪名亦曰讼。"[①]"诉"与"讼"的内容是将具体的侵权行为或犯罪行为以及危害结果告之于官府，其内容必然不是抽象、概括的。又《左传·僖公二十八年》："卫侯与元咺讼，甯武子为辅，针庄子为坐，士荣为大士。"孔颖达引述郑注作疏："……郑玄云：'讼，谓以财货相告者。狱，谓相告以罪名者。'对文则小别，散则可以通。狱讼，皆争罪之事也。"[②]"争罪之事"也是具体的内容，即具体的侵权行为或犯罪行为，可能还包括大致的损害结果。传世文献中还见有以下内容：

《盐铁论·刑德》："方今律令百有余篇，文章繁，罪名重，郡国用之疑惑，或浅或深，自吏明习者，不知所处，而况愚民！"[③]

《通典·刑法》："律有事状相似而罪名相涉者，若加威势下手取财为强盗，不自知亡为缚守，将中有恶言为恐喝，不以罪名呵为呵人，以罪名呵为受赇……"[④]

《晋书·刑法志》："是时承用秦汉旧律，其文起自魏文侯师李

---

① ［汉］郑玄注、［唐］贾公彦疏：《周礼注疏》卷第三十四，北京大学出版社1999年版，第905—906页。

② ［周］左丘明撰、［晋］杜预注、［唐］孔颖达正义：《春秋左传正义》卷第十六，北京大学出版社1999年版，第455—456页。

③ 王利器校注：《盐铁论校注》卷十，中华书局1992年版，第566页。

④ ［唐］杜佑：《通典》卷一百六十四《刑法二·刑制中》，王文锦等点校，中华书局1988年版，第4218页。

悝，悝撰次诸国法，著《法经》。……是故所著六篇而已，然皆罪名之制也。"①

《盐铁论》中的"文章繁"与"罪名重"相对，皆表达"当今"律令繁杂："文章繁"是说律令篇章结构庞杂；"罪名重"是说律令内容繁多，"重"应作"重叠"之"重"解，或作"众多"之"众"解。"罪名"作为律令篇章结构的内容，结合古代刑律的立法体例来理解，自然是对具体犯罪行为及其处罚的列举与描述，不宜解为抽象、概括的"名目"。《通典》中的内容表现得更为清晰，"事状相似"与"罪名相涉"的含义一致，相关犯罪行为有相似之处，法律条文对之列举亦有相近之处；不以告发他人实施犯罪行为为手段的恐吓为"呵人"，以告发他人犯罪行为为手段的恐吓则为"受赇"。《通典》还有对于断罪程序的记载："断决大狱，皆先牒明法，定其罪名，然后依断。"②是说刑事审判要有明确的法律依据，这是前提；"定其罪名"的含义是认定具体的犯罪行为，然后依据法律规定确定具体行为的处罚内容。《晋书·刑法志》中所说《法经》"皆罪名之制"，自然是说"罪名"是《法经》的内容，那么这一内容是包含了具体的犯罪行为与处罚，不会是单纯行为的抽象与概括。

正史文献中"罪名"的表述与含义亦为后世律学著作所引述，用以诠释法律术语，而所诠释的法律术语也多与具体犯罪行为密切相关。《吏学指南》释"记罪"："汉尹翁归为东海太守，凡奸邪罪名各有记籍，史民皆服也。"另释"抵罪"："《汉·高纪》：'伤人及盗抵罪。'……李奇曰：'伤人有曲直，盗贼有多少，罪名不可预定，故凡言抵罪，未知抵何罪也。'"③"罪名"可作"罪行"，即具体犯罪行为，也可能包含了具体

---

① ［唐］房玄龄等：《晋书》卷三十《刑法志》，中华书局1974年版，第922页。
② ［唐］杜佑：《通典》卷一百六十四《刑法二·刑制中》，王文锦等点校，中华书局1988年版，第4232页。
③ ［元］徐元瑞等：《吏学指南（外三种）》，杨讷点校，浙江古籍出版社1988年版，第79页。徐元瑞引《汉书》中《尹翁归传》《高帝纪》的相关内容，分别参见［汉］班固撰、［唐］

制裁措施；引述李奇之语"罪名不可预定"是说伤人有曲有直、盗贼有多有少，差别甚大，表达的自然是不同的犯罪行为差别显著，"罪名"亦作具体犯罪行为解。因此，传世文献中所见的"罪名"带有比较明显的法律词汇特征，其含义为犯罪行为的具体内容及其处罚内容。从后世律学著作引述与沿袭的相关内容来看，法典中"罪名"的表述与含义可能与传世文献中的所见一致。

（二）唐律中"罪名"的含义与用法

《唐律疏议》中"罪名"的表述出现81次，相关内容涉及除《捕亡》以外的其他11篇共计54条律文，详如下表。

表 5.1　《唐律疏议》中"罪名"分布表

篇名	涉及条文数（占篇内总条文数比例）	出现频次	条文中出现的位置及频次 律	注	疏（问答）
《名例》（凡57条）	7（12%）	8	1	0	7（2）
《卫禁》（凡33条）	2（6%）	4	1	0	3（0）
《职制》（凡59条）	5（8%）	5	0	0	5（0）
《户婚》（凡46条）	9（20%）	10	0	0	10（1）
《厩库》（凡28条）	2（7%）	3	0	0	3（1）
《擅兴》（凡24条）	4（17%）	6	1	0	5（1）
《贼盗》（凡54条）	7（13%）	10	1	0	9（3）
《斗讼》（凡60条）	7（12%）	7	0	0	7（2）
《诈伪》（凡27条）	3（11%）	7	0	2	5（0）
《杂律》（凡62条）	5（8%）	12	1	2	9（1）
《捕亡》（凡18条）	0（0%）	0	0	0	0（0）
《断狱》（凡34条）	3（9%）	9	2	0	7（0）
总计	54	81	7	4	70（11）

颜师古注：《汉书》卷七十六《赵尹韩张两王传》，卷一《高帝纪上》，中华书局1964年版，第23、3207—3208页。

"罪名"在各篇中的分布与出现频次比较稳定,未出现"罪名"表述的《捕亡》条文数为律内最少。从"罪名"的表述涉及的条文数来看:作为总则的《名例》中有7条律文出现了"罪名",占篇内条文总数的12%;《户婚》中有9条律文出现"罪名",为各篇涉及条文数最多,占篇内条文总数的20%;《卫禁》《厩库》皆有2条律文出现"罪名",分别占篇内条文总数的6%、7%,为11篇中涉及条文数最少。从"罪名"出现的频次来看:作为总则的《名例》中"罪名"出现8次,占律内出现总数的10%;《杂律》中"罪名"出现次数最多,出现12次,占总数的15%;《厩库》中"罪名"出现次数最少,出现3次,占总数的4%。其他各篇中"罪名"出现的次数、涉及的条文数以及各自所占比例与篇内条文总数大致均衡。

《唐律疏议》的条文内容分为律文、注文、疏文三部分,某些条文针对需要进一步解释、说明的问题又在疏中设"问答";律文的内容受前代立法影响极大;注文,是结合实际需要对律文含义的说明;疏文,又是对律与注的进一步阐释。[①] 从"罪名"的表述在条文中的分布来看:律文中出现7次,占总数的9%;注、疏、问答中共出现74次,占总数的91%。也就是说,律《疏》产生的时期大致也是"罪名"作为立法语言与专门词汇大量使用并形成固定含义与特征的时期。这可以从以下两方面解释:一方面,传统法制发展过程中法典的结构与内容极为稳定,后世立法沿袭前代的痕迹极为清晰。[②] 唐律中"罪名"的表述集中出现在律《疏》中,据此可以推测,其作为法律词汇大量使用应当没有受到前代立法的直接

---

① 另有学者指出:《唐律疏议》是《唐律》及其基础之上的注、疏的合编本,疏文是对律文与注文进一步的解释、说明。相关探讨可参见张伯元:《律注文献丛考》,社会科学文献出版社2009年版,第133页。钱大群:《唐律与唐代法制考辨》,社会科学文献出版社2009年版,第38—39页。

② 对于这一点,法律史学界基本形成了共识,如郑显文教授谓:"律令制下的中国古代法典体系一个重要特征是律文的内容变动不大。"郑显文:《〈唐律疏议〉的律注研究》,王沛主编:《出土文献与法律史研究》(第四辑),上海人民出版社2015年版,第196页。

影响,"罪名"一语被集中运用于法典中应当始自唐代。另一方面,"罪名"作为法律词汇出现于唐代并不是说前代刑律与律学著作中没有任何关于"罪名"的表述,①但唐代之前,"罪名"并未成为立法语言与专门术语大量出现在法典中。对于这一点,我们从竹简秦汉律的相关内容中可以得到印证。竹简秦汉律中,未见"罪名"的系统表述,②仅从张家山汉简《二年律令·贼律》中见有"罪名""无罪名"各一处:

> ☐诸訦(诈)增减券书,及为书故訦(诈)弗副,其以避负偿,若受赏赐财物,皆坐臧(赃)为盗。其以避论,及所不当 (一四)【得为】,以所避罪罪之,所避毋罪名,罪名不盈四两,及毋避也,皆罚金四两。(一五)③

假造券书、增减券书内容、为券书不置副本,用以逃避赔偿责任或者骗取赏赐财物,计赃数以盗罪处罚。④"罪名"的含义大致是法律条文对犯罪行为及计罪标准的列举,该条内容可参照唐律条文进一步探讨。

《唐律疏议·诈伪》"诈为官私文书及增减"条(374)

> 诸诈为官私文书及增减,(文书,谓券抄及簿帐之类。)欺妄以求财赏及避没入、备偿者,准盗论;赃轻者,从诈为官文书法。(若私文书,止从所欺妄为坐。)

《疏》议曰:"'诈为官私文书及增减',谓诈为官私券抄及增减

---

① 虽然我们的确没有见到唐代以前的法制文献中涉及"罪名"的内容大量出现,但毕竟迄今所见的唐前史料尤其是律令文献极为有限。
② 此处,我们初步考察了睡虎地秦简、岳麓秦简、龙岗秦简、里耶秦简、张家山汉简、肩水金关汉简中的相关内容。
③ 张家山二四七号汉墓竹简整理小组:《张家山汉墓竹简〔二四七号墓〕(释文修订本)》,文物出版社 2006 年版,第 10 页。
④ 《二年律令》中的"坐臧(赃)为盗"与唐律"六赃"之"坐赃"并非一事,仅能将其理解为计赃予以处罚。另外,我们自睡虎地秦简《法律答问》一二简、一三一简,张家山汉简《二年律令·捕律》一五五简,《二年律令·钱律》一九九简,《二年律令·□市律》二六一简、二六二简也见到了"坐臧(赃)"的内容,皆作上述解释。参见睡虎地秦墓竹简整理小组:《睡虎地秦墓竹简·释文》,文物出版社 1990 年版,第 96、124 页;以及注 16,第 29、35、45 页。

簿帐，故注云'文书，谓券抄及簿帐之类'。称'之类'者，谓符、牒、抄案等。欺妄以求钱财，或求赏物；及缘坐赀财及犯禁之物，合没官而避没入；或损失官私器物，而避备偿：如此之类，增减诈为方便、规避者，计所欺得之赃，准窃盗科断。'赃轻者，从诈为官文书法'，谓计赃得罪，轻于杖一百者，从诈为官文书法；有印者，自从重论。注云'若私文书，止从所欺妄为坐'，谓诈为私文契及受领券、付抄帖，以求避罪，或改年月日限之类，止从所欺妄求物之罪，不同官文书之坐。"

唐律该条内容显然沿袭自汉律，结合唐律条文，汉简中"所避毋罪名"的含义应当是条文中没有规定逃避行为应受处罚、如何处罚；"罪名不盈四两"即所逃避的赔偿数额不足四两。因此，汉简中"罪名"表达的含义除了包括对具体犯罪行为的列举以外，可能还包括具体犯罪行为的危害结果、计罪标准以及特殊情节等内容。还有一个问题：唐律该条中为何不再沿用汉律中出现的"罪名"与"毋罪名"的表述形式？根据律文的内容，汉简中"罪名"与"毋罪名"所指的两类行为在唐律中都归入"赃轻者"的范围，在处罚方面"从诈为官文书法"，因此，唐律此条未见"罪名"与"毋（无）罪名"的表述。

唐律中绝大多数"罪名"都直接指向具体行为、具体条文，多有"本条""当条"与具体行为的限定，如《卫禁》"犯庙社禁苑罪名"条(79)："诸本条无犯庙、社及禁苑罪名者，庙减宫一等，社减庙一等，禁苑与社同。"又《贼盗》"略卖期亲以下卑幼"条(294)《疏》议曰："其卖余亲，各从凡人和略法者，但是五服之内，本条杀罪名至死者，并名'余亲'，故云'从凡人和略法'。"其中，"本条""犯庙、社及禁苑罪名""杀罪名"将条文中"罪名"的含义限定的非常具体。所见有三处"罪名"出现在《名例》《杂律》《断狱》篇首"序"《疏》中，相关内容是比较抽象、概括的表述，据此可对唐律中"罪名"的含义有初步认识：

《名例》《疏》议曰:"名者,五刑之罪名;例者,五刑之体例。名训为命,例训为比,命诸篇之刑名,比诸篇之法例。但名因罪立,事由犯生,命名即刑应,比例即事表,故以《名例》为首篇。"

《杂律》《疏》议曰:"诸篇罪名,各有条例。此篇拾遗补阙,错综成文,班杂不同,故次《诈伪》之下。"

《断狱》《疏》议曰:"然诸篇罪名,各有类例,讯舍出入,各立章程。此篇错综一部条流,以为决断之法,故承众篇之下。"

《名例》之"名"与"命"同,其内容是"五刑之罪名",又是"诸篇之刑名";"命名即刑应",具体犯罪行为皆有相应的刑罚,唐律诸篇皆是"五刑"的适用条文;《杂律》《断狱》"序"《疏》中说"诸篇罪名"皆有"条例"与"类例",那么,各篇所见"罪名"应该是对具体行为的列举,具体行为又通过"条例""类例"同"刑名"即具体刑罚形成一一对应的关系。众所周知,唐律立法采取的是具体列举犯罪行为的体例,[①]那么,与"五刑"及"诸篇之刑名"相联系的自然是具体犯罪行为,而不应是对若干类行为的抽象与概括。从各篇关于"罪名"的具体表述来看,含义也很清晰,如《名例》"二罪从重"条(45)《疏》议曰:"须分官马十匹出两种罪名",根据《疏》的解释:价值五匹的私马换得价值十匹的官马,处罚时需将同一行为分出两个"罪名",本值五匹"准盗论",此乃一"罪名",科徒一年;盈利五匹"以盗论",此乃另一"罪名",科徒一年。两"罪名"累计科处徒一年半之刑。其中"罪名"的含义非常具体,同一行为亦可分为不同"罪名",原因在于计赃标准不同。又《擅兴》"私有禁兵器"条(243)"问答":"畜甲、畜弩,各立罪名",可见私藏甲、私藏弩为两

[①] 仁井田陞谓:"与其说唐律是抽象、概括、主观地观察各种犯罪,毋宁认为它是具体、个别、客观地对待各种犯罪的,作为在这一点上体现了古代法特征的法典,唐律是著名的。"〔日〕仁井田陞:《唐律的通则性规定及其来源》,刘俊文主编:《日本学者研究中国史论著选译(第八卷·法律制度)》,中华书局1992年版,第155—156页。

个不同的罪名,其区别显然是同一私藏行为具体对象的不同。值得注意的是条文所述"立罪名",这里的"罪名"显然是立法对于具体犯罪行为的列举与描述,即法律条文针对不同行为对象的列举亦为不同"罪名"。

至于"罪名"的具体表述形式与用法,虽然竹简秦汉律中仅见到"罪名"与"毋罪名"的表述各一处,但此种形式对我们认识唐律中的"罪名"启发很大。"罪名"与"无罪名"恰好是法典中对于"罪名"的完全划分,在客观具体、一事一例的立法体例之下,法典中对具体犯罪行为以及危害结果、计罪标准、具体情节等内容的列举只会存在两种情况:法律条文列举了相关内容;法律条文没有列举相关内容。其他关于"罪名"的具体表述形式,也必定是围绕"罪名"与"无罪名"展开的。结合唐律中的相关内容,可以发现涉及"罪名"的具体表述可分为两类:一是"有罪名""立罪名"等表述,这类表述直接列举了具体犯罪行为以及危害结果、计罪标准、具体处罚等内容;二是"无罪名""无……罪名"等表述,这类表述指条文中没有规定某种行为应当处罚或如何处罚。那么,我们关注的问题是:法律条文中列举了犯罪行为定罪量刑各方面的具体内容,这些内容确立了什么样的适用标准?产生什么法律效力?法律条文中若没有列举犯罪行为以及相关具体内容,如何定罪量刑?唐律中"罪名"的两类用法出现的频次大致相当且呈现出比较明显的互补关系,以下分别探讨。

二、唐律中的"有罪名"

"有罪名"表达的含义是条文列举了犯罪行为及相关内容,唐律中的"罪名"作此种用法实际上包含了三类表述形式:一是强调条文中存在这些列举,这类表述形式包括"有罪名""立罪名""定罪名",其中"有罪名"出现次数最多,大致与后两者的总数相当;二是强调条文中存在具体行为列举的基础之上,突出了条文针对不同行为列举存在差异,其意义显然是更加准确的定罪量刑,这类表述形式包括"罪名不等"与"罪名不同",前者在唐律中运用广泛;三是比较单纯的表达条文对具体犯罪行为及相关内容的列举,这类表述形式一般是独立的"罪名",没有与其他词连用的固定形式。唐律中"罪名"的此种用法共出现44次,占总数的54%,相关内容涉及36条律文。[①] 详如下表。

表 5.2 《唐律疏议》中"有罪名"及相关表述形式分布表

表述形式	本条	出现频次
有罪名	《名例》"本条别有制"条(49)、《卫禁》"犯庙社禁苑罪名"条(79)、《职制》"上书奏事误"条(116)、《户婚》"私入道"条(154)、《贼盗》"恐喝取人财物"条(285)、《贼盗》"略人略卖人"条(292)、《斗讼》"殴詈夫期亲尊长"条(334)、《斗讼》"斗殴误杀伤傍人"条(336)、《斗讼》"告期亲以下缌麻以上尊长"条(346)、《诈伪》"诈除去死免官户奴婢"条(376)	11
立罪名	《职制》"驿使以书寄人"条(124)、《擅兴》"私有禁兵器"条(243)、《贼盗》"盗不计赃立罪名"条(280)、《贼盗》"监临主守自盗"条(283)、《斗讼》"殴皇家袒免以上亲"条(315)、《杂律》"奸父祖妾等"条(413)	8
定罪名	《名例》"犯罪未发自首"条(37)、《断狱》"赦前断罪不当"条(488)	4
罪名不同	《杂律》"和奸无妇女罪名"条(415)	2
罪名不等	《户婚》"脱漏户口增减年状"条(150)、《户婚》"盗耕种公私田"条(165)、《户婚》"在官侵夺私田"条(167)、《户婚》"差科赋役违法"条(173)、《擅兴》"拣点卫士征人不平"条(227)、《诈伪》"诈除去死免官户奴婢"条(376)、《杂律》"和奸无妇女罪名"条(415)、《杂律》"停留请受军器"条(444)	7

---

① 此处统计的36条律文包括了《名例》《杂律》《断狱》3篇"序"《疏》。

续表

表述形式	本条	出现频次
罪名	《名例》"序"、《名例》"二罪从重"条（45）、《名例》"称反坐罪之等"条（53）、《厩库》"牧畜产死失及课不充"条（196）、《贼盗》"略卖期亲以下卑幼"条（294）、《杂律》"序"、《断狱》"序"、《断狱》"囚徒伴移送并论"条（481）、《断狱》"狱结竟取服辩"条（490）	14

（一）"有罪名""立罪名"与"定罪名"

"有罪名"即条文明确列举了犯罪行为定罪量刑各方面的具体内容，如《卫禁》"犯庙社禁苑罪名"条（79）《疏》议曰："阑入庙、社及禁苑，本条各有罪名。""本条"即《卫禁》"阑入庙社及山陵兆域门"条（58）、"阑入宫殿门及上阁"条（59），"有罪名"是说这两条对于阑入庙、社、禁苑的具体行为与相应处罚有详细列举，① 从中我们看到条文针对犯罪行为、情节、计罪标准、具体处罚等内容的详细列举。又《斗讼》"告期亲以下缌麻以上尊长"条（346）《疏》议曰："下条'告缌麻以上卑幼'，虽有罪名，相侵犯，亦得自理。""下条"即《斗讼》"告缌麻以上卑幼"条（347），② "有罪名"是说该条对"告缌麻以上卑幼"所包含的具体对象及处罚有详细列举。

"定罪名"与"立罪名"表达含义一致，即条文对具体行为有所列举，《职制》"驿使以书寄人"条（124）："诸驿使无故，以书寄人行之及受寄者，徒一年。若致稽程，以行者为首，驿使为从；即为军事警急而稽留者，以驿使为首，行者为从。"《疏》议曰："……此谓常行驿使而立罪名。

---

① 《卫禁》"阑入庙社及山陵兆域门"条（58）："诸阑入太庙门及山陵兆域门者，徒二年；（阑，谓不应入而入者。）……太社，各减一等。"又《卫禁》"阑入宫殿门及上阁"条（59）："入禁苑者，徒一年。"

② 《斗讼》"告缌麻以上卑幼"条（347）："诸告缌麻、小功卑幼，虽得实，杖八十；大功以上，递减一等。"

即为军事警急,报告征讨、掩袭、救援及境外消息之类而稽留,罪在驿使,故以驿使为首,行者为从。"律《疏》中"立罪名"表达的是通常情况下驿使的处罚内容,"即"作为法典中的技术性表达,所连接的内容就是"罪名"所包含的具体事例,①具体来说就是律文中徒一年的刑罚及其首犯与从犯的确立标准。又《名例》"犯罪未发自首"条(37)"问答":"律定罪名,当条见义。"结合后文所举之例:"如户内止隐九口,告称隐十八口,推勘九口是实,诬告者不得反坐,以本条隐九口者,罪止徒三年,罪至所止,所诬虽多,不反坐。今首外仍隐九口,当条以'不尽'之罪罪之,仍合处徒三年。"不仅可以看到"立罪名"对具体行为、情节的详尽描述,还看到"罪名"的具体内容一般出现在当条。

(二)"罪名不等"与"罪名不同"

"罪名不等"之"罪名"也是法律条文对犯罪行为定罪量刑各方面内容的列举,但"罪名不等"主要强调的是处罚标准不一致。如《户婚》"差科赋役违法"条(173)《疏》议曰:"其间赋敛虽有入官,复有入私者,即是罪名不等。"根据律文内容可知,官员非法擅自征收赋税徭役或者擅自增加赋税徭役的数额,计赃予以处罚;官员非法征收的财物部分入官、部分私有,"即是罪名不等"。因此,其含义是针对同一犯罪行为不同情节的处罚标准不一致。又《杂律》"停留请受军器"条(444)《疏》议曰:"若亡失、毁伤罪名不等者",即丢失军器与毁伤军器处罚标准不一致,若一批军器部分丢失、部分毁伤,则定罪量刑过程中会出现"罪名不等"之情况。"罪名不同"仅在《杂律》"和奸无妇女罪名"条(415)注文、疏

---

① "即"作为律典"八例"之一,表达的含义为:"即者,条虽同而首别陈,盖谓文尽而后生,意尽而后明也。假如见血为伤,非手足者,其余皆为他物,即兵不用刃亦是。所谓条虽相因,事则别陈也。"[元]徐元瑞等:《吏学指南(外三种)》,杨讷点校,浙江古籍出版社1988年版,第55页。

文中各出现一次，律注载："罪名不同者，从重减。"《疏》议曰："注云'罪名不同者，从重减'，假有俗人，媒合奸女官，男子徒一年半，女官徒二年半，媒合奸通者犹徒二年之类，是为'从重减'。"其中"罪名不同"强调的是由于犯罪主体的不同身份导致处罚标准不同。

（三）无固定表述形式的"罪名"

唐律中还有一些直接表述为"罪名"的内容，无其他固定形式，如前所述《名例》《杂律》《断狱》"序"《疏》中出现的"五刑之罪名""诸篇罪名"等表述。"罪名"的含义非常固定，皆是法律条文列举或描述的犯罪行为，如《贼盗》"略卖期亲以下卑幼"条（294）《疏》议曰："其卖余亲，各从凡人和略法者，但是五服之内，本条杀罪名至死者，并名'余亲'，故云'从凡人和略法'。"其中"本条杀罪名至死"即对条文中所规定的杀人行为处以死刑，"罪名"的含义是具体犯罪行为，"杀罪名"自然是杀人行为。又《断狱》"狱结竟取服辩"条（490）："诸狱结竟，徒以上，各呼囚及其家属，具告罪名，仍取囚服辩。"《疏》议曰："'狱结竟'，谓徒以上刑名，长官同断案已判讫，徒、流及死罪，各呼囚及其家属，具告所断之罪名，仍取囚服辩。其家人、亲属，唯止告示罪名，不须问其服否。囚若不服，听其自理，依不服之状，更为审详。若不告家属罪名，或不取囚服辩及不为审详，流、徒罪并答五十，死罪杖一百。"案件审结，凡囚犯判处徒刑以上的案件，都应当面向囚犯及其家属告知"罪名"，告知的具体内容自然是法律对囚犯具体行为的认定以及具体处罚内容。

（四）"有罪名"的定罪量刑标准

1. 各有罪名从重处断

法律条文对犯罪行为及定罪量刑各方面内容作了列举，这些列举可能针对不同行为主体、对象、情节等内容有所侧重，《名例》"本条别有制"条(49):"即当条虽有罪名,所为重者自从重。""当条有罪名"即不同法律条文针对相同犯罪行为从不同的角度作了不同的列举,尤其是针对同一犯罪行为在具体处罚方面作了不同规定。若出现此种情况,处理原则为"从重"处断,《疏》议曰:"依《诈伪律》:'诈自复除,徒二年。若丁多以免课役,即从《户婚律》脱口法,一口徒一年,二口加一等,罪止徒三年。'"《诈伪律》中规定了以欺诈手段免除本人赋役的处以徒二年之刑;《户婚律》中规定了以脱漏人口的手段逃避赋役,处罚标准为以脱漏人口的具体数额计数定罪,最高处以徒三年之刑。若以脱漏人口的手段逃避赋役而脱漏人口数较多的,则不能以前者论,必须以后者"从重"处以徒三年之刑。需要注意的是:此种的"从重"处断不宜简单理解为"重刑主义",本条出现在《名例》中,属于通则性条款,从律《疏》所举《诈伪律》与《户婚律》之例来看,实际上是现代刑法理论中的"法条竞合"问题,而解决这一问题的适用标准是"特别法优于普通法"。《名例》以下《职制》《户婚》《贼盗》《斗讼》《诈伪》五篇中共有七条律文引述了"当条虽有罪名,所为重者自从重",[①] 查其内容,皆是"特别法"处罚重而予以适用的情况。

2. 罪名不等重法并满轻法

"罪名不等"的含义是法律条文规定的处罚标准不一致,《户婚》"在官侵夺私田"条(167)《疏》议曰:"若侵夺地及园圃,罪名不等,亦准并满之法。"在职官员倚仗权势侵夺私田,计算所侵夺之面积予以处罚。侵夺田地的量刑标准为:"一亩以下杖六十,三亩加一等;过杖

[①] 引述该原则的七条律文分别为:《职制》"上书奏事误"条(116)、《户婚》"私入道"条(154)、《贼盗》"恐喝取人财物"条(285)、《贼盗》"略人略卖人"条(292)、《斗讼》"殴詈夫期亲尊长"条(334)、《斗讼》"斗殴误杀伤傍人"条(336)、《诈伪》"诈除去死免官户奴婢"条(376),除去该原则出现的《名例》"本条别有制"条(49),这些条文基本上就是唐律中出现"有罪名"表述的所有条文。

一百,五亩加一等,罪止徒二年半。"侵夺园圃的量刑标准是在侵夺同样面积田地科刑的基础之上加一等处罚。此处侵夺田地为"轻法",侵夺园圃为"重法"。在职官员若既侵夺田地、又侵夺园圃,即为两个不同的"罪名",其量刑标准为:将所侵夺的田地面积加上所侵夺的园圃面积,将侵夺总数仅以侵夺田地之"轻法"量刑标准来处罚,此即为"重法并满轻法"之含义。《户婚》《擅兴》《诈伪》《杂律》中涉及"罪名不等"的八条律文皆是以"重法并满轻法"予以处理,可以看出唐律比较明显的轻刑倾向。

3. 罪名不同从重减

"罪名不同"是由于行为主体的身份不同导致处罚标准不一致,《杂律》"和奸无妇女罪名"条(415)规定媒合奸通的情况下,媒合之人原则上在通奸男女科刑的基础上减一等处罚。但通奸男女若身份不同,双方处罚则不尽相同。如律《疏》所举之例:无特殊身份的男子与女官通奸,男子徒一年半;女官由于具有特殊身份,处以徒二年半之刑;若其中存在媒合之人,则须在"重法"基础之上按照处罚规则减一等处罚,即媒合之人在女官犯奸的基础上减一等,处以徒二年之刑。此处"罪名不同从重减"亦非"重刑主义",也是类似于"特别法优先"的处理原则,特殊身份之人犯奸处罚自然不同于无特殊身份之人,媒合特殊身份之人通奸亦有异常人,奸夫、奸妇与媒合之人皆为共同犯罪的主体,"从重减"乃是基于犯罪主体特殊身份的考虑。

三、唐律中的"无罪名"

由于唐律乃至古代刑律客观具体、一事一例的立法体例,针对某些需要处罚的行为会出现条文中没有规定是否处罚以及如何处罚的情况,[①]此类行为唐律中以"无罪名""无……罪名""未有罪名"等形式予以表述,如《名例》"断罪无正条"条(50)《疏》议曰:"断罪无正条者,一部律内,犯无罪名。"又《杂律》"违令"条(449)律注释"违令"为:"令有禁制而律无罪名"。唐律中此类表述共出现37次,占唐律中"罪名"总数的46%,相关内容涉及25条律文。详如下表。

表5.3 《唐律疏议》中"无罪名"及相关表述形式分布表

表述形式	本条	出现频次
律无罪名	《名例》"工乐杂户及妇人犯流决杖"条(28)、《名例》"同职犯公坐"条(40)、《名例》"断罪无正条"条(50)、《职制》"去官受旧官属士庶馈与"条(147)、《户婚》"养杂户等为子孙"条(159)、《户婚》"部内田畴荒芜"条(170)、《户婚》"以妻为妾"条(178)、《户婚》"杂户官户与良人为婚"条(192)、《厩库》"杀缌麻亲马牛"条(205)、《贼盗》"知略和诱强窃盗受分"条(296)、《斗讼》"主殴部曲死"条(322)、《杂律》"违令"条(449)	13
条无罪名	《卫禁》"阑入庙社及山陵兆域门"条(58)、《卫禁》"犯庙社禁苑罪名"条(79)、《职制》"大祀不预申期及不如法"条(98)、《职制》"贷所监临财物"条(142)、《擅兴》"镇戍有犯"条(237)、《擅兴》"丁夫杂匠稽留"条(246)、《贼盗》"谋杀制使府主等官"条(252)、《贼盗》"谋杀期亲尊长"条(253)、《斗讼》"主杀有罪奴婢"条(321)、《诈伪》"诈冒官司"条(388)、《杂律》"和奸无妇女罪名"条(415)	19

[①] 唐律中出现"无罪名"的条文仅有一条未直接涉及定罪量刑问题,《诈伪》"对制上书不以实"条(368):

若别制下问、案、推,(无罪名谓之问,未有告言谓之案,已有告言谓之推。)报上不以实者,徒一年。

《疏》议曰:"'若别制下问',谓不缘曹司,特奉制敕,遣使就问。注云'无罪名谓之问',谓问百姓疾苦,丰俭水旱之类。……而乃报上不以实者,各徒一年。"

专门制令下达询问情况,答复不实的科徒一年,根据询问内容的不同,分为问、案、推,注文中说"无罪名谓之问",《疏》议曰:"问百姓疾苦,丰俭水旱之类",其中"罪名"的含义仍为犯罪行为,"无罪名"即不涉及具体行为定罪量刑。

续表

表述形式	本条	出现频次
其他	《户婚》"部内田畴荒芜"条（170）、《厩库》"牧畜产死失及课不充"条（196）、《诈伪》"对制上书不以实"条（368）、《杂律》"博戏赌财物"条（402）	5

（一）"律无罪名"与"条无罪名"

"律无罪名"与"条无罪名"是唐律中"无罪名"的主要表述形式，[①]这两种表述形式占唐律中"无罪名"总数的86%。

"律无罪名"的相关表述出现13次，涉及12条律文，就其形式而言，多数严格表述为"律无罪名"，如《名例》"同职犯公坐"条(40)《疏》议曰："故所掌主典，律无罪名"，表达的含义是条文中对特定主体没有处罚规定。又《户婚》"杂户官户与良人为婚"条(192)《疏》议曰："若异色相娶者，律无罪名"。另有一些表述为"律……无罪名"，如《斗讼》"主殴部曲死"条(322)"问答"："妾殴夫家部曲、奴婢，在律虽无罪名"。"条无罪名"的相关表述出现19次，涉及11条律文，形式上仍分为严格的表述与略有变通的表述，前者如《卫禁》"阑入庙社及山陵兆域门"条(58)《疏》议曰："其入太庙室，即条无罪名"，即入太庙室之行为如何处罚在律无文，后者如《卫禁》"犯庙社禁苑罪名"条(79)："诸本条无犯庙、社及禁苑罪名者，庙减宫一等，社减庙一等，禁苑与社同。"律《疏》将"本条无犯庙、社及禁苑罪名"释为："本条……不立罪名之处"，"本条无罪名"即"本条不立罪名"。

[①] 若依严格字面表述统计，唐律中所见"无罪名"的表述中仅有一次表述形式上既非"律无罪名"也非"条无罪名"。《杂律》"博戏赌财物"条(402)《疏》议曰："注云'举博为例，余戏皆是'，谓举博为名，总为杂戏之例。弓射既习武艺，虽赌物，亦无罪名。余戏，计赃得罪重于杖一百者，'各依己分，准盗论'，谓赌得五匹之物，合徒一年。"其中的"无罪名"是说练习弓箭等武艺，虽有赌物博戏等内容，但律内并没有出现对相关行为予以处罚的规定，虽与"律无罪名""条无罪名"的表述不同，但其含义非常清晰。

"律无罪名"与"条无罪名"在表意方面并没有本质上的差异，对于这一点，我们自《厩库》"杀缌麻亲马牛"条(205)"问答"对"律无罪名"的解释内容即可看出："律云：'杀缌麻以上亲马牛者，与主自杀同。'主伤马牛及以误杀，律条无罪；诸亲与主同，明各不坐。不坐，即无备偿，准例可知，况律条无文，即非偿限。牛马犹故不偿，余畜不偿可知。""律无罪名"就是"律条无罪"也就是"律条无文"，[①]"律"与"条"似可互训。当然，说两者在表意方面没有本质上的差异并不是说其没有任何差异，相对而言，"条无罪名"更加强调本条没有列举，所见的五次表述中，"本条无罪名"和"当条无罪名"各出现两次，仅一次未表述"本条"或"当条"的内容也显然是针对本条而言。"律无罪名"所涉及的内容显然并非全是针对本条所言，如《名例》"断罪无正条"条(50)《疏》议曰："断罪无正条者，一部律内，犯无罪名。'其应出罪者'，依《贼盗律》：'夜无故入人家，主人登时杀者，勿论。'假有折伤，灼然不坐。"这是适用于全律的通则性条款，律内凡出现"犯无罪名"的情况，皆需"轻重相举"。另《杂律》"违令"条(449)："诸违令者，笞五十；(谓令有禁制而律无罪名者。)"律内凡出现令有禁制而律无罪名者，皆笞五十，这显然也是适用全律的通则性条款。

（二）无固定表述形式的"无罪名"

唐律中的"无罪名"，绝大多数表述为"律无罪名"和"条无罪名"，未能归入此两类表述形式的仅有五次，占"无罪名"总数的不足14%，相关内容涉及四条律文。如《户婚》"部内田畴荒芜"条(170)律《疏》

[①] 实际上，《唐律疏议》中见有"律无罪条"的表述，《户婚》"违律为婚离正"条(194)《疏》议曰："凡称'离之'、'正之'者，赦后皆合离、正。《名例律》云：'会赦，应改正，经责簿帐而不改正，各论如本犯律。'应离之辈，即是赦后须离，仍不离者，律无罪条，犹当'不应得为从重'，合杖八十。""律无罪条"从表述形式上来看更接近"律无罪名"，但律内相关表述仅此一处。

中的"无四等罪名",即没有"同职公坐"中所规定的四等责任,又《厩库》"牧畜产死失及课不充"条(196)《疏》议曰:"'羊减三等',欠三以下未有罪名",是说牧羊有所损耗,短缺数目在三只以下的不予处罚。虽然在表述上并没有严格限制在"律"无文或在"条"无文,但这些未有固定表述形式的"无罪名"所表达的含义非常明确。

(三)"无罪名"的定罪量刑标准

1. 一般标准:轻重相举、不应得为、违令

涉及"无罪名"律文中,有三条是关于此类情况的原则性规定:

《名例》"断罪无正条"条(50)

诸断罪而无正条,其应出罪者,则举重以明轻;其应入罪者,则举轻以明重。

《疏》议曰:"断罪无正条者,一部律内,犯无罪名。"

《杂律》"违令"条(449)

诸违令者,笞五十;(谓令有禁制而律无罪名者。)别式,减一等。

《疏》议曰:"'令有禁制',谓《仪制令》'行路,贱避贵,去避来'之类,此是'令有禁制,律无罪名',违者,得笞五十。'别式减一等',谓《礼部式》'五品以上服紫,六品以下服朱'之类,违式文而着服色者,笞四十,是名'别式减一等'。物仍没官。"

《杂律》"不应得为"条(450)

诸不应得为而为之者,笞四十;(谓律、令无条,理不可为者。)事理重者,杖八十。

《疏》议曰:"杂犯轻罪,触类弘多,金科玉条,包罗难尽。其有在律在令无有正条,若不轻重相明,无文可以比附。临时处断,量情为罪,庶补遗阙,故立此条。情轻者,笞四十;事理重者,杖

八十。"

"无罪名"就是没有明文规定,具体包含两种情况:一是律内没有规定,令、格、式等其他法律形式有相关规定;二是所见各种法律形式没有任何规定。如果令、格、式有规定而"律无罪名",自然以令、格、式的规定为参照,[1] 律《疏》中专设了"违令"处理"令有禁制而律无罪名"的情况,凡"违令",即违反"命令法"或"行政法令",一律笞五十;若"违式",即违犯"律令之实施细则",则在"违令"基础之上减一等处罚,其目的在于保证令、式之实效。[2] 关于格与律之关系,格属于刑事特别法,具有修改、补充、变通唐律的效力,[3] 因此,不必于此条说明。"律文虽已甚客观而具体,但律文有限,世事则错综复杂,故应就条文,以目的论的方法,加以客观而合理的解释",[4] 若条文中已强调在律"犯无罪名",则适用"轻重相举",其内容与效力近似于现代法律解释中的当然解释;[5] 此外,还有类似于"兜底条款"的"不应得为",即对于"律无正文,而道德上不应为而为之者",[6] 予以处罚。

---

[1] 从中也能够清晰地看出唐代主要法律形式之间的关系,如《新唐书·刑法志》:"唐之刑书有四,曰:律、令、格、式。令者,尊卑贵贱之等数,国家之制度也;格者,百官有司之所常行之事也;式者,其所常守之法也。凡邦国之政,必从事于此三者。其有所违及人之为恶而入于罪戾者,一断以律。"[宋]欧阳修、宋祁:《新唐书》卷五十六,中华书局1975年版,第1407页。

[2] 参见戴炎辉:《唐律各论》,成文出版社1988年版,第721页。

[3] 按《名例》"彼此俱罪之赃"条(32)"问答":"其铸钱见有别格,从格断。余条有别格见行破律者,并准此。"亦可参见刘俊文撰《论唐格——敦煌写本唐格残卷研究》,文中"唐格的作用·格与律"部分较为详尽地探讨了该问题。刘俊文:《论唐格——敦煌写本唐格残卷研究》,中国敦煌吐鲁番学会编:《敦煌吐鲁番学研究论文集》,汉语大词典出版社1990年版,第549—553页。

[4] 戴炎辉:《唐律通论》,第441页。

[5] 参见黄源盛:《唐律轻重相举条的法理及其运用》,林文雄教授祝寿论文集编辑委员会主编:《当代基础法学理论——林文雄教授祝寿论文集》,学林文化事业有限公司2001年版,第261—292页。

[6] 戴炎辉:《唐律各论》,第722页。

出现"无罪名"的条文中,共有五条分别引述"轻重相举""违令""不应得为"处理"无罪名",占总数的20%。其中《斗讼》"主殴部曲死"条(322)引述了"轻重相举";《户婚》"以妻为妾"条(178)、《户婚》"杂户官户与良人为婚"条(192)引述了"违令";《户婚》"养杂户等为子孙"条(159)、《贼盗》"知略和诱强窃盗受分"条(296)引述了"不应得为"。

2. 具体适用:不予处罚或减轻处罚

出现"无罪名"的条文中有12条直接规定了"无罪名"不予处罚或减轻处罚,占总数的48%。其中有7条明确规定了"无罪名"不处罚,[①]如《名例》"同职犯公坐"条(40)《疏》议曰:"律以既减下从,得罪最轻,若更递减,余多无坐,驳正之法,唯在录事以上,故所掌主典,律无罪名。"门下省驳正错失之法仅处罚录事以上官员,主典不予处罚。又《职制》"去官受旧官属士庶馈与"条(147)《疏》议曰:"……其家口去讫,受馈饷者,律无罪名,若其乞索者,从'因官挟势乞索'之法。"若官员及其家属已经离开原属地,接受旧属吏、民的馈赠则不予处罚。当然这种馈赠是旧属吏、民的自愿行为,若官员乞索,则要按照"因官挟势乞索"予以处罚。[②]值得注意的是《厩库》"杀缌麻亲马牛"条(205)中所表述的"无罪名"含义,本条"问答"载:"误杀及故伤缌麻以上亲畜产,律无罪名,未知合偿减价以否?"误杀、故伤缌麻以上亲畜产属于"无罪名",所问的内容只是这种近似于现代法学理论中的"侵权行为"是否应当承担赔偿责任。"律云:'杀缌麻以上亲马牛者,与主自杀同。'主伤马牛及以误

---

① 具体为:《名例》"工乐杂户及妇人犯流决杖"条(28)、《名例》"同职犯公坐"条(40)、《杂律》"博戏赌财物"条(402)、《职制》"去官受旧官属士庶馈与"条(147)、《户婚》"部内田畴荒芜"条(170)、《厩库》"牧畜产死失及课不充"条(196)、《厩库》"杀缌麻亲马牛"条(205)。

② 按《职制》"挟势乞索"条(148)《疏》议曰:"或有因官人之威,挟恃形势及乡间首望、豪右之人,乞索财物者,累倍所乞之财,坐赃论减一等。"

杀，律条无罪；诸亲与主同，明各不坐。不坐，即无备偿，准例可知，况律条无文，即非偿限。牛马犹故不偿，余畜不偿可知。"从回答的内容来看，首先明确了"无罪名"的含义是"律条无罪"与"不坐"，这将此处"无罪名"所包含的不予处罚的内容表达的更加清晰；其次，误杀、故伤缌麻以上亲畜产不仅不予处罚，更不应赔偿，此结论的基本逻辑在于：立法条文中明确表述"杀缌麻以上亲马牛者，与主自杀同"，那么杀缌麻以上亲的其他畜产也应该与主自己杀相同，自己杀自己的畜产当然不受处罚也不应赔偿，最终结论是误杀、故伤缌麻以上亲畜产不坐、不偿。① 有五条明确规定了"无罪名"减轻处罚，② 如《卫禁》"阑入庙社及山陵兆域门"条(58)《疏》议曰："不应入而入，为'阑入'，……其入太庙室，即条无罪名，依下文'庙减宫一等'之例，减御在所一等，流三千里。"阑入太庙室"条无罪名"，依据"庙减宫一等"的法例，③ 减阑入御在所一等处罚。又《擅兴》"镇戍有犯"条(237)："诸镇、戍有犯，本条无罪名者，各减征人二等。"本条没有明确规定诸镇、戍人犯罪如何处罚的，都比照条文已作列举的行为减二等处罚。

3. 其他处理标准

对于"无罪名"的处理，有四条律文并未直接指出不处罚或减轻处罚，④ 而是根据具体情况比照相似行为处理。此类条文占唐律中"无罪

---

① 至唐代，"偿"与"不偿"已发展成为法典中比较系统的处理侵权行为的规则，律文所常见与"坐""不坐"等表述交织适用，相关内容可参见郭建：《"坐而不偿，偿而不坐"——汉唐时期法律处置侵损财产行为的一项原则》，《华东师范大学学报（哲学社会科学版）》2010年第4期。

② 具体为：《擅兴》"镇戍有犯"条(237)、《贼盗》"谋杀期亲尊长"条(253)、《卫禁》"阑入庙社及山陵兆域门"条(58)、《卫禁》"犯庙社禁苑罪名"条(79)、《职制》"大祀不预申期及不如法"条(98)。

③ 按《卫禁》"犯庙社禁苑罪名"条(79)："诸本条无犯庙、社及禁苑罪名者，庙减宫一等……"

④ 除下文中所举两条律文外还包括：《诈伪》"诈冒官司"条(388)、《杂律》"和奸无妇女罪名"条(415)。

名"涉及条文总数的16%。《贼盗》"谋杀制使府主等官"条(252)《疏》议曰:"'余条',谓工、乐、官户、奴婢殴詈本部五品以上官长,当条无罪名者,并与吏卒同。"律文若未规定工、乐、官户、奴婢殴詈本部五品以上官长的处罚则与吏卒的殴詈行为同样处罚:已伤者绞;已杀者,皆斩。另有《斗讼》"主杀有罪奴婢"条(321)《疏》议曰:"下条无期亲及外祖父母伤杀部曲罪名,若有伤杀,亦同于主",律文未明确规定主之期亲及外祖父母伤杀部曲的处罚情况,则与主杀相同处罚。在表述形式上,"无罪名"的处理皆采取"与……同","同于……"等。

唐律中涉及"无罪名"的表述中,明确指出加重处罚的仅有一次。若依"无罪名"出现频次来看,占总数的不足3%。可见:在律无文而加重处罚的情况是唐律立法的例外而非惯例,若将此条"无罪名"而加重处罚的条文置于篇内、结合具体内容来看,立法宗旨是显而易见的。

《职制》"贷所监临财物"条(142)

诸贷所监临财物者,坐赃论;若百日不还,以受所监临财物论。(强者,各加二等。余条强者准此。)

《疏》议曰:"监临之官于所部贷财物者,坐赃论。若百日不还,为其淹日不偿,以受所监临财物论。若以威力而强贷者,'各加二等',谓百日内坐赃论加二等,满百日外从受所监临财物上加二等。注云'余条强者准此',谓如下条"私役使及借驼骡驴马"之类,强者各加二等。但一部律内,本条无强取罪名,并加二等,故于此立例。"

此条位于《职制》篇内,该篇"序":"《职制律》者,起自于晋,名为《违制律》。爰至高齐,此名不改。隋开皇改为《职制律》。言职司法制,备在此篇。"即此篇历来为规制官吏所做,结合条文内容,"无罪名"加重处罚也是针对监临官所作,监临官强取所监临财物,自然应加重处罚,此加重内容还作为原则性规定适用于全律。因此,本条所述处罚规则并非针对一般主体。另有一次"无罪名"的表述也是强调对于官员的处罚。

《擅兴》"丁夫杂匠稽留"条（246）

> 诸被差充丁夫、杂匠，而稽留不赴者，一日笞三十，三日加一等，罪止杖一百；将领主司加一等。防人稽留者，各加三等。即由将领者，将领者独坐。（余条将领稽留者，准此。）

丁夫、杂匠等人滞留不服役的，计日予以处罚；将领主司在丁夫、杂匠等人科刑的基础之上加一等处罚；涉及边防职责等人滞留不赴的，防人与边防将领各再加三等处罚，即防人加丁夫、杂匠三等处罚，边防将领再加防人一等处罚。若滞留不赴服役地点的行为完全出自将领，则只处罚将领。同时，此亦为适用全律的通则性条款，即律《疏》所言："注云'余条将领稽留者，准此'，余条谓征人等，但是差行有主司将领，本条无将领罪名，事由将领者，皆将领者独坐。"其中将领"无罪名"并非如常人一般不处罚或减轻处罚，而是区分具体情况，若滞留行为将领主司知情，则予以处罚；若滞留行为乃将领所由，则仅处罚将领，不及他人。

四、"罪名"在明清律中的发展

"罪名"的表述在明清律中仍大量存在，经初步统计，"罪名"在明律中出现84次，在清律中出现112次。[①]可见唐、明律中的出现频次相当，而清律中有明显增加，但结合《大清律例》较之《唐律疏议》在体量上增加的幅度来看，"罪名"一语在唐、明、清律中出现的频次也大致相

---

① 此处的统计以《大明律集解附例》与《大清律例》为准，笔者检索依据为《大明律集解附例》电子版，"国学导航"网站 http://www.guoxue123.com/shibu/0401/01dmljj/index.htm，访问日期2017年2月3日。《大明律集解附例》万历三十八年刻本残卷，吉林大学图书馆藏；《读例存疑》电子版，http://www.terada.law.kyoto-u.ac.jp/dlcy/index.htm，访问日期2017年2月3日，黄静嘉编校：《读例存疑重刊本》，成文出版社1970年版。

当。明清律中的"罪名"在沿袭唐律相关内容的基础上,呈现出一些不同以往的特征。

就相同点来看:《大清律例》中绝大多数"罪名"出现在夹注与条例中,这与唐律中的"罪名"主要出现在注疏中非常相似;其次,"罪名"在唐、明、清律中表达的含义一致,如《大清律·名例律》篇目后附双行夹注:"名者五刑之罪名",[①] 又"老小废疾收赎"条律注:"其犯死罪及犯谋反叛逆缘坐应流,若造畜蛊毒、采生折割人、杀一家三人家人,会赦犹流者,不用此律。其余侵损于人,一应罪名,并听收赎。"[②] "一应罪名"即条文内所列举的若干犯罪行为及其处罚内容。

就不同点来看:首先,明清律中出现了一些关于"罪名"的具体表述形式,如《大清律例·名例》"五刑"条后所附康熙八年定例:"凡笞杖罪名,折责概用竹板,长五尺五寸。"又"徒流人又犯罪"条后所附嘉庆二十年定例:"倘计赃逾贯及行窃时另犯应死罪名,仍各从其重者论。"[③] 其中"笞杖罪名"的含义为:法律条文当中规定的应当处以笞、杖刑罚的犯罪行为;"应死罪名"的含义为:法律条文当中规定的应当处以死刑的犯罪行为。可见,"罪名"所表达的含义与唐律中一致,但"应死罪名"(明0次、清9次)与"笞杖罪名"(明5次、清3次)之类与具体刑罚相连的表述形式于唐律中未见。其次,唐律中关于"罪名"的典型表述形式"无罪名",于明清律中未见。对于前者,唐律中关于"罪名"的表述有些已包含了具体处罚内容,而明清律中所见的"笞杖罪名"与"死罪名"显然是这方面含义的具体化与进一步发展,也就是说:中国古代刑

---

① [清]沈之奇:《大清律辑注》(上)卷第一,怀效锋、李俊点校,法律出版社2000年版,第1页。
② 同上书,第61页。
③ [清]薛允升:《读例存疑重刊本(二)》,黄静嘉编校,成文出版社1970年版,第2、86、849页。

律中关于"罪名"的系统表述自唐代产生,后世刑律延用,但含义并没有向着抽象、概括的方向发展,而是越来越具体化。对于后者,唐律中涉及"无罪名"的行为,多依"轻重相举"等原则处理,此原则自唐代即遭批评。唐人赵冬曦曾建议:"律令格式,复更刊定,其科条言罪,直书其事,无假饰文;其以准、加减、比附、原情及举轻以明重,不应为而为之类,皆勿用之。"① 至明清,律内相关内容实际已沿此方向有所修改,薛允升谓:"唐律只言举重以明轻、举轻以明重,明律增入引律比附、加减定拟,由是比附者日益增多。"② 这一变化集中表现于《大清律例》"断罪无正条":"凡律令该载不尽事理,若断罪无正条者,[援]引[他]律比附。应加应减定拟罪名[申该上司]议定奏闻。若辄断决,致罪有出入,以故失论"③ 因此,明清刑律发展的趋势是在唐律客观具体、一事一例的基础之上更加具体,甚至呈现出繁复、琐碎的特征。立法对于"在律无文"的态度:一方面,尽量避免其出现;另一方面,即使出现法律条文未有列举的行为,也禁止司法官员依据"轻重相举"等原则直接处理,④ 因此,律文中不再需要以"无罪名"的表述来强调这些"在律无文"的行为。

通过唐律中"罪名"的含义与特征及其在明清律中的发展变化情况来看,"罪名"一语出现于中国古代刑律,表达的含义非常固定,即犯罪行为以及定罪量刑各方面的具体内容,还包括了一些具体的处罚。实际上,其表达的内容不仅包含了现代刑法理论中的"罪状"与"法定刑",还包含了定罪量刑具体方面的很多内容。至明清律中,"罪名"的基本含义不变,又出现了更加具体化的发展趋势。唐律中"罪名"的含义及

---

① [唐]杜佑:《通典》卷一百六十七《刑法五·杂议下》,王文锦等点校,中华书局1988年版,第4320页。
② [清]薛允升:《唐明律合编》卷六,怀效锋、李鸣点校,法律出版社1999年版,第97页。
③ [清]沈之奇:《大清律辑注》(上)卷第一,第116页。
④ 对于"轻重相举"在明清律中的详细发展、变化可参见高明士:《东亚传统法文化的理想境界——"平"》,《法制史研究》第23期,元照出版公司2013年版,第11—13页。

其发展趋势根本上决定于中国古代刑律的特质，中国古代刑律的核心问题是罪刑关系问题，即针对不同的犯罪行为予以相应的刑罚，[1] 以此为基础，刑事立法的发展方向就是沿着客观具体、一事一例的体例不断具体化。因此，传统刑律中没有高度概括某类或者某些具体犯罪行为及其本质、特征的称谓；基于传统刑律的特质、体例与发展趋势，这些称谓也无由产生。

五、小结

中国古代刑律中的"罪名"作为立法语言比较集中、系统地出现于唐代，含义为法律条文对犯罪行为及其定罪量刑具体方面内容的列举；《唐律疏议》中涉及"罪名"的表述包括"有罪名"与"无罪名"两类；"有罪名"即法律条文列举了犯罪行为及定罪量刑各方面的具体内容，"无罪名"即法律条文没有列举具体行为是否处罚或如何处罚，唐律分别规定了"有罪名"与"无罪名"的法律适用标准；明清律中仍有"罪名"的表述，在沿袭唐律相关内容的基础之上表意更加具体；唐律中的"罪名"不是概括犯罪行为及其本质、特征的称谓，基于传统刑律的立法体例与发展趋势，这种概括性称谓也不会产生；透过"罪名"的含义与内容，揭示出中国古代刑律的核心是罪刑关系，立法围绕核心问题意图实现的宗旨是罪刑均衡。

唐律中的"罪名"是法律条文对行为、情节、计罪标准及处罚所作

---

[1] 我们自唐律中从未见到关于定罪量刑相关问题高度抽象概括的理论解说，当代法视野下的很多理论问题在唐律中都是通过明确犯罪行为与具体处罚之间的一一对应关系来举例阐释的。至清代，这一特征仍极为明显，日本学者已指出："在清代刑法中，最关心的并非犯罪是否成立的问题，而是对于该行为的刑罚是否妥当、即量刑的问题。"〔日〕中村正人：《清律误杀初考》，杨一凡总主编、〔日〕寺田浩明主编：《中国法制史考证》（丙编第四卷），中国社会科学出版社2003年版，第343页。

的具体、个别、客观的列举，其内容不仅包含了现代刑法理论中的"罪状"与"法定刑"，还包含了定罪量刑具体方面的很多内容。这种表意结构为后世刑律沿袭，并随着刑事立法发展呈现更加具体化的趋势。犯罪行为及其处罚是"罪名"的基本内容，我们透过"罪名"的含义与内容所揭示的实质是传统刑律的核心——罪刑关系。传统刑律追求的是针对不同的行为给予相应的处罚，我们自唐律中从未见到关于定罪量刑相关问题高度抽象概括的理论解说，当代法视野下的很多理论问题在唐律中都是通过明确犯罪行为与具体处罚之间的一一对应关系来举例阐释的；清律中这一特征仍极为明显，"在清代刑法中，最关心的并非犯罪是否成立的问题，而是对于该行为的刑罚是否妥当、即量刑的问题。"[1] 因此，罪刑均衡是传统刑律的基本宗旨。

"定罪量刑"是刑事立法的中心任务，古今亦然，但置于不同语境，内涵有所不同。现代法中，"定罪"是以犯罪构成理论为基础展开的，受大陆法系刑法学说的影响，逻辑上"定罪"优于"量刑"的趋势非常明显：某个具体的行为，必须首先符合某种犯罪构成的全部要件而被刑事法评价为"犯罪行为"，才能进一步考虑这个行为在构成某种犯罪的范围内应处以何种法定刑罚。传统刑律中，"定罪"与"量刑"是并行的，两者之间相互的影响非常明显，基于客观具体、一事一例的立法体例，传统刑律中从未产生类似"犯罪构成"的抽象理论，律文中列举的便是应当处罚的行为，在列举具体行为的同时，一般也列举了计罪标准、特殊情节与具体处罚，这就是"罪名"的内容；未列举的行为，若需要作法律评价，律文中也有是否处罚、如何处罚的规定。

与当代刑事立法相比，传统刑律在形式逻辑上更易于实现罪刑均

---

[1] 〔日〕中村正人：《清律误杀初考》，杨一凡总主编、〔日〕寺田浩明主编：《中国法制史考证》（丙编第四卷），中国社会科学出版社2003年版，第343页。

衡。此处并非概括地评价传统刑律与现代刑事立法孰优孰劣，实际上这也无法评价。我们仅以现行刑法的规定为例稍作说明，《刑法》第三百三十三条规定："非法组织他人出卖血液的，处五年以下有期徒刑，并处罚金；以暴力、威胁方法强迫他人出卖血液的，处五年以上十年以下有期徒刑，并处罚金。有前款行为，对他人造成伤害的，依照本法第二百三十四条的规定定罪处罚。"《刑法》第二百三十四条第一款规定："故意伤害他人身体的，处三年以下有期徒刑、拘役或者管制。"根据现行刑法的规定：以暴力、威胁方法强迫他人出卖血液而未造成他人伤害的，处五年以上十年以下有期徒刑，并处罚金；以暴力、威胁方法强迫他人出卖血液并造成他人伤害的，却有可能处三年以下有期徒刑、拘役或者管制。因此，严格依据立法的逻辑，会出现犯重罪处罚轻、犯轻罪处罚重的情况，这显然不符合罪刑均衡的要求。当代学者在提出"以刑制罪"等相关主张时，也多以此为例。[①] 传统刑律也会面对相似的问题，以唐律中相关内容为例，《贼盗》"略人略卖人"条（292）："诸略人、略卖人（不和为略。十岁以下，虽和，亦同略法。）奴婢者，绞；为部曲者，流三千里；为妻妾子孙者，徒三年。（因而杀伤人者，同强盗法。）"劫掠他人或者劫掠后又贩卖他人的行为，若劫掠过程中致他人死伤的，同强盗法。此处的"同强盗法"落脚点在于具体的处罚而并不关注"略人略卖人"是否向"强盗"转化，律《疏》中说："因略伤人，虽略人不得，亦合绞罪。"可见，传统刑律并未纠结于根据犯罪构成理论判断行为构成何种犯罪，而是径直在具体行为与刑罚之间寻求适当的对应关系。因此，

---

① 当下刑法理论中的"以刑制罪"与传统刑律的立法体例也有某些暗合之处，劳东燕教授认为："解释犯罪成立要件时必须考虑刑罚问题，确切地说是应当以相关法条所规定的法定刑及其适用作为解释的基点。"劳东燕：《刑事政策与刑法解释中的价值判断——兼论解释论上的"以刑制罪"现象》，《政法论坛》2012年第4期。石经海教授认为："鉴于传统司法三段论的理论缺陷及现实不足，'以刑制罪'理论已然成为学界讨论的热点问题。"石经海、熊亚文：《何以"以刑制罪"：罪、责、刑相适应原则的定罪意义》，《社会科学战线》2015年第2期。

"行为↔法定刑"的模式与"行为→符合犯罪构成要件的罪名→法定刑"的模式相比较,前者在逻辑上出现罪刑不适当的可能性会比较小。

第六章　唐律中的"枉法"与"不枉法"

唐律将前代各色关涉"货财之利"的犯罪系统化、类型化为"六赃",不但规定了精细的定罪量刑条文,还制定了完备的法律适用原则,使其在司法实践中易于执行。"六赃"的形成是对前代立法的归纳和总结,并被后世刑律承袭,在中国传统刑制发展史中具有极重要的地位。"枉法"与"不枉法"同为唐律"六赃"中的具体内容,皆为"正赃"之名。但有两点值得注意:首先,从各自含义与条文表述来看,"不枉法"似为"枉法"之补充;其次,从"六赃"在刑事法律规范体系中的地位与作用来看,"枉法"为律内大量具体犯罪行为比类、依据的标准或范例,所见大量"以枉法论""准枉法论"之内容,但未见"不枉法"作为比附对象出现。综上,唐律中"枉法"与"不枉法"的关系值得深入探讨。依笔者所见,学界关于"赃罪"与"六赃"的研究非常充分,[1]而专门就"枉法"与"不枉法"的探讨所见较少,集中于两者之间关系的研究更是阙如。基于此,笔者拟从具体的含义入手,结合唐律中关于"枉法""不枉法"定罪量刑方面的具体内容,对两者关系试做探讨,并结合"六赃"在后世刑律中的发展,对两者关系的发展变化试做概括。

---

[1] 相关成果包括但不限于:程天权:《从唐六赃到明六赃》,《复旦学报(社会科学版)》1984年第6期;周东平:《论唐代惩治官吏赃罪的特点》,《厦门大学学报(哲社版)》1994年第1期;陈汉生、梅琳:《我国古代法律中"赃"罪的规定》,《上海大学学报(社科版)》1995年第3期;吴谨伎:《六赃罪的效力》,高明士主编:《唐律与国家社会研究》,五南图书出版股份有限公司1999年版,第161—227页。

一、"枉法"与"不枉法"的含义

"枉法"一词出现甚早,传世文献中的"枉"单独使用已包含了"枉法"的基本含义;"不枉法"在传世文献中的使用较少,所见内容仅是对"枉法"现象或行为的否定表达,其出现于法典中始具有比较固定且独立的含义。

(一)传世文献中的"枉法"与"不枉法"

"枉"的基本含义为不直,《孟子·滕文公下》:"枉尺而直寻",朱熹注曰:"枉,屈也。直,伸也。"① 《史记·孔子世家》:"季康子问政,曰:'举直错诸枉'。"集解曰:"错,置也。举正直之人用之,废置邪枉之人。"② "直"与"枉"相对,"枉"即"不直"。③ 既然"枉"作"不直",自然不宜再出现"不枉"等双重否定的表述形式,这可能是"不枉"等表述形式在传世文献中使用较少的根源。

传世文献中"枉"常与"曲""屈"互训,亦可将三者所表达之含义通用,"不直曰曲",④ "枉,邪曲也。"⑤ "枉,谓曲而不直也。"⑥ "屈"则

---

① [宋]朱熹:《四书章句集注》卷六《孟子集注·滕文公章句下》,中华书局1983年版,第264页。

② [汉]司马迁:《史记》卷四十七《孔子世家》,中华书局1959年版,第1935页。

③ "枉"作为"不直"的用法于张家山汉简《盖庐》中亦可得见:"为吏不直,狂(枉)法式。"张家山二四七号汉墓竹简整理小组:《张家山汉墓竹简〔二四七号墓〕(释文修订本)》,文物出版社2006年版,第167页。

④ [汉]许慎撰、[清]段玉裁注:《说文解字注》,十二篇下"曲部",上海古籍出版社1981年影印版,第637页上、下。

⑤ [汉]郑玄注、[唐]孔颖达正义:《礼记正义》卷第三十五,北京大学出版社1999年版,第1026页。

⑥ [汉]郑玄注、[唐]孔颖达正义:《礼记正义》卷第五十八,北京大学出版社1999年版,第1566页。

"引伸为凡短之称"。① 在此基础之上,"枉"又引申为"违法曲断",《礼记·月令》:"乃命有司申严百刑,斩杀必当。毋或枉桡,枉桡不当,反受其殃。"正义曰:"'申,重也',《释诂》文。云'当谓值其罪'者,言断决罪人之时,必须当值所犯之罪。经云'枉桡不当',枉谓违法曲断,桡谓有理不申,应重乃轻,应轻更重,是其不当也。"②"枉"作"违法曲断"实际上已包含了"枉法"之意。将"违法曲断"进一步引申,可见"无罪而杀之"的含义,《吕氏春秋·壅塞》:"宋王因怒而诎杀之。"高诱注:"诎,枉也,无罪而杀之曰枉。"范耕研曰:"诎与屈同,今多用'屈'也。"陈奇猷案:"谓屈杀候者。诎、屈同。"③

"枉法"表意核心在于"枉",其表述形式及表达内容皆是自"枉"之基本含义的基础上引申而来。即"枉法"作不直、不正之法,或者引申为不遵守法律,那么与"不枉"相同,"不枉法"等双重否定的表述形式在传世文献中的使用也比较少。"枉法"亦有与"曲法""屈法"相同的用法,《史记·酷吏列传》:"所爱者,挠法活之;所憎者,曲法诛灭之。"④《梁书》:"主上屈法申恩,吞舟是漏。"⑤"枉法"及相似表述其行为主体多指官员。⑥虽然"枉法"与"曲法""屈法"等词汇表达了基本相

---

① [汉]许慎撰、[清]段玉裁注:《说文解字注》,八篇下"尾部",上海古籍出版社1981年影印版,第402页上。
② [汉]郑玄注、[唐]孔颖达正义:《礼记正义》卷第十六,北京大学出版社1999年版,第525—526页。
③ [战国]吕不韦:《吕氏春秋》卷第二十三《壅塞》,陈奇猷校释,上海古籍出版社2002年版,第1579、1582页。
④ [汉]司马迁:《史记》卷一百二十二《酷吏列传》,中华书局1959年版,第3135页。
⑤ [唐]姚思廉:《梁书》卷二十《陈伯之传》,中华书局1973年版,第314页。
⑥ 需要注意的是,枉法的主体也可以是常人。《三国志·魏书·庞淯传》裴松之注:"皇甫谧《列女传》曰:酒泉烈女庞娥亲者,……娥亲抗声大言曰:'枉法逃死,非妾本心。今雠人已雪,死则妾分,乞得归法以全国体。虽复万死,于娥亲毕足,不敢贪生为明廷负也。'"[晋]陈寿撰、[宋]裴松之注:《三国志》卷十八《魏书十八·庞淯传》,中华书局1959年版,第548—549页。"枉法逃死"是赵娥所说,与"非妾本心"联系起来,"枉法"显然是赵娥对于自己行为的评价。但"枉法"用作描述非官吏行为的情况并不多见。

同的含义,但正史文献中"枉法"一语出现的频次远远多于其他表述;另,"枉法"作为法律术语或侧重于一类犯罪行为时表达了更加具体的含义。《史记·滑稽列传》:"……又恐受赇枉法,为奸触大罪,身死而家灭。"[①]又《汉书·刑法志》:"吏坐受赇枉法,守县官财物而即盗之,已论命复有笞罪者,皆弃市。"[②]"大罪"与"身死"将"枉法"作为犯罪行为的性质表达得非常清晰;"弃市"则更是将"枉法"与法定刑对应,其性质是确定的。从记载中可以看到,"枉法"与"受赇"密切相关,甚至形成了"受赇枉法"的固定表述形式。此非孤例,许慎释"赇"为:"吕财物枉法相谢也。"段玉裁注:"枉法者,违法也。法当有罪,而以财求免,是曰赇。受之者亦曰赇。《吕刑》:五过之疵惟来。马本作惟求,云有请赇也。按上文惟货者,今之不枉法赃也。惟求者,今之枉法赃也。"[③]又《左传·昭六年》:"夏有乱政,而作《禹刑》。商有乱政,而作《汤刑》。"正义曰:"夏、商之有乱政,……至有以私乱公,以货枉法。"[④]可见,"以财求免"是为"枉法",又见"以货枉法"之固定表述,其含义与"受赇枉法"相同。因此,传世文献中所见作为犯罪行为的"枉法"似乎内嵌了"受财"的固定含义。

传世文献中关于"不枉法"的记载非常少,所见内容皆与具体犯罪行为及其处罚相关,《陈书·宣帝本纪》:"甲寅,诏曰:'旧律以枉法受财为坐虽重,直法容贿其制甚轻,岂不长彼贪残,生其舞弄?事涉货财,宁不尤切?今可改不枉法受财者,科同正盗。'"[⑤]从中可以看出:南陈刑律中规定有"不枉法受财"的犯罪行为及相应处罚;南陈为了加重量刑,

---

① [汉]司马迁:《史记》卷一百二十六《滑稽列传》,中华书局1959年版,第3201页。
② [汉]班固撰、[唐]颜师古注:《汉书》卷二十三《刑法志》,中华书局1962年版,第1099页。
③ [汉]许慎撰、[清]段玉裁注:《说文解字注》,六篇下"贝部",上海古籍出版社1981年影印版,第282页下。
④ [周]左丘明撰、[晋]杜预注、[唐]孔颖达正义:《春秋左传正义》卷第四十三,北京大学出版社1999年版,第1228页。
⑤ [唐]姚思廉:《陈书》卷五《宣帝本纪》,中华书局1972年版,第94页。

始将"不枉法受财"的处罚规定为"科同正盗"。从含义来看,"不枉法"应当是"枉法"作为立法语言并形成固定含义之后才出现的,其含义仅局限于法律术语。也就是说"受财枉法"或"受赇枉法"的固定表述形式产生之后,作为立法语言的"不枉法"表达的是"受财不枉法"或"不枉法受财"之意。

(二)竹简秦汉律中的"枉法"

唐代之前刑律全本不存,为我们系统考察作为立法语言的"枉法""不枉法"带来了一些困难,但是近年来陆续出土、公布的大量秦汉简牍文书尤其是其中的法制文书,为我们深入了解秦汉律的具体内容提供了直接的支持。自竹简秦汉律中,我们仅见到"枉法"的相关内容。

《岳麓秦简》"癸、琐相移谋购案":……受人货材(财)以枉律令,其所枉当(029)赍以上,受者、货者皆坐臧(赃)为盗,有律,不当𤅊(谳)。①

张家山汉简《二年律令·盗律》:受赇以枉法及行赇者,皆坐其臧(赃)为盗。罪重于盗者,以重者论之。(六〇)②

张家山汉简《奏谳书》:·北地守𤅊(谳):女子甑、奴顺等亡,自处彭阳,甑告丞相自行书顺等自赎,甑所臧(赃)过六百(五一)六十,不发告书,顺等以其故不论,疑罪。·廷报:甑、顺等受、行赇狂(枉)法也。(五二)③

《敦煌汉简》:行言者若许及(多)受赇以枉法皆坐赃为盗,没入□□行言者本行职者也。④

---

① 朱汉民、陈松长主编:《岳麓书院藏秦简(三)》,上海辞书出版社2013年版,第15页。
② 张家山二四七号汉墓竹简整理小组:《张家山汉墓竹简〔二四七号墓〕(释文修订本)》,文物出版社2006年版,第16页。
③ 同上书,第95页。
④ 甘肃省文物考古研究所编:《敦煌汉简》(下),中华书局1991年版,第292页。

《岳麓秦简》中的"枉律令"是"枉法"更加具体的表述形式,区别仅在于"法"所指为法律规范,而"律令"侧重具体法律形式。竹简秦汉律中所见之"枉法"皆与"受人货财""受赇"连用,可见作为法律术语或犯罪行为的"枉法"必然包含"受财"。另外,不但"受财枉法"之官员要受到处罚,"货者""行赇者"亦受处罚,这与前述段玉裁对于"受赇枉法"的注释内容是一致的。就受赇、行赇的具体处罚来看,两者未有区别,皆"坐赃为盗"。即"各依所盗赃数论罪"。① 虽然竹简秦汉律中未见"不枉法"的相关表述,却不能因此否定秦汉律中可能对"不枉法"有明确规定与处罚。但近些年陆续出土、公布的秦汉简牍法律文书量已非常大,从中未见关于"不枉法"的内容,可以推测,即使秦汉律中有"不枉法"的表述,也应当是极少的。

(三)唐律中的"枉法"与"不枉法"

竹简秦汉律中所见"枉法"的内容于唐律中皆可得见,如秦汉律中"受者"与"货者","受赇"与"行赇"皆"坐赃为盗"。唐律在作为总则的《名例》一篇对此有原则性规定,《名例》"彼此俱罪之赃"条(32)《疏》议曰:"……依法:与财者亦各得罪。此名'彼此俱罪之赃',谓计赃为罪者。"需要注意的是:竹简秦汉律中所见的"坐赃"与唐律中的"计赃为罪"含义一致,即"各依所盗赃数论罪"。② "坐"为"坐罪"之意,"赃"为"赃物"或"赃数",其与唐律"六赃"之"坐赃"并非一事,③ 概括两者

---

① 睡虎地秦墓竹简整理小组:《睡虎地秦墓竹简·释文》,文物出版社1990年版,第96页。
② 同上。
③ 睡虎地秦简与张家山汉简中还见有涉及"坐臧(赃)"的其他内容:
睡虎地秦简《法律答问》
甲乙雅不相智(知),甲往盗丙,毚(才)到,乙亦往盗丙,与甲言,即各盗,其臧(赃)直(值)各四百,已去而偕得。其前谋,当并臧(赃)论;不谋,各坐臧(赃)。(一二)
把其叚(假)以亡,得及自出,当为盗不当?自出,以亡论,其得,坐臧(赃)为盗;盗

区别：秦汉律中的"坐赃"为计罪标准或量刑标准，唐律中的"坐赃"概括地表述了一类犯罪行为。《唐律疏议·杂律》"坐赃致罪"条(389)《疏》议曰："然坐赃者，谓非监临主司，因事受财，而罪由此赃，故名'坐赃致罪'。"以目前的材料来看，唐律中的"坐赃"与秦律中所见的"坐赃"并无直接的渊源关系。

《唐律疏议》中"枉法"出现93次、"不枉法"出现20次，相关内容涉及《名例》《职制》《户婚》《贼盗》《诈伪》《断狱》《杂律》7篇、总计31条律文。关于两者的具体含义，有两点需要注意：

首先，"枉法"与"不枉法"皆为律内"正赃"或"赃罪正名"，《名例》"以赃入罪"条(33)《疏》议曰："在律，'正赃'唯有六色：强盗、窃盗、枉法、不枉法、受所监临及坐赃。"《杂律》"坐赃致罪"条(389)《疏》议曰："赃罪正名，其数有六，谓：受财枉法、不枉法、受所监临、强盗、窃盗并坐赃。"就条文表述来看，两者相互独立且并列于"六赃"之内。"枉法"与"不枉法"皆是就"受财"而论，这与前述传世文献中所见之含义一致，且与竹简秦汉律中的"枉法"具有非常清晰的沿袭痕迹。"以赃入罪"即"以财入罪"，"货财之利谓之赃"，[①] 财、货若涉及不当之利益则称之为赃。且"以赃入罪"条还包含了比较具体的内容，即所受之"财"或"赃"是可计量的，计量标准直接决定着量刑。若未"受财"则非"枉

罪轻于亡，以亡论。(一三一)
　　张家山汉简《二年律令·捕律》
　　捕罪人弗当，以得购赏而移予它人，及诈伪，皆以取购赏者坐臧(赃)为盗。(一五五)
　　张家山汉简《二年律令·钱律》
　　故毁销行钱以为铜、它物者，坐臧(赃)为盗。(一九九)
　　张家山汉简《二年律令·□市律》
　　诸诈(诈)给人以有取，及有贩卖贸买而诈(诈)给人，皆坐臧(赃)与盗同法，罪耐以下(二六一)有(又)罷(遷)之。……(二六二)
　　睡虎地秦墓竹简整理小组：《睡虎地秦墓竹简·释文》，第96、124页。张家山二四七号汉墓竹简整理小组：《张家山汉墓竹简〔二四七号墓〕(释文修订本)》，第29、35、45页。
[①] [唐]房玄龄等：《晋书》卷三十《刑法志》，中华书局1974年版，第928页。

法",《户婚》"监临娶所监临女"条(186):"枉法娶人妻妾及女者,以奸论加二等。"监临主司娶人妻妾女而枉法之行为并未以"监临主司受财枉法"定罪量刑,而是"以奸论加二等",《名例》"称反坐罪之等"条(53):"称'以枉法论'及'以盗论'之类,皆与真犯同。"可以看到立法将"枉法娶人妻妾女"视同"奸罪",若官吏枉法但未受财便转化为其他犯罪。此处,立法为何不将"枉法娶人妻妾女"仍做"枉法"处理?或者说为何不将所受之"女色"视作"财"?最直接的考虑大概是"女色"无法与其他"货财之利"一样"计赃论罪"。

其次,"枉法"与"不枉法"的行为主体仅为监临主司,即《职制》"监主受财枉法"条(138)律《疏》所谓:"统摄案验及行案主典之类"。"监临主司"包括"有禄"与"无禄"两类,其区别为"应食禄者,具在《禄令》。若令文不载者,并是无禄之官"。若非监临主司,则不是"枉法",《杂律》"坐赃致罪"条(389)《疏》议曰:"非监临主司,因事受财,而罪由此赃,故名'坐赃致罪'。"向监临主司行财求枉法之人,亦为坐赃而非枉法,《职制》"有事以财行求"条(137):"诸有事以财行求,得枉法者,坐赃论;不枉法者,减二等。""枉法"与"不枉法"是集中于监临主司受财行为的不同量刑情节。[①]结合前述"枉法"作为立法语言所表达的含义,这一点是非常清晰的。"枉法"的核心在于"受财",律《疏》将"枉法"解释为"受有事人财而为曲法处断",将"不枉法"解释为"虽受有事人财,判断不为曲法"。法律规范中的"枉法"就是"受财"的同时又"曲法","不枉法"即虽然"受财"但"不曲法"。因此,以现代刑法理论审视,"受财"是独立的犯罪行为,而"枉法"与"不枉法"是"受财"的不同量刑情节。[②]

[①] 当然,对于独立犯罪行为与量刑情节的区分是置于现代刑法理论的视野之下做出的判断,传统刑事立法未必以此为基础。

[②] 钱大群教授对此有相似观点:"'枉法'与'不枉法'只是情节轻重不同的两种'受贿'

二、"枉法"与"不枉法"的量刑

唐律中关于"枉法"与"不枉法"的处罚内容集中规定于《职制》"监主受财枉法"条(138)，其中详细列举了具体的刑种与刑等。另外，作为"六赃"的具体内容，"枉法"与"不枉法"应当是作为其他犯罪行为定罪量刑的标准而被广泛参照的。因此，对于量刑就有两方面内容需要探讨：一是"枉法""不枉法"本身的量刑；二是比附其定罪量刑的其他犯罪行为。

(一)监临主司受财枉法、不枉法

唐律中受财枉法与受财不枉法的量刑内容于《职制》内同条律文中规定：

> 《职制》"监主受财枉法"条(138)
> 诸监临主司受财而枉法者，一尺杖一百，一匹加一等，十五匹绞；不枉法者，一尺杖九十，二匹加一等，三十匹加役流。无禄者，各减一等：枉法者二十匹绞，不枉法者四十匹加役流。

监临主司既包括有禄官吏亦包括无禄官吏。监临主司受人财物而曲法处断，具体行为内容有两方面需要注意：首先，"受财"须在"枉法"之前，否则"准枉法论"而不同于"真枉法"；其次，"受财"与"枉法"当具有直接的因果关系，否则"以受所监临财物论"。《职制》"事后受财"条(139)："诸有事先不许财，事过之后而受财者，事若枉，准枉法论；事不枉者，以受所监临财物论。"量刑方面，受财一尺即予以处罚，受财

罪。"钱大群：《唐律疏义新注》，第369页。钱氏将"枉法"与"不枉法"认定为情节是值得肯定的，但又将其作为"两种'受贿'罪"，则值得进一步探讨。不同情节自然是在同一犯罪行为、同一罪名中才有区别的意义，既然作为两种不同的犯罪行为与罪名，再区分不同情节的意义何在？

数额增加一匹、量刑增加一等。有禄官受财八匹一尺、无禄官受财九匹一尺,处以流三千里,《名例》"称加减"条(56):"加者,数满乃坐,又不得加至于死。"《疏》议曰:"虽无罪止之文,唯合加至流三千里,不得加至于死。"律文规定有禄官受财十五匹、无禄官受财二十匹,处以绞刑,因此有禄官受财八匹一尺不满十五匹、无禄官受财九匹一尺不满二十匹,皆处以流三千里,量刑不再变化。有禄官受财超过十五匹(含十五匹)、无禄官受财超过二十匹(含二十匹),处以绞刑,受财数额增加,量刑不再变化。唐律中监临主司受财枉法具体量刑详如下表:

表 6.1　监临主司受财枉法量刑详表

	一尺	一匹一尺	二匹一尺	三匹一尺	四匹一尺	五匹一尺	六匹一尺	七匹一尺	八匹一尺	九匹一尺	十五匹	二十匹
有禄	杖一百	徒一年	徒一年半	徒二年	徒二年半	徒三年	流二千里	流二千五百里	流三千里	……	绞	……
无禄	杖九十	杖一百	徒一年	徒一年半	徒二年	徒二年半	徒三年	流二千里	流二千五百里	流三千里	……	绞

监临主司受财不枉法的量刑情况较之"枉法"简单,仅是起刑点与刑等累加标准有异,唐律中监临主司受财不枉法具体量刑详如下表:

表 6.2　监临主司受财不枉法量刑详表

	一尺	二匹一尺	四匹一尺	六匹一尺	八匹一尺	十匹一尺	十二匹一尺	十四匹一尺	十六匹一尺	十八匹一尺	二十匹	三十匹	四十匹
有禄	杖九十	杖一百	徒一年	徒一年半	徒二年	徒二年半	徒三年	流二千里	流二千五百里	流三千里	……	加役流	……
无禄	杖八十	杖九十	杖一百	徒一年	徒一年半	徒二年	徒二年半	徒三年	流二千里	流二千五百里	流三千里	……	加役流

通过对"枉法"与"不枉法"具体量刑的分析,"枉法"是"监临主

司受财"行为的典型形态,也是定罪量刑的重点关注内容,立法对其行为在时间、因果关系方面规定了非常详细的限定条件。"不枉法"仅是对"监临主司受财枉法"的补充,意图在于强化对于"监临主司受财"行为的处罚,其基本逻辑在于监临主司只要受财即予处罚,律设"不枉法"一方面是为了避免出现"监临主司受财"而不被处罚的情况出现;另一方面是强调刑罚个别化,即"不枉法"与"枉法"量刑方面的差别。与前引《陈书·宣帝本纪》中的"不枉法受财"相比,"受财不枉法"应当在行为主体、量刑等方面较之前代立法有比较明显的发展。从"枉法"与"不枉法"的具体量刑来看,两者在入罪与起刑时差异并不明显,但在到达量刑上限时呈现出比较明显的区分度,主要表现为"不枉法"并不适用死刑。

(二)比附"枉法"定罪量刑的行为

唐律中未见比附"不枉法"定罪量刑的内容,律内比附"枉法"量刑的行为主要是"以枉法论"与"准枉法论"之行为,《名例》"称反坐罪之等"条(53):"称'准枉法论''准盗论'之类,罪止流三千里,但准其罪,并不在除、免、倍赃、监主加罪、加役流之例。称'以枉法论'及'以盗论'之类,皆与真犯同。"由于唐律客观具体、一事一例的立法体例,律内存在大量与监临主司受财枉法相同、相似的行为并未明确列举具体处罚内容。对于这些行为,主要是通过"以枉法论""准枉法论"的技术性手段定罪量刑,同时,律内大量存在的此类技术性手段也是"枉法"在刑事法律规范体系内典型地位的表现。

律称"准枉法论"者,强调的是与"枉法"相似但不同,律《疏》载:"如此等罪名,是'准枉法''准盗论'之类,并罪止流三千里。但准其罪者,皆止准其罪,亦不同真犯。"监临主司受财枉法的法定最高刑为绞,但"准枉法论"量刑上限为流三千里。另外,附加处分以及刑罚计量方面,"准枉法论"与"枉法"亦有区别，"并不在除名、免官、免所居官，亦无倍赃，又不在监主加罪及加役流之例。其本法虽不合减，亦同杂犯之法减科。"律称"以枉法论"者，强调的是与"枉法"相同，律《疏》载："所犯并与真枉法、真盗同，其除、免、倍赃悉依正犯。其以故杀伤、以斗杀伤及以奸论等，亦与真犯同，故云'之类'。"律内称"以枉法论"者，不仅量刑与"枉法"完全相同，附加处分以及刑罚计量方面亦完全相同。律内比附"枉法"量刑的行为及条件、限制等具体情况详见下表：

表 6.3 比附"枉法"量刑详表

本条	行为	条件	量刑	量刑上限
《职制》"受人财为请求"条（136）	监临势要受人财而为请求	无	准枉法论	流三千里
《职制》"事后受财"条（139）	有事先不许财，事过之后而受财者，事若枉			
《职制》"受所监临财物"条（140）	监临之官，以威若力强乞取监临财物			
《职制》"贷所监临财物"条（142）	官人于所部强卖物及买物，计时估有剩利者，计利			
《职制》"监临受供馈"条（144）	监临之官强取猪羊供馈			
《贼盗》"恐喝取人财物"条（285）	监临恐喝所部取财			
《户婚》"里正官司妄脱漏增减"条（153）	里正及官司，妄脱漏增减以出入课役	赃重，入己者	以枉法论	至死者加役流
《户婚》"不言及妄言部内旱涝霜虫"条（169）	部内有旱涝霜雹虫蝗为害之处，主司应得损、免而妄征	入私者		
《户婚》"应复除不给"条（172）	其妄给复除及应给不给，准赃重于徒二年者	赃重，入己者		
《户婚》"差科赋役违法"条（173）	非法而擅赋敛，及以法赋敛而擅加益	赃重，入私者		

续表

本条	行为	条件	量刑	量刑上限
《贼盗》"恐喝取人财物"条（285）	监临知所部有罪不虚，恐喝取财	无	从真枉法断	绞
《断狱》"主守导令囚翻异"条（472）	主守受囚财物，导令翻异；及与通传言语，有所增减者		以枉法论[①]	

表内有一处表述形式并非严格的"以枉法论"，《贼盗》"恐喝取人财物"条（285）："若知有罪不虚，恐喝取财物者，合从真枉法而断。"其所述"真枉法"表达了与"以枉法论"相同的含义，又在同条内将"真枉法"与"准枉法"相对，因此，"合从真枉法而断"是"以枉法论"的一种特殊表述形式。

律内称"准枉法论"者，各条在定罪方面并无具体限制，仅是根据《名例》的内容在量刑方面"罪止流三千里"；律内称"以枉法论"者，各条多有限制条件，只有"赃重""入私"或"入己"者，才是"枉法"。所谓"入私""入己"即"货财之利"未入官，《户婚》"差科赋役违法"条（173）《疏》议曰："称'入私'，不必入己，但不入官者，即为入私。"所谓"赃重"即计赃以"枉法"论之量刑重于本条所规定的量刑才能"以枉法论"，如《户婚》"里正官司妄脱漏增减"条（153）《疏》议曰："计赃得罪，重于脱漏增减口罪者"。可见，立法对于涉及官吏枉法之量刑选择方面有明显的重刑偏向。

根据《名例》中对于"以枉法论"所做的总则性规定，计赃达到法定

[①] 此处"以枉法论"的量刑实际上与"枉法"不同，《断狱》"主守导令囚翻异"条（472）《疏》议曰："'主守'，谓专当掌囚、典狱之属。受囚财物，导引其囚，令翻异文辩；及得官司若文证外人言语，为报告通传，有所增减其罪者：以枉法论，依无禄枉法受财，一尺杖九十，一匹加一等，十五匹加役流，三十匹绞。"根据前文"表5.1"的分析，无禄枉法受财，十五匹流三千里，二十匹绞。根据《名例》"本条别有制"条（49）："诸本条别有制，与例不同者，依本条。"最终量刑当以其中《断狱》"主守导令囚翻异"条（472）的规定为准。其中，"以枉法论"强调的是行为的性质同于"枉法"。从"定罪量刑"二分的逻辑来看，"以枉法论"侧重于定罪；后文别有量刑之制。

数量可适用死刑，但有四条律文明确限制了死刑适用，即条文中明确规定："至死者加役流"。《名例》"应议请减（赎章）"条(11)《疏》议曰："加役流者，旧是死刑，武德年中改为断趾。国家惟刑是恤，恩弘博爱，以刑者不可复属，死者务欲生之，情轸向隅，恩覃祝网，以贞观六年奉制改为加役流。"律设加役流原本即替死之刑，从相关条文内容来看，其立法沿革轨迹极为清晰。[①] 立法在绞刑与流三千里之间又设加役流，对于"枉法"具体行为量刑的区分度更加明显。就加役流与流三千里的执行内容来看，"常流唯役一年，此流役三年，故以加役名焉。"[②] 可见，立法对于涉及官吏枉法之量刑选择并非仅是单纯的重刑偏向，而是针对具体行为通过技术性手段分别确定相应刑罚。

三、"枉法"与"不枉法"的关系

唐律中"枉法"与"不枉法"同为"六赃"中的具体类型，皆为"正赃"之名，从刑事法律规范中所规定的具体犯罪行为及其类型化的过程来看，两者在律内应该具有相同的地位。但从各自的含义、律内出现的频次[③]以及量刑的具体内容来看，"枉法"在律内的独立地位非常明显，而"不枉法"似乎仅是对"枉法"的补充。因此，在对各自含义与具体量刑内容有初步探讨后，有必要进一步对两者的关系进行专门梳理。

首先，从表述形式方面来看，"不枉法"作为表示刑事法律规范中一类犯罪行为的概念，除了与"枉法"具有相同的行为主体以外，这一

---

① 关于唐律中加役流的内容、适用范围以及发展演变情况可参见王立民：《唐律新探》（第四版），第69—73页。
② ［唐］李林甫等：《唐六典》（上）卷第六，第185页。
③ 根据前文统计，唐律中"枉法"出现的频次是"不枉法"的近五倍，值得注意的另一个问题是律内涉及"不枉法"的条文绝大多数都出现了"枉法"。

概念以"监临主司受财枉法"为标准与对比模式。"不枉法"的表述形式由"不"与"枉法"组成,"枉法"的外延与内涵在律内规定得非常清晰,"不"作为前缀,除了表达单纯的否定以外,"不枉法"的行为描述方式还暗含了这样一种逻辑:"非此即彼",即所有监临主司受财的行为若不是"枉法",都属于"不枉法"的范畴。从逻辑关系来看,"枉法"与"不枉法"是对"监临主司受财"行为所做的完全划分,律文先列举了"监临主司受财而枉法"的处罚,其表述形式是完整的,之后所列举"不枉法"的处罚是对"监临主司受财枉法"的补充。结合律文的具体表述,我们也能看出"枉法"与"不枉法"之间的关系。《杂律》"坐赃致罪"条(389)《疏》议曰:"赃罪正名,其数有六,谓:受财枉法、不枉法、受所监临、强盗、窃盗并坐赃。"值得注意的是律《疏》中的表述形式,为何表述为"受财枉法、不枉法"而不是"受财枉法、受财不枉法"?结合《职制》"监临主司受财枉法"条(138)的内容,这种表述大概暗含两层含义:首先,"枉法"与"不枉法"统一于"监临主司受财"行为,是"监临主司受财"的两种具体量刑情节;其次,"枉法"是"监临主司受财"行为的典型形态,也是定罪量刑所重点关注的内容,"不枉法"是"枉法"的补充。

其次,从"六赃"在律内的地位与功能来看,《杂律》"坐赃致罪"条(389)《疏》议曰:"赃罪正名,其数有六,谓:受财枉法、不枉法、受所监临、强盗、窃盗并坐赃。"可见"枉法""不枉法"与其他"六赃"的具体内容皆为"赃罪正名",这是其在律内的地位。至于"赃罪正名"的具体表现,《名例》"以赃入罪"条(33)《疏》议曰:"在律,'正赃'唯有六色:强盗、窃盗、枉法、不枉法、受所监临及坐赃。自外诸条,皆约此六赃为罪。""六赃"是律内所存在的"定型化了的典型",一部律内涉及"货财之利"的犯罪行为繁多,立法未必一一列举具体处罚,而是将典型者类型化为"六赃","计赃为罪者虽多,归纳为六种之赃……其他罪名或从,或同,或论以,或准此赃。即计赃定刑时,亦依据六赃之法。"①根据前文的分析,我们对律内存在的大量"以枉法论"与"准枉法论"的内容已有比较清晰的认识,但唐律中未见"以不枉法论"或"准不枉法论"的表述,更加引起我们注意的是"不枉法"是唐律"六赃"中唯一未作为比附对象的"赃罪正名"。"以枉法论"与"准枉法论"的内容上文已述,经初步统计,律内"以强盗论"出现 16 次、"以窃盗论"出现 8 次、"准窃盗论"出现 3 次、"以受所监临财物论"出现 18 次、"坐赃论"出现 119 次。也就是说,"不枉法"并未与其他赃罪一样成为相似犯罪行为定罪量刑过程中比类、依据的标准或范例。因此,"不枉法"作为"六赃"之一与其在律内的功能、地位是极不相称的。

从表述形式与"六赃"的地位与功能来看,律设"不枉法"应当是为了完善对于监临主司受财行为的处罚,为了避免个别受财行为漏于法网之外而以"不枉法"的描述方式将"监临主司受财枉法"之外的"监临主司受财"行为一概纳入应受处罚的范畴。进一步来说,应当将"枉法"与"不枉法"共同作为构成"监临主司受财"行为的有机整体来置于"六赃"当中予以评价,惟此才能充分体现出"枉法"与"不枉法"在规范体系中的功能与地位。

四、"不枉法"在后世刑律中的发展

基于律《疏》对"六赃"的解释,我们在探讨唐律中的"枉法"与"不枉法"时,往往认为两者是相互独立的"赃罪正名",在此基础之上对其

---

① 戴炎辉:《唐律通论》,第 306 页。"六赃"是律内赃罪的量刑依据,"六赃"之外的赃罪多归附其定罪量刑,此认识基本已成为共识。相关论述还可参见程天权:《从唐六赃到明六赃》,《复旦学报(社会科学版)》1984 年第 6 期;吴谨伎:《六赃罪的效力》,高明士主编:《唐律与国家社会研究》,五南图书出版股份有限公司 1999 年版,第 164 页。

各自含义与定罪量刑的具体内容进行分析。在这种探讨的过程中，会产生一些难于解释的现象，并有可能导致我们对唐律中"枉法"与"不枉法"及两者之间关系的认识有所偏差。从含义、表述形式及定罪量刑的具体内容来看，两者的内在联系是极为密切的，立法者对于"枉法"的态度也是极为清晰的。只有将"枉法"与"不枉法"作为构成"监临主司受财"行为的有机整体并置于"六赃"中予以评价，才能充分体现出两者在规范体系中的功能与地位。

这里还有一个需要稍作交代的问题，后世刑律继承了唐律"六赃"的体系与内容，其中"不枉法"的独立性逐渐强化，这在定罪量刑方面的表现非常明显。关于"六赃"具体赃名、量刑以及计赃等方面的变化，清人薛允升、沈家本以及当代学者都有详细论述，[①]兹不赘述。值得注意的是"以不枉法论""准不枉法论"及相关内容开始出现且律内适用逐渐频繁，这应当是最为明显却反而被忽视的现象。《宋刑统·职制律》"枉法赃不枉法赃"条后附"臣等参详"："今后，应缘检括田苗、差役、定税、送帐过簿、了末税租、团保捉贼、供造僧帐，因以上公事率敛人钱物入己，无所枉曲者，请以不枉法论。"[②]此条为《宋刑统》所见唯一比附"不枉法"论罪的内容，其出现于"参详"中，表明是对原有条文的修正。元代刑律中，比附"不枉法"定罪量刑的内容逐渐增多，《元史·刑法志》载："诸上司及出使官，于使所受其燕飨馈遗者，准不枉法减二等论，经过而受者各减一等，从台宪察之。"[③]又："诸办课官，侵用增余税课者，以不枉法赃论罪。"[④]"不枉法"在后世刑律中独立性逐渐强化，在"六赃"中的

---

① 相关内容可参见［清］薛允升：《唐明律合编》卷十一，第244页；徐世虹主编：《沈家本全集》第四卷《明律目笺·受赃》，中国政法大学出版社2007年版，第510—511页；程天权：《从唐六赃到明六赃》，《复旦学报（社会科学版）》1984年第6期。

② 岳纯之：《宋刑统校证》，北京大学出版社2015年版，第154页。

③ ［明］宋濂等：《元史》卷一百二《刑法志一》，中华书局1976年版，第2611页。

④ ［明］宋濂等：《元史》卷一百四《刑法志三》，第2650页。

地位与功能也发生了改变,但这一变化是随着"六赃"本身的结构性变化而出现的。明律中,仍存"六赃"之名,但较之唐"六赃"已大有不同。《明史·刑法志》载:"贪墨之赃有六:曰监守盗,曰常人盗,曰窃盗,曰枉法,曰不枉法,曰坐赃。"① 随着"六赃"本身内容与结构的变化,刑律中"枉法"与"不枉法"之间的关系已呈现出较之唐代截然不同的面貌。嘉靖七年七月,都察院题称:"枉法、不枉法,则所重在法,而责之在官。守法之人,未尝在官而责之以守法,则不可坐以此罪也。虽责以守法,而于事似枉而非其枉者,则准枉法论。于事不枉者则准不枉法论。如事后受财及求索条内准不枉法准枉法之类是也。"② 从中可以明显地看到,明"六赃"中"枉法"与"不枉法"已不存在主附相依的关系,两者并列且相对的划分非常明确,比附"不枉法"定罪量刑的具体形式在律内的适用已非常频繁。③ "枉法"与"不枉法"之间关系的变化,是随着"六赃"具体内容与自身结构的变化而产生的,这也是古代刑律发展变迁的具体表现。

五、小结

"枉"的基本含义为"不直",引申为"违法曲断",传世文献中少见

---

① [清]张廷玉等:《明史》卷九十三《刑法志一》,中华书局1974年版,第2283页。
② [清]薛允升:《唐明律合编》卷十一,第246页。
③ 清人王明德将清律内"以不枉法论"者做了汇集,大致包括:《邮驿》"多支禀给"条:凡出使人员多支禀给者。《邮驿》:"承差转雇寄人"条:凡承差起解官物、囚徒、畜产,不亲管送,其同差人自相替、放,取财者。《受赃》"在官求索借贷人财物"条:凡监临官吏接受所部内馈送土宜礼物因事而受者;其出使人于所差去处接受馈送土宜礼物因事而受者。《受赃》"因公科敛"条:凡有司官吏人等,非因公科敛人财物入己者;若馈送人虽不入己者。《受赃》"尅留盗赃"条:凡巡捕官已获盗赃,不解官而入己者。《诈伪》"诈传诏旨"条:诈传各衙门言语得财者。《杂犯》"嘱托公事"条:若当该官吏、监临势要为人嘱托,不曲法而受赃者。参见[清]王明德:《读律佩觽》卷之五"以不枉法论",何勤华等点校,法律出版社2001年版,第171—182页。

"不枉"等双重否定的表述形式。"枉法"表意核心在于"枉",其表述形式及表达内容皆引申自"枉"之基本含义。作为犯罪行为的"枉法"内嵌了"受财"的含义。"不枉法"出现于"枉法"作为立法语言并形成固定含义之后,其表意局限于法律术语,表达了"受财不枉法"或"不枉法受财"的含义。唐律中"枉法"与"不枉法"皆为律内"赃罪正名",具体所指为监临主司受财行为的两种量刑情节。"不枉法"作为立法语言,其表述形式与定罪量刑内容是对"监临主司受财枉法"的补充,意图在于强化对"监临主司受财"行为的处罚。随着后世刑律中"六赃"内容与结构的变化,"不枉法"的独立性逐渐加强,形成与"枉法"并列且相对的结构。

第七章　唐律中"纠弹官"的
职务行为及其处罚

　　唐代监察制度源于秦汉,经由魏晋南北朝发展而来,为历代监察制度最完善者。中外学者对唐代监察制度的发展变革、组织机构、权力范围、历史借鉴等比较宏观的方面进行了充分探讨,[①]但从法学研究尤其是刑法学规范分析的立场出发,唐代监察官员所犯收受他人财物或者其他与职务身份相关的犯罪行为在刑律中如何表述？应当如何处罚？监察官员职务犯罪的法定刑设置表达了官方何种态度？以笔者所见,对这些微观、具体而又颇具现实借鉴意义的问题尚未有进一步探讨。[②]基于此,本章拟以唐律中的具体法律规范为中心,结合传世文献中的相关内容,对唐代监察官员职务犯罪行为的定罪量刑详情试做分析,力图从微观的视角揭示出唐代监察立法的一些具体内容。

[①]　相关研究成果包括(但不限于)：张碧珠：《唐代御史台组织与职权之研究》,《社会科学论丛》1975年第23期；徐连达：《唐代监察制度述论》,《历史研究》1981年第5期；丁中柱：《唐代的监察制度》,《法学杂志》1985年第2期；胡沧泽：《唐代御史制度研究》,文津出版社1993年版；杨孟哲：《唐代地方监察体系的核心：州府录事参军研究》,《江西社会科学》2016年第2期；杜文玉：《试论唐代监察制度的特点及历史借鉴》,《陕西师范大学学报(哲学社会科学版)》2016年第4期。

[②]　以笔者所见,仅有何美慧针对唐代官吏犯罪及其处罚与司法程序做了比较集中的探讨,参见何美慧：《唐代司法与监察制度之间的关系——以唐律上官吏犯罪之惩治为中心》,私立中国文化大学史学研究所2002年博士学位论文。但何文主要探讨的是官吏犯罪的司法过程中监察机构与监察官员的介入问题,并未措意监察官员自身的职务犯罪与处罚。

一、"纠弹"与"纠弹之官"

唐律中并未出现"监察"与"监察官员"的表述,[①]职司监察的官员概括称为"纠弹之官",如《斗讼》"诬告反坐"条(342)所列举的具体犯罪行为:"纠弹之官,挟私弹事不实"。《职制》"因使受送遗"条(141)律《疏》将"纠弹之官"释为:"职合纠弹之官。"[②]"纠弹"一语在秦汉正史文献中未见普遍使用,汉代之后,传世文献中使用较多且含义固定。"弹者,开弓也。开弓者,弦必反于直。故凡有所纠正谓之弹。"[③]"弹"即

---

① 传世文献当中"监察"的用法非常固定且所见并不普遍,绝大多数是"监察御史"的固定表述,其出现在正史文献志、传中多有"监察御史某某"的记述方式。如通典《食货七·历代盛衰户口》:"睿宗景云初,又造金仙、玉真二观,补阙辛替否上书极谏,不从。二年,监察御史韩琬陈时政上疏曰:臣窃闻永淳之初,尹元贞任岐州雍县令,界内妇人修路,御史弹免之。"又:"九年正月,监察御史宇文融陈便宜,奏请检察伪滥兼逃户及籍外剩田。"[唐]杜佑:《通典》卷第七《食货七》,王文锦等点校,中华书局1988年版,第149、150页。即使未作"监察御史"的固定表述,也多用作描述其具体职能,如《后汉书·窦融列传》:"(窦)融居属国,领都尉职如故,置从事监察五郡。河西民俗质朴,而融等政亦宽和,上下相亲,晏然富殖。"[宋]范晔撰、[唐]李贤等注:《后汉书》卷二十三《窦融列传》,中华书局1965年版,第797页。又《三国志·魏书·夏侯尚传》:"……先王达其如此,故专其职司而一其统业。始自秦世,不师圣道,私以御职,奸以待下;惧宰官之不修,立监牧以董之,畏督监之容曲,设司察以纠之;宰牧相累,监察相司,人怀异心,上下殊务。汉承其绪,莫能匡改。魏室之隆,日不暇及,五等之典,虽难卒复,可粗立仪准以一治制。今之长吏,皆君吏民,横重以郡守,累以刺史。若郡所摄,唯在大较,则与州同,无为再重。宜省郡守,但任刺史;刺史职存,则监察不废,郡吏万数还亲农业,以省烦费,丰财殖谷,一也……"[晋]陈寿撰、[宋]裴松之注:《三国志》卷九《魏书九·夏侯尚传》,中华书局1959年版,第296—297页。

② 刘俊文教授谓"职合纠弹之官"为:"职司纠察弹劾之官,指御史台官员。"刘俊文:《唐律疏议笺解》(上),中华书局1996年版,第875页。钱大群教授谓"纠弹之官"为:"使者中以纠弹官吏之罪过为职责的官吏。"具体包括御史台的诸职御史与有纠弹职责的朝廷制史,前者如:御史大夫、侍御史、殿中侍御史、监察御史等,后者如被称为"廉史"的巡察史、按察使和采访史。参见钱大群:《唐律疏议新注》,南京师范大学出版社2007年版,第373—374页。

③ [汉]许慎撰、[清]段玉裁注:《说文解字注》,十二篇上"手部",上海古籍出版社1981年影印版,第608页下。

"纠正","弹者,纠正其事。"① 亦有二者互训的用法:"弹,纠也。"② 这大概是"纠弹"连用的基础,即段玉裁所谓:"引申为凡抨弹,纠弹之称。"③ 我们在传世文献中还见到了大量关于"纠弹官"与"纠弹之司"的记载,以下仅引其要者:

>《梁书·文学传·何思澄》:(何思澄)迁治书侍御史。宋、齐以来,此职稍轻,天监初始重其选。车前依尚书二丞给三驺,执盛印青囊,旧事纠弹官印绶在前故也。④

>《隋书·炀帝纪》:己丑,诏曰:"……自今已后,诸授勋官者,并不得回授文武职事,庶遵彼更张,取类于调瑟,求诸名制,不伤于美锦。若吏部辄拟用者,御史即宜纠弹。"⑤

>《通典·职官》:故御史为风霜之任,弹纠不法,百僚震恐,官之雄峻,莫之比焉。⑥

>《隋书·百官志》:御史台,梁国初建,置大夫,天监元年,复曰中丞。置一人,掌督司百僚。皇太子已下,其在宫门内行马违法者,皆纠弹之。⑦

>《旧唐书·卢杞传》:(卢杞)及居纠弹顾问之地,论奏称旨,迁御史大夫。⑧

>《旧唐书·良吏传·杨玚》:开元初,迁侍御史。时崔日知为京兆尹,贪暴犯法。(杨)玚与御史大夫李杰将纠劾之。杰反为日知

---

① 宗福邦等主编:《故训汇纂》,商务印书馆 2003 年版,第 731 页。
② 同上。
③ [汉]许慎撰、[清]段玉裁注:《说文解字注》,十二篇下"弓部",第 641 页下。
④ [唐]姚思廉:《梁书》卷五十《文学传下·何思澄》,中华书局 1973 年版,第 714 页。
⑤ [唐]魏徵、令狐德棻:《隋书》卷四《炀帝纪下》,第 83 页。
⑥ [唐]杜佑:《通典》卷第二十四《职官六》,王文锦等点校,中华书局 1988 年版,第 659—660 页。
⑦ [唐]魏徵、令狐德棻:《隋书》卷二十六《百官志上》,中华书局 1973 年版,第 723 页。
⑧ [后晋]刘昫等:《旧唐书》卷一百三十五《卢杞传》,中华书局 1975 年版,第 3714 页。

所构，玚廷奏曰："纠弹之司，若遭恐胁，以成奸人之谋，御史台固可废矣。"[1]

"纠弹官"应当是对官员或官称比较固定的称谓，因为"旧事纠弹官印绶在前"；而"纠弹官"具体所指多是御史台官员，因为吏部私自任官、官员在宫门内行马违法等行为皆由其"纠弹"之，御史的主要职责就是"弹纠不法"；结合"纠弹之地"与"纠弹之司"的相关记载，"纠弹之官"主要指的是御史台各级官员，即具有监察职权的专门机构各级官员。

唐律中并未专条规定"纠弹之官"的职务犯罪行为，而是在律文列举一般官员犯罪行为及其处罚的过程中作为特殊情节予以强调。因此，要明晰监察官员职务犯罪行为的定罪量刑细节，须在大量针对一般官员而设的律文中剥离相关内容以见其全貌。唐律中所见的监察官员职务犯罪行为主要分为受财与失职两类，以下具体分析。

二、"纠弹之官"受财及其处罚

廉洁性是官员职务行为的最基本要求，只要违背了职务行为的廉洁性，不论动机是否"徇私"或结果是否"枉法"，皆予以严厉的处罚。对于行使监察职权的"纠弹之官"，廉洁性方面的要求比一般官员更高。唐律对受命出使官员的受财行为规定了相应处罚，并将"纠弹之官"的受财行为作为一种加重处罚情节规定其中。

《职制》"因使受送遗"条（141）

诸官人因使，于使所受送遗及乞取者，与监临同；经过处取者，减一等。（纠弹之官不减。）即强乞取者，各与监临罪同。

《疏》议曰："官人因使，于所使之处受送遗财物，或自乞取者，

---

[1] ［后晋］刘昫等：《旧唐书》卷一百八十五下《良吏传下·杨玚》，第4819页。

计赃准罪,与监临官同。'经过处取者',谓非所诣之处,因使经历之所而取财者,减一等。纠弹之官不减者,谓职合纠弹之官,人所畏惧,虽经过之处,受送遗、乞取及强乞取者,各与监临罪同。"

本条规定的是出使官员收受他人财物行为的处罚,律文根据出使官员受财地点分别予以处罚,若于出使目的地受财,处罚为重;若于出使途中受财,则较之前者处罚为轻。区分受财地点分别处罚的原因在于:出使官员本身的职责、身份对于出使地点的影响更大、也更为直接,于途经各地则一般无直接影响。注文对"纠弹之官"受财的处罚做了特殊规定。具有监察、纠劾职责的官员,由于其身份与职责,与一般的出使官员不同,所经之处皆会形成震慑并产生直接影响。唐初韦思谦任监察御史时尝谓人曰:"御史出都,若不动摇山岳,震慑州县,诚旷职耳。"①可见监察官员主观方面已对其职务行为之影响有所认识。结合唐代相关规定,我们可以看到监察官员的"自我认知"是比较准确的。唐制,行路贱避贵,②但开成年间明确规定:"请自今已后,京兆尹若逢御史,即下路驻马,其随从人亦皆留止。待御史过,任前进。其东都知台御史亦请准此为例。其京兆尹若趋朝及遇宣朝,不可留滞,即任分路前进。制可。"③就行政级别来看,"京兆、河南、太原府:……尹一人,从三品。"④"御史大夫一人,从三品;中丞二人,正五品上。"⑤河南尹、京兆尹为两京行政长官,秩从三品,其品阶与御史台首长御史大夫相同。虽然"尹正官重"但"台宪地高",诏令规定京兆尹逢御史台官员"即下路驻

---

① [后晋]刘昫等:《旧唐书》卷八十八《韦思谦传》,第2861页。
② 《唐令·仪制令》"行路贱避贵"条:"诸行路巷街,贱避贵,少避老,轻避重,去避来。"[日]仁井田陞:《唐令拾遗》,第443页。
③ [北宋]王溥:《唐会要》卷六十八《河南尹》,中华书局1955年版,第1189—1190页。
④ [唐]李林甫等:《唐六典》(下)卷第三十,第740—741页。
⑤ [唐]李林甫等:《唐六典》(上)卷第十三,第377—378页。

马",可见监察官员的政治地位与政治影响。①因此,"纠弹之官"收受财物不因地点不同而减轻处罚。对于出使官员收受财物的行为,又根据官员是否有"乞取"与"强乞取"等手段与情节分别处罚。本条律文及注、疏中未对"乞取"的含义做出说明,依《职制》"受所监临财物"条(140)律《疏》:"'乞取者,……',谓非财主自与,而官人从乞者"。律设"乞取"乃是为了与"财主自与"即官员被动收受财物相区别,而"以威若力强乞取"又是"乞取"中更加严重的情节,即官员利用身份威胁或胁迫他人给予财物的行为。从具体处罚来看,出使官员受财处罚最轻,乞取处罚较之稍重,强乞取处罚最重。

具体来说,本条对于出使官员受财的处罚分为三类:

第一类,出使地受财。出使官员于出使地收受他人财物,或者"乞取"他人财物的,律文仅述"与监临同"即与"监临官受所监临财物"同样处罚。按《职制》"受所监临财物"条(140):"诸监临之官,受所监临财物者,一尺笞四十,一匹加一等;八匹徒一年,八匹加一等;五十匹流二千里。"这一处罚在具体量刑方面又分为两等:出使官员于出使地单纯收受财物的,即"财主自与"的,一尺笞四十,一匹加一等;八匹徒一年,八匹加一等;五十匹流二千里。出使官员于出使地"乞取"财物的,即"非财主自与,而官人从乞",比照单纯收受财物加一等处罚,一尺笞五十,一匹加一等;八匹徒一年半,八匹加一等;五十匹流二千五百里。

第二类,途中受财。出使官员在出使途中收受他人财物,或者乞取他人财物的,比照"监临官受所监临财物"减一等处罚。即在上文"出使地受财"当中"财主自与"与"乞取"的具体处罚之上分别减一等:"财主自与"的,一尺笞三十,一匹加一等;八匹杖一百,八匹加一等;五十

---

① 亦有论者谓此为唐代监察官员的政治待遇,参见杜文玉:《试论唐代监察制度的特点及其历史借鉴》,《陕西师范大学学报(哲学社会科学版)》2016年第4期。

匹徒三年。"乞取"财物的,一尺笞四十,一匹加一等;八匹徒一年,八匹加一等;五十匹流二千里。律注中特别说明了"纠弹之官不减",即负有监察、纠劾职责的官员在出使途中收受、乞取财物与在出使地收受、乞取财物的同样处罚。

第三类,强乞取财物。律文仅述"强乞取者,各与监临罪同",律《疏》也未对其具体科刑有所说明,关于"强乞取财物"的处罚,仍需参照《职制》"受所监临财物"条(140):"强乞取者,准枉法论。"但此条亦未规定监主受财枉法的具体量刑内容。首先,需要对"准枉法论"的含义及其所包含的定罪量刑方面的特别意义稍作说明。

《名例》"称反坐罪之等"条(53)

称"准枉法论""准盗论"之类,罪止流三千里,但准其罪。

《疏》议曰:"称准枉法论者,《职制律》云:'先不许财,事过之后而受财者,事若枉,准枉法论。'又条:'监临内强市,有剩利,准枉法论。'……如此等罪名,是'准枉法''准盗论'之类,并罪止流三千里。但准其罪者,皆止准其罪,亦不同真犯。"

"准枉法论"并不同于"枉法",这是"准"作为唐律中固定的立法技术所表达的特殊含义。唐律中"准……论"所强调的是前后两个犯罪行为的差异,具体来说是同中之异:言其同,在于"止准其罪";言其异,在于"不同真犯"。实际上,"止准其罪"也是相对的,律《疏》中说"罪止流三千里",所比照的犯罪即使处死刑,"准"其论止科流三千里而已。而其"不同真犯",即"并不在除、免、倍赃、监主加罪、加役流之例。"《疏》议曰:"谓……不在除名、免官、免所居官,亦无倍赃,又不在监主加罪及加役流之例。其本法虽不合减,亦同杂犯之法减科。"

明确了"准枉法论"的含义,我们来看"监主受财枉法"的具体科刑。

《职制》"监主受财枉法"条(138)

诸监临主司受财而枉法者,一尺杖一百,一匹加一等,十五匹绞。

　　《疏》议曰:"'监临主司',谓统摄案验及行案主典之类。受有事人财而为曲法处断者,一尺杖一百,一匹加一等,十五匹绞。"基于此,我们可以梳理出使官员强乞取财物定罪量刑的基本过程:出使官员强乞取财物与监临官强乞取财物罪同;监临官强乞取财物罪"准枉法论";监临主司受财枉法一尺杖一百,一匹加一等,十五匹绞。因此,出使官员强乞取财物,一尺杖一百,一匹加一等,十五匹流三千里。①

　　唐律中关于"纠弹之官"收受财物的不同情节及其相应处罚杂糅于出使官员收受财物的三类情节之中。根据《职制》"因使受送遗"条(141):"经过处取者,减一等。(纠弹之官不减。)"即"纠弹之官"并不区别途经之所与出使之地,②皆以官人出使之地受财处罚。那么,纠弹之官收受财物的处罚内容集中在上述第一类与第三类情节当中,将其受财数额及具体量刑从律文中剥离,详如下表:

表 7.1　纠弹之官受财数额及量刑详表

	收受财物	乞取	强乞取
一尺	笞四十	笞五十	杖一百
一匹一尺	笞五十	杖六十	徒一年
二匹一尺	杖六十	杖七十	徒一年半

---

　　① 刘俊文教授谓:出使官员强乞取财物十五匹处以加役流之刑,参见刘俊文:《唐律疏议笺解》(上),第875页。若依《名例》"称反坐罪之等"条(53)律《疏》的解释:"准枉法论"者"并罪止流三千里。但准其罪者,皆止准其罪,亦不同真犯。……不在监加罪及加役流之例。"即此处仍是强调出使官员强乞取财物与监主受财枉法两者之异,其"异"在量刑方面的表现即前者罪止流三千里且不在加役流之例。关于唐律中"准……论"之用例,亦可参见戴炎辉:《唐律通论》,第471—473页;霍存福、丁相顺:《〈唐律疏议〉"以""准"字例析》,《吉林大学社会科学学报》1994年第5期。

　　② 刘俊文教授谓:纠弹之官不论犯于所使之处或经过之处,亦不论乞取之强与和,一律以监主收财及乞取罪科罚。参见刘俊文:《唐律疏议笺解》(上),第876页。其中过所与出使之地在处罚方面未有区分,但纠弹之官乞取与强乞取在量刑上是有所区分的。

续表

	收受财物	乞取	强乞取
三匹一尺	杖七十	杖八十	徒二年
四匹一尺	杖八十	杖九十	徒二年半
五匹一尺	杖九十	杖一百	徒三年
六匹一尺	杖一百	徒一年	流二千里
七匹一尺	徒一年	徒一年半	流二千五百里
八匹	徒一年	徒一年半	流三千里
十五匹			流三千里
十六匹	徒一年半	徒两年	流三千里
二十四匹	徒两年	徒两年半	流三千里
三十二匹	徒两年半	徒三年	流三千里
四十匹	徒三年	流二千里	流三千里
四十八匹	流二千里	流二千五百里	流三千里
五十匹	流二千里	流二千五百里	流三千里

根据唐律中纠弹之官的受财数额以及与之相应的量刑来看，有以下特征：

首先，纠弹官员受财行为的入罪门槛非常低，受财一尺即予处罚，而"一尺"的数额要求基本上等同于没有数额限制，这意味着只要受财即予处罚。

其次，律文中规定了受财数额递增时相应的加刑标准，同时也规定了受财数额增加至具体数量时所处的具体刑罚，如前述"受所监临财物"条所包含的罚则："一尺笞四十，一匹加一等；八匹徒一年，八匹加一等；五十匹流二千里。"但通过列表我们清晰地看到，若官员受财七匹一尺与四十八匹，量刑已分别至徒一年与流二千里；同样，纠弹官员乞取、强乞取财物按照律文中的加刑标准计算，处罚都比其明确列举的刑罚重。

可见，对于纠弹官员受财行为的量刑，若按照实际的受财数额与加刑标准来计算，处罚要比律文中明确规定的量刑更重。

三、"纠弹之官"失职及其处罚

唐代官员考课有"四善""二十七最"，其中"访察精审，弹举必当，为纠正之最"。① 此项要求应是专门针对"纠弹之官"而言，若是未达"精审"与"必当"则为纠弹失职。"精审"即审查精细，"二十七最"中只有两处要求"精审"，另一处为"雠校精审，明为刊定，为校正之最。"纠弹之官的职务行为亦要求精准、精细，不误一词一语。又《隋书·虞世基传》："（虞）世基至省，方为敕书，日且百纸，无所遗谬。其精审如是。"② "精审"即"无所遗谬"，可见其含义与用法较为固定。"必当"是说必须要达到"当"的标准，表意核心在"当"，其要求与"精审"有所不同。许慎释"当"为："田相值也。"段玉裁注："值者，持也。田与田相持也。引申之，凡相持相抵皆曰当。报下曰当罪人也，是其一端也。"③ 许慎所谓"田相持也"是"当"的具体表现，段玉裁所说的"当罪人"，表达的含义是行为与责任或处罚的"相持相抵"，也就是"适当"。那么，对于纠弹之官职务行为的要求应当包含两层含义：首先，凡当纠弹之事必须纠弹，不当纠弹之事不得纠弹，这是要求"适当"；其次，凡纠弹之事，务必精准、精细，这是要求"精审"。若是纠弹官员没有达到这些要求，自然属于失职；若是挟私故为，"以残虐为事，唯阿曲是图，希媚以合上之旨，巧诬以致人之罪"，④ 则予以严重的处罚。

---

① ［唐］李林甫等：《唐六典》（上）卷第二，第42—43页。
② ［唐］魏徵、令狐德棻：《隋书》卷六十七《虞世基传》，第1572页。
③ ［汉］许慎撰、［清］段玉裁注：《说文解字注》，十三篇下"田部"，第697页上、下。
④ ［宋］王钦若等：《宋本册府元龟》卷五一二《宪官部·总序》，中华书局1989年版，第1301页下。

(一)不应纠弹之事妄作纠弹

唐律中所规定的妄作纠弹包括两种具体情况:一是纠弹之官挟私弹事不实,行为性质同于常人之诬告;二是弹举赦前合免之事,行为性质同于官司故入人罪。唐律对其二者处罚亦无专条规定,纠弹之官挟私弹事不实的处罚内容详如下:

《斗讼》"诬告反坐"条(342)

诸诬告人者,各反坐。即纠弹之官,挟私弹事不实者,亦如之。(反坐致罪,准前人入罪法。至死,而前人未决者,听减一等。)

《疏》议曰:"凡人有嫌,遂相诬告者,准诬罪轻重,反坐告人。'即纠弹之官',谓据令应合纠弹者,若有憎恶前人,或朋党亲戚,挟私饰诈,妄作纠弹者,并同'诬告'之律。反坐其罪,准前人入罪之法,至死而前人虽断讫未决者,反坐之人听减一等。若诬人反、逆,虽复未决引虚,不合减罪。"

东汉许慎释"诬"为"加也"。段玉裁注:"加,语相增加也。加与诬皆兼毁誉言之,毁誉不以实皆曰诬也。"[①]"诬"的核心在于虚构,"诬告"即以虚构的事实告发他人,意图使他人受刑。"纠弹之官"即"据令应合纠弹者",其履行纠弹职责的法律依据是《唐令》的相关规定。[②]"挟私弹事不实"包括了主客观两方面的条件:客观方面是"弹事不实"的行为,即违反了前述"访察精审,弹举必当"的要求;主观方面是"挟私"的动机或意图,即"憎恶前人,或朋党亲戚"。纠弹官员"挟私弹事不实"与常人之诬告性质相同,要依"诬告反坐"之法予以处罚,具体来说:诬告他

---

① [汉]许慎撰、[清]段玉裁注:《说文解字注》,三篇上"言部",第97页上。
② 刘俊文教授谓"据令"所指当为《唐令·职员令》。参见刘俊文:《唐律疏议笺解》(下),第1613页。

人犯有死罪,亦科死刑,[①]若他人执行死刑之前承认诬告的,减一等处罚,处以流三千里;告他人数项罪名,有真有诬的,则以诬告的犯罪行为应处之刑罚予以处罚;告数人,有真有诬的,则以诬告他人之具体行为应处之刑罚予以处罚;上表告人,已经闻奏,事有不实,若以反坐之罪处罚轻于徒二年的,以"上书诈不实"论,处以徒二年之刑;若以反坐之罪处罚重于徒二年的,以反坐之罪处刑。但需要注意的是,诬告他人犯谋反、大逆等罪的不按此条定罪量刑,而是依据《斗讼》"诬告谋反大逆"条(341)的规定:"'诬告谋反及大逆者',谓知非反、逆,故欲诬之,首合斩,从合绞。"此与现代刑法理论中的"法条竞合"相似,作为特别法的"诬告谋反大逆"较之作为一般法的"诬告反坐"具有优先适用的效力。

纠弹之官弹举赦前合免之事的处罚内容详如下:

《斗讼》"以赦前事相告言"条(354)

诸以赦前事相告言者,以其罪罪之。官司受而为理者,以故入人罪论。至死者,各加役流。

《疏》议曰:"'以赦前事相告言者',谓事应会赦,始是赦前之事,不合告言;若常赦所不免,仍得依旧言告。……官司违法,受而为理者,'以故入人罪论'。谓若告赦前死罪,前人虽复未决,告者免死处加役流,官司受而为理,至死者亦得此罪,故称'各加役流'。若官司以赦前合免之事弹举者,亦同'受而为理'之坐。"

官司受理告发他人已被赦免之事的,以"故入人罪"论;官司弹举已经赦免之事的,以官司受理告发他人已被赦免之事处罚。即官司弹举已经

[①] 此处的"死刑"专指绞刑而言,即纠弹之官挟私妄纠弹他人犯有当处斩刑之罪的(除反、逆以外),亦处绞刑。按《名例》"称反坐罪之等"条(53):"诸称'反坐'……者,止坐其罪;(死者,止绞而已。)"《疏》议曰:"称反坐者,《斗讼律》云:'诬告人者,各反坐。'及罪之,依例云:'自首不实、不尽,以不实、不尽之罪罪之。'……止坐其罪者,谓从'反坐'以下,并止坐其罪,不同真犯。故'死者止绞而已'。"

赦免之事的以"故入人罪"论,唯"至死者,各加役流",即量刑上限为加役流。按《断狱》"官司出入人罪"条(487)《疏》议曰:"'官司入人罪者',谓或虚立证据,或妄构异端,舍法用情,锻炼成罪。故注云,谓故增减情状足以动事者,若闻知国家将有恩赦,而故论决囚罪及示导教令,而使词状乖异。称'之类'者,或虽非恩赦,而有格式改动;或非示导,而恐喝改词。情状既多,故云'之类'。'若入全罪',谓前人本无负犯,虚构成罪,还以虚构枉入全罪科之。"具体处罚规则:弹举他人已经赦免的犯罪行为,以他人已经被赦免之罪处罚;若弹举他人已经赦免之死罪,处以"加役流"。

(二)应举劾而不举劾

举劾违法之事是监临主司的职责之一,同时,这是纠弹之官的主要法定职责。因此,纠弹之官遇有违法之事而不举劾较之其他官员的失职行为要受到更加严厉的处罚。纠弹之官应举劾而不举劾的处罚内容详如下:

《斗讼》"监临知犯法不举劾"条(361)

诸监临主司知所部有犯法,不举劾者,减罪人罪三等。纠弹之官,减二等。

《疏》议曰:"'监临',谓统摄之官。'主司',谓掌领之事及里正、村正、坊正以上。知所部之人,有违犯法、令、格、式之事,不举劾者,'减罪人罪三等',假有人犯徒一年,不举劾者,得杖八十之类。'纠弹之官,唯减二等',谓职当纠弹者。"

"监临主司"包含"监临"与"主司",指的是行政长官与负有管理职权的管理人员。监临主司对所辖范围内[①]的违法行为必须进行举劾,所谓

[①] 此处"所辖范围"既指所管辖的地域范围,亦指监临主司的权力管辖范围。

"违法行为"即本条所言"犯法"或"违犯法、令、格、式之事",[①]强调的是违反成文法律规范的行为;所谓"举劾"即究举、告劾,包括对职权范围之内的违法行为进行纠正与处罚,也包括对超出其处理权限的违法行为上报与告劾。若是监临主司知悉所辖范围内有违法之事而不举劾,要按照违法之事应处的刑罚减三等处罚。纠弹之官若不举劾违法之事则较之监临主司处罚为重,仅在违法之事应处刑罚的基础之上减二等处罚。若纠弹之官遇有应处绞、斩的违法行为而未举劾,减二等当处以徒三年之刑;[②]若纠弹之官遇有应处笞三十的违法行为而未举劾,减二等当笞十。因此,纠弹之官遇违法之事而不举劾的量刑幅度为:最重处以徒三年之刑,最轻处以笞十。若遇谋反、大逆、叛等不告则不再依此处罚,而是适用《斗讼》"知谋反逆叛不告"条(340)中的处罚规定:"诸知谋反及大逆者,密告随近官司,不告者,绞。知谋大逆、谋叛不告者,流二千里。知指斥乘舆及妖言不告者,各减本罪五等。官司承告,不即掩捕,经半日者,各与不告罪同;若事须经略,而违时限者,不坐。"此亦为特别法优先适用之例。

唐律对于监察官员失职行为的量刑细则与前述受财行为相比,起刑点更低,量刑上限更高,或者说无量刑上限、可顶格量刑,因为其中有死刑适用的情况。但死刑适用针对的是特殊情况,即监察官员挟私以谋反等重罪弹劾他人处以斩刑,遇有谋反等重罪不予纠弹也要处以绞刑。

[①] "违犯法、令、格、式之事"强调的是行为应当遵守的法律依据,此种表述形式还用来强调司法官员司法的依据,如《断狱》"断罪不具引律令格式"条(484):"诸断罪皆须具引律、令、格、式正文,违者笞三十。"《疏》议曰:"犯罪之人,皆有条制。断狱之法,须凭正文。"其中"犯罪之人,皆有条制"与《斗讼》"监临知犯法不举劾"条(361)中的"违犯法、令、格、式之事"正好前后呼应。

[②] 按《名例》"称加减"条(56):"惟二死、三流,各同为一减。"《疏》议曰:"假有犯罪合斩,从者减一等,即至流三千里。或有犯流三千里,合例减一等,即处徒三年。故云'二死、三流,各同为一减'。"绞、斩之刑减二等当处以徒三年之刑。

四、小结

唐律中未有"监察"的表述，而是将监察、监督等职权及其专门机构各级官员称为"纠弹"与"纠弹之官"，这种称谓自汉代之后的传世文献中使用较多且含义固定。唐律未专条规定纠弹官的职务犯罪行为，而是在列举一般官员犯罪行为及其处罚的过程中作为特殊情节予以强调。唐律中纠弹官的职务犯罪行为包括受财与失职两类，受财行为入罪门槛极低、处罚极重，失职又包括不应纠弹之事妄作纠弹与应举劾而不举劾，与受财相比起刑点更低且可顶格量刑。唐律对于纠弹官职务犯罪行为的量刑较之一般官员为重，根据具体情节量刑的区分度非常明显。根据前文对唐律相关条文的剥离与分析，以下将纠弹之官职务犯罪行为的基本类型与相应量刑幅度稍作梳理：

表7.2 纠弹官员职务犯罪行为量刑幅度简表

行为		起刑点	法定最高刑
受财	收受	笞四十	流二千里
	乞取	笞五十	流二千五百里
	强乞取	杖一百	流三千里
不应纠弹之事妄作纠弹	挟私弹事不实	笞十	斩
	弹举赦前合免之事	笞十	加役流
应举劾而不举劾		笞十	绞

结合上表，我们可以对唐律中监察官员职务犯罪行为的量刑特征试做总结：

首先，唐律对于纠弹之官职务犯罪行为的量刑是在一般官员相似行为量刑的基础之上加重，律文一般表述为"不减"，如"纠弹之官不减"。

亦有较之一般官员减等少的表述，如"诸监临主司知所部有犯法，不举劾者，减罪人罪三等。纠弹之官，减二等。"此种量刑规则所表达的态度是纠弹之官职务犯罪较之一般官员须加重处罚。

其次，唐律对于纠弹之官职务犯罪适用的法定刑种类多，以唐律"五刑二十等"[①]的刑罚体系来看，对于受财与失职两类犯罪行为适用了全部刑罚，即最轻笞十，最重处以斩刑；仅就纠弹之官受财来看，也规定了十五等刑罚，覆盖了75%的法定刑。由此，刑律中根据具体情节量刑的区分度非常明显。

最后，唐律对于纠弹之官职务犯罪行的起刑点与法定最高刑皆适用于"挟私弹事不实"，即纠弹之官"朋党亲戚，挟私饰诈，妄作纠弹"，"以残虐为事，唯阿曲是图，希媚以合上之旨，巧诬以致人之罪"等行为根据具体情节与危害结果，最轻笞十、最重处以斩刑，可见其规制的核心在于"挟私"。监察官员职务行为过程中"挟私"有悖于其职权设置初衷，故较之其他官员处罚更加严厉。

---

① 即笞刑五等、杖刑五等、徒刑五等、流刑三等、死刑二等，详细内容可参见《名例》1—5条内容。

第八章　唐律中的"故杀"及其来源

竹简秦汉律中可以见到大量"贼杀"作为固定指称一类犯罪行为的记载，睡虎地秦简《法律答问》："求盗追捕人，罪人格杀求盗，问杀人者为贼杀，且斗杀？"①《居延汉简释文合校》："坐贼杀平陵游徼周敫，攻□□市，贼杀游徼业谭等亡为人奴☑"（114·21）②长沙五一广场新近发掘的东汉简牍中亦可见到贼杀的相关内容："男子黄倜前贼杀男子左建亡"。③"贼杀"作为一类犯罪行为指称既描述了具体行为又强调了犯罪的主观心态，即"杀人不忌""杀人而不戚也"。唐律中不见"贼杀"之名，与秦汉时期的"杀人不忌"相似的内容是"无事而杀"，此类犯罪行为名为"故杀"。沈家本推测汉律中的"贼杀"疑为后来律文之故杀。④从"贼杀"到"故杀"，不仅是名称的改变，也是含义的发展。对于这一发展阶段的深入探讨对于我们揭示传统刑律发展、演变规律极有意义，目前学界在探讨唐律以及后世刑律中的"故杀"时，都会追溯其来源，但对传统刑律中从"贼杀"到"故杀"的具体过程未有深入分析。⑤当然，学界

---

① 睡虎地秦墓竹简整理小组：《睡虎地秦墓竹简·释文》，第109页。
② 谢桂华、李均明、朱国炤：《居延汉简释文合校》，文物出版社1987年版，第186页。
③ 长沙市文物考古研究所：《湖南长沙五一广场东汉简牍发掘简报》，《文物》2013年第6期。
④ 沈家本在《汉律摭遗》"贼杀人"中引述了《汉书·王子侯表》的内容："'张侯嵩，坐贼杀人，上书要上，下狱，瘐死。''南利侯昌，坐贼杀人，免。'"其后有一段按语："凡言贼杀者，有心之谓，此疑即后来律文之故杀也。"［清］沈家本：《历代刑法考》（三）《汉律摭遗卷五》，邓经元、骈宇骞点校，中华书局1985年版，第1463页。
⑤ 代表性成果包括（但不限于）：王应瑄：《从唐代姚文秀杀妻案看我国古代故杀人罪

缺乏相关探讨的主要原因是相关史料的不足,我们针对出现于刑律中的立法语言的发展、演变的详细轨迹无法深究,但通过传世文献的记载及相关内容的比较,可以对唐律中作为立法语言的"故杀"的含义、渊源及形成做一些探讨。

一、"贼"与"贼杀"的含义及其发展

《说文》载:"贼,败也。"段玉裁注:"败者,毁也。毁者,缺也。《左传》,周公作誓命曰:毁则为贼。又叔向曰:杀人不忌为贼。"① 据此,"贼"的主要含义是破坏、毁坏,在此基础上引申出了两个比较具体的含义:"毁则"与"杀人不忌"。破坏既定法则、规范是贼;杀人而不畏忌也是贼。前者出自《左传·文公十八年》,杜注:"毁则,坏法也。"② 此含义进一步引申尚有贼民、贼仁等表述。③ 后者出自《左传·昭公十四年》,杜注:"忌,畏也。"④ 又《大戴礼记·曾子立事篇》:"杀人而不戚也,贼也"。⑤

的罪名定义》,《法学评论》1985 年第 5 期;闵冬芳:《中国古代的故杀》,《河北法学》2009 年第 4 期;李芳、刘晓林:《唐律"故杀"考》,《西部法学评论》2011 年第 1 期;陈磊:《犯罪故意的古今流变——兼评方法论意义上故意与过失的界分》,《环球法律评论》2014 年第 4 期。

① [汉]许慎撰、[清]段玉裁注:《说文解字注》,十二篇下"戈部",上海古籍出版社 1981 年影印版,第 630 页下。

② [周]左丘明撰、[晋]杜预注、[唐]孔颖达正义:《春秋左传正义》卷第二十,北京大学出版社 1999 年版,第 576 页。

③ 《左传·宣公二年》载:"贼民之主,不忠。"[周]左丘明撰、[晋]杜预注、[唐]孔颖达正义:《春秋左传正义》卷第二十一,北京大学出版社 1999 年版,第 596 页。《孟子·梁惠王章句下》载:"贼仁者谓之贼,贼义者谓之残;残贼之人,谓之一夫。"[汉]赵岐注、[清]孙奭疏:《孟子注疏》卷第二下,北京大学出版社 1999 年版,第 53 页。

④ 程树德在《九朝律考·汉律考》中将"已恶而掠美为昏,贪以败官为墨,杀人不忌为贼"的出处误注为"昭四年《传》"。程树德:《九朝律考》,中华书局 1963 年版,第 14 页。又见程树德:《九朝律考》商务印书馆 2010 年版,第 20 页。其出处当为《左传·昭公十四年》,参见[周]左丘明撰、[晋]杜预注、[唐]孔颖达正义:《春秋左传正义》卷第四十七,北京大学出版社 1999 年版,第 1338 页。

⑤ [清]王聘珍:《大戴礼记解诂》卷四,王文锦点校,中华书局 1983 年版,第 76 页。

对于两者关系，王筠谓："《左传》，毁则为贼，依左氏则兼意，……寇贼奸宄，《尚书》已连言之矣。左文十年传杜注，陈楚名司寇为司败，贼即训败，即与盗同，但当分孰为正义，孰为借义耳。"①

传世文献所见"贼"的含义与杀人密切相关，《尚书·舜典》载："帝曰：皋陶，蛮夷猾夏，寇贼奸宄……"，郑注："群行攻劫曰寇，杀人曰贼。"孔安国疏："寇者众聚为之，贼者杀害之称，故'群行攻劫曰寇，杀人曰贼'。"② 同样的含义还可见《周礼·秋官·朝士》："凡盗贼军乡邑及家人，杀之无罪。"释曰："盗贼并言者，盗谓盗取人物，贼谓杀人曰贼。"③ 又《国语·晋语五》"灵公使鉏麑杀赵宣子"载："灵公虐，赵宣子骤谏，公患之，使鉏麑贼之"，注："麑贼，力士。贼，杀也。"④ 杀人的主观心态与杀人的客观行为皆是引申自破坏、毁坏、伤害等较为广泛的含义，"杀人而不戚也，贼也……杀人曰贼，与贼害之义相引伸也。"⑤ "贼"还有表示杀人行为实施者的用法，《周礼·地官司徒·调人》载："凡和难，父之雠辟诸海外，兄弟之雠辟诸千里之外，从父兄弟之雠不同国，君之雠眡父，师长之雠眡兄弟，主友之雠眡从父兄弟。"释曰："云'父之雠辟诸海外'已下，皆是杀人之贼，王法所当讨，即合杀之。"⑥

由于"贼"与"杀人"在含义方面的密切联系，在表示犯罪行为时，"贼"和"杀"成了同义语，这大概是贼与杀连用的根源。在传世文献中我们可以见到大量关于"贼杀"的记载：

---

① ［清］王筠撰集：《说文句读》卷二十四，十二篇下"戈部"，中国书店1983年影印版。
② ［汉］孔安国传、［唐］孔颖达疏：《尚书正义》卷第三，北京大学出版社1999年版，第75—76页。
③ ［汉］郑玄注、［唐］贾公彦疏：《周礼注疏》卷第三十五，北京大学出版社1999年版，第942页。
④ 上海师范大学古籍整理组校点：《国语》，上海古籍出版社1978年版，第399页。
⑤ 程树德：《九朝律考》，中华书局1963年版，第14页。
⑥ ［汉］郑玄注、［唐］贾公彦疏：《周礼注疏》卷第十四，北京大学出版社1999年版，第358页。

《周礼·夏官·大司马》:"贼杀其亲则正之"。释曰:"……贼杀其亲,其罪尤重"。①

《史记·秦本纪》:"三父废太子而立出子为君。出子六年,三父等复共令人贼杀出子。"②

《史记·吴王濞列传》:"(吴王濞)今乃与楚王戊、赵王遂、胶西王卬、济南王辟光、菑川王贤、胶东王雄渠约从反,为逆无道,起兵以危宗庙,贼杀大臣及汉使者,迫劫万民,夭杀无罪,烧残民家,掘其丘冢,甚为暴虐。"③

《汉书·文三王传》:"哀帝建平中,立复杀人。天子遣廷尉赏、大鸿胪由持节即讯。至,移书傅、相、中尉曰:'王背策戒,悖暴妄行,连犯大辟,毒流吏民。比比蒙恩,不伏重诛,不思改过,复贼杀人。……'"④

《汉书·赵敬肃王刘彭祖传》:"大鸿胪禹奏:'(敬肃王子缪王)元前以刃贼杀奴婢,子男杀谒者,为刺史所举奏,罪名明白。……'"⑤

《汉书·司马相如传》:"……巴、蜀民大惊恐。上闻之,乃遣相如责唐蒙等,因谕告巴、蜀民以非上意。檄曰:'告巴、蜀太守:……当行者或亡逃自贼杀,亦非人臣之节也。'"师古曰:"贼犹害也。"⑥

"贼杀"表达的皆为有意、故意杀害之意,但有些表述的固定化程度非

---

① [汉]郑玄注、[唐]贾公彦疏:《周礼注疏》卷第二十九,第762页。
② [汉]司马迁:《史记》卷五《秦本纪》,中华书局1959年版,第181页。
③ [汉]司马迁:《史记》卷一百六《吴王濞列传》,第2833—2834页。亦见[汉]班固撰、[唐]颜师古注:《汉书》卷三十五《荆燕吴传》,中华书局1962年版,第1915页。
④ [汉]班固撰、[唐]颜师古注:《汉书》卷四十七《文三王传》,第2218页。
⑤ [汉]班固撰、[唐]颜师古注:《汉书》卷五十三《景十三王传》,第2421页。
⑥ [汉]班固撰、[唐]颜师古注:《汉书》卷五十七下《司马相如传下》,第2577—2578页。亦见[汉]司马迁:《史记》卷一百一十七《司马相如列传》,中华书局1959年版,第3044—3045页。

常高,从中已能看出其作为近似于现代刑法理论中的"罪名"而使用的痕迹,如"贼杀其亲则正之",释曰:"……贼杀其亲,其罪尤重";有些仅为一般意义上对行为的描述。在大量关于"贼杀"的记载中,特别引起我们注意的是"贼杀"与"不辜"连用的内容:

《史记·李斯列传》:"(赵)高乃谏二世曰:'天子无故贼杀不辜人,此上帝之禁也,鬼神不享,天且降殃,当远避宫以禳之。'二世乃出居望夷之宫。"①

《汉书·魏相传》:"后人有告相贼杀不辜,事下有司。"②

《汉书·赵广汉传》:"司直萧望之劾奏:'(赵)广汉摧辱大臣,欲以劫持奉公,逆节伤化,不道。'宣帝恶之。下广汉廷尉狱,又坐贼杀不辜,鞫狱故不以实,擅斥除骑士乏军兴数罪。天子可其奏。……广汉竟坐要斩。"③

《汉书·翟方进传》:"义既还,大怒,阳以他事召立至,以主守盗十金,贼杀不辜,部掾夏恢等收缚立,传送邓狱。"④

"不辜"主要指的是犯罪对象无任何过错而被杀害,意在通过犯罪对象的"不辜"强调行为人杀人之害心。"贼杀"与"不辜"连用不但进一步突出了"贼"作为犯罪主观心态"杀人不忌"的含义,也与张斐《晋律注》中"无变斩击谓之贼"⑤的注释极为契合。

二、"贼"与"故"的交织及"故杀"的形成

《晋律注》中对"故"的注释颇值得我们注意:"其知而犯之,谓之

---

① [汉]司马迁:《史记》卷八十七《李斯列传》,第2562页。
② [汉]班固撰、[唐]颜师古注:《汉书》卷七十四《魏相丙吉传》,第3134页。
③ [汉]班固撰、[唐]颜师古注:《汉书》卷七十六《赵尹韩张两王传》,第3205页。
④ [汉]班固撰、[唐]颜师古注:《汉书》卷八十四《翟方进传》,第3425页。
⑤ [唐]房玄龄等:《晋书》卷三十《刑法志》,中华书局1974年版,第928页。

故。"① 仅就张斐的注释来说,"故"与"贼"的差异是比较明显的,"故"强调的是明知故犯的主观心态,"贼"强调的是无故杀伤之行为。沈家本在《汉律摭遗》中说:"贼者,害也,凡有害于人民,有害于国家,皆可谓之贼。"又:"《汉律》凡言贼者,并有害心之事,视无心为重。"② 沈氏对汉律中"贼"的解释显然与《晋律注》中"故"的含义有所交织,"贼"的这种含义已不局限于杀人行为,而是立足于犯罪行为实施的主观心态进行概括,这种害心结合"贼"本身的含义主要强调的是杀人之害心。限于史料,我们对秦汉律中"贼"的含义并没有十分清晰的认识,但我们能看到的是秦汉时期的"贼"既有杀人行为的含义又有主观心态的含义。犯罪行为与犯罪主观心态显然是不能完全分开的,"无变斩击"所表现出的主观心态自然是"知而犯之"的一种具体形式,当然,以"知而犯之"的心态所实施的犯罪并不止杀伤行为。

从《晋律注》对"贼"与"故"的注释中我们看到"故"的外延大于"贼","无变斩击"所表达的含义乃是"知而犯之"的心态下实施的一种具体犯罪行为。③ 换句话说,《晋律注》中"贼"的含义已开始逐渐回归杀人行为之本意而不再用作表示主观心态。唐律中,仍有《贼盗律》之篇名,其含义与秦汉时期法典篇名《盗律》《贼律》的含义一致,包含的内容是"叛逆杀伤之类",④ 但"贼"不再有作为犯罪行为与犯罪主观心态使用的情况。⑤《唐律疏议·斗讼》"斗殴杀人"条(306):"以刃及故杀

---

① [唐]房玄龄等:《晋书》卷三十《刑法志》,中华书局1974年版,第927页。
② [清]沈家本:《历代刑法考》(二)《汉律摭遗》,第1371、1413页。
③ 《唐律疏议》中的"故"共出现1059次,其含义与用法分为六种,故作为犯罪主观意图也有两种具体含义。参见李芳、刘晓林:《〈唐律疏议〉"知而犯之谓之'故'"辨正》,《甘肃政法学院学报》2010年第4期。
④ 程树德:《九朝律考》,第14页。
⑤ 据初步统计,《唐律疏议》中"贼"共出现104次,无一次是作为罪名、犯罪主观心态而出现的,其中"贼盗"出现43次("贼盗律"出现31次),可知"贼"在唐律中主要是作为篇名而非犯罪行为存在。

人者,斩。"《疏》议曰:"以刃及故杀者,谓斗而用刃,即有害心;及非因斗争,无事而杀,是名'故杀':各合斩罪。"唐律中将"故杀"注释为"无事而杀",无事即无故,"无事而杀"与"无变斩击"无甚区别,[①] 这里的无故、无事主要是从行为人的角度所做的描述;若从被害人的角度来考察,似亦可作为无辜、不辜。至此,我们可以看出由"贼杀"至"故杀"发展的大致脉络:由秦汉及之前的"杀人不忌""贼杀不辜",发展为晋律中的"无变斩击",最终成为唐律中的"无事而杀",变化之痕迹极为清晰。唐律中"故杀"即秦、汉、魏、晋律中"贼杀"之变名,[②] 陈顾远谓:"晋律注:'其知而犯之谓之故;'疏义:'斗而用刃,即有害心,及非因斗争无事而杀,谓之故杀;'清律注:'临时有意欲杀,非人所知曰故;'是故杀之意义亦三变也。"[③] "知而犯之"杀人,"斗而用刃、无事"杀人,"临时有意"杀人即陈氏所谓"故杀"三变之意义。"故杀"之三种意义,即是"杀人之害心"的三种具体表现形式。这三种表现形式皆未超出"杀人不忌""无变斩击"的范围。秦、汉、魏、晋律中作为犯罪主观心态的"贼""故"同时存在,随着立法的发展,"贼"的含义越来越具体、越来越倾向于表达具体杀人行为的本意。"贼"作为犯罪主观心态的含义最终被"故"所取代,秦汉律中的"贼杀"发展成为唐律中的"故杀"。需要注意的是,在两唐书中仍能见到大量"贼杀"的表述:

《旧唐书·宪宗本纪》:"乃敢轻肆指斥,妄陈表章,潜遣奸人,内怀兵刃,贼杀元辅,毒伤宪臣,纵其凶残,无所顾望。"[④]

《旧唐书·王珪传》:"庐江不道,贼杀其夫而纳其室。"[⑤]

[①] 参见蔡枢衡:《中国刑法史》,中国法制出版社2005年版,第177页。
[②] 同上书,第149页。
[③] 陈顾远:《中国法制史》,中国书店1988年版,第301页。
[④] [后晋]刘昫等:《旧唐书》卷十五《宪宗本纪下》,第453页。
[⑤] [后晋]刘昫等:《旧唐书》卷七十《王珪传》,第2528页。

《新唐书·权万纪传》:"宇文智及受隋恩,贼杀其君,万世共弃,今其子乃任千牛,请斥屏以惩不轨。"①

《新唐书·逆臣传》:"禄山、思明兴夷奴饿俘,假天子恩幸,遂乱天下。彼能以臣反君,而其子亦能贼杀其父,事之好还,天道固然。"②

以上"贼杀"与唐律中的"故杀"显然是同一类行为,即有杀心、故意杀害,但为何两唐书中的表述未与法典中的表述同步发展?③ 我们推测应当是出于正史文献本身的性质,其专门化程度不及法典,法律术语的发展变化在正史文献中表现出滞后性。但随着时间推移,"贼杀"作为罪名使用的情况越来越少,大致宋代以后,正史中虽然仍有"贼杀"的表述,但明显已不是罪名与犯罪行为的含义,如《元史·列女传》载:"汤婍者,亦龙泉人,有姿容。贼杀其父母,以刃胁之。婍不胜悲咽,乞早死,因以头触刃。贼怒,斫杀之。"④ "贼杀"表达的是贼人杀害汤婍父母之意。

由于秦汉至唐代时间跨度较大,而限于史料这一时期刑律发展、演变的详细轨迹无法确知,但据《文献通考·刑考》所引《魏律·斗律》:"祖父母、父母忿怒以兵刃杀子孙者,五岁刑;殴杀及爱憎而故杀者,各减一等。"⑤ 可知,北魏时已有"故杀"作为犯罪行为使用的情况,但其间条文沿革的具体情况无法详究。另外,作为犯罪主观心态的"贼"演变为"故"并非仅见于杀人罪,汉律中的"贼燔"演变为唐律中的"故烧"也是这一发展过程的具体表现:

---

① [宋]欧阳修、宋祁:《新唐书》卷一百《权万纪传》,中华书局1975年版,第3939页。
② [宋]欧阳修、宋祁:《新唐书》卷二百二十五上《逆臣传上》,第6434—6435页。
③ 实际上,唐以后的正史文献中,我们仍能见到关于"贼杀"的内容,如《宋史·张耆传》载:"可一,坐与群婢贼杀其妻,弃市。"[元]脱脱等:《宋史》卷二百九十《张耆传》,中华书局1977年版,第9711页。
④ [明]宋濂等:《元史》卷二百一《列女传二》,中华书局1976年版,第4501页。
⑤ [元]马端临:《文献通考》(下册)卷一百六十九《刑考八》,浙江古籍出版社2000年版,第1468页下。

《二年律令·贼律》

贼燔城、官府及县官积寂(聚),弃市。贼燔寺舍、民室屋庐舍、积寂(聚)、圂为城旦舂。其失火延燔之,罚金四两,责(债)(四)所燔。乡部、官啬夫、吏主者弗得,罚金各二两。(五)①

"贼燔"即纵火,其为有害心而故为之犯罪,晋律中未见变化:"贼燔人庐舍积聚盗,赃满五匹以上,弃市;即燔官府积聚盗,亦当与同。"②唐律中已无"贼燔"而代之以"故烧",《唐律疏议·贼盗》"故烧舍屋而盗"条(284):"诸故烧人舍屋及积聚之物而盗者,计所烧减价,并赃以强盗论。"又《唐律疏议·杂律》"烧官府私家舍宅"条(432):"诸故烧官府廨舍及私家舍宅,若财物者,徒三年;赃满五匹,流二千里;十匹,绞。杀伤人者,以故杀伤论。"

三、"贼杀"与"故杀"的比较

"贼杀"演化为"故杀",不只是名称的变化,通过对汉律与唐律相关内容的比较,我们可以对其内容方面的变化试做梳理。张家山汉简《二年律令·贼律》中可以见到以下内容:

贼杀人、斗而杀人,弃市。(二一)

谋贼杀、伤人,未杀,黥为城旦舂。(二二)

贼杀人,及与谋者,皆弃市。未杀,黥为城旦舂。(二三)

贼伤人,及自贼伤以避事者,皆黥为城旦舂。(二五)

谋贼杀、伤人,与贼同法。(二六)③

---

① 张家山二四七号汉墓竹简整理小组:《张家山汉墓竹简〔二四七号墓〕(释文修订本)》,第8页。

② [唐]房玄龄等:《晋书》卷三十《刑法志》,第930页。

③ 张家山二四七号汉墓竹简整理小组:《张家山汉墓竹简〔二四七号墓〕(释文修订

二一、二二、二三、二五简的内容是关于具体犯罪行为的处罚，二六简的内容是处罚的原则性规定。二一、二三、二五简比较完整地表述了贼杀、贼伤的处罚情况，根据二一简的内容，贼杀人处以弃市之刑，表达的应该是已经造成犯罪对象死亡的既遂形态，因为从其他简文的内容中我们见到了"未杀"的表述，而此处未见"未杀"的限制；同理，二五简所说的贼伤人处以黥为城旦舂之刑，其表达的也是已造成犯罪对象伤害的情况。将二三简中的第二句话与二五简对照，可以发现"贼杀人未杀"与"贼伤人"处罚相同，是否可以从犯罪行为的角度将两者等同？答案当然是否定的。两者对犯罪对象造成的损害结果是相似的，但主观心态与犯罪形态方面的差异非常明显："贼杀人未杀"是行为人以杀人之害心实施了犯罪行为，但未造成犯罪对象死亡，是故意犯罪的未完成形态；"贼伤人"是以伤人之害心实施了犯罪行为并造成了犯罪对象伤害，是故意犯罪的完成形态。两者主观心态明显不同。从犯罪结果分析，"贼杀人未杀"可能造成了犯罪对象伤害也可能未造成犯罪对象伤害，就目前的材料来看这一点并不容易确定，而"贼伤人"造成了犯罪对象伤害，这是非常明确的。①

二二简的内容有些难以解释之处，"谋贼杀、伤人"显然是指两类犯罪行为："谋贼杀"与"谋贼伤"，这与二六简的前半部分是一致的。那么"谋贼杀、伤人，未杀"指的是什么？按照字面推测应当是说"谋贼杀未杀"和"谋贼伤未杀"两种情况，但"谋贼伤未杀"的表述显然是存在逻辑错误的，"谋贼伤"本身就是未致犯罪对象死亡，行为人主观

本)》，第 11—12 页。

① 韩国学者尹在硕认为二三简中"未杀"的含义为"企图杀人而未施行"，〔韩〕尹在硕：《张家山汉简所见的家庭犯罪及刑罚资料》，中国政法大学法律古籍整理研究所编：《中国古代法律文献研究》(第二辑)，中国政法大学出版社 2004 年版，第 46 页。"未施行"明显是指既未造成犯罪对象死亡，亦未造成犯罪对象的任何伤害。但是目前我们所见到的材料明显无法支持这种过于具体的观点。

上也没有致他人死亡的意图，为什么要用"未杀"来限定"谋贼伤"？因此，整理小组关于二二简内容的断句是值得商榷的，至少是容易引起误解的。根据其内容分析，二二简的内容应当与二六、二三两支简一致，二二简中的"伤人"和"未杀"之间应当是并列关系，二二简应当断句为："谋贼杀，伤人未杀，黥为城旦舂。"①

唐律中关于故杀的内容详如下：

《唐律疏议·斗讼》"斗殴杀人"条（306）

诸斗殴杀人者，绞。以刃及故杀人者，斩。虽因斗，而用兵刃杀者，与故杀同。（为人以兵刃逼己，因用兵刃拒而伤杀者，依斗法。余条用兵刃，准此。）

《疏》议曰："斗殴者，元无杀心，因相斗殴而杀人者，绞。以刃及故杀者，谓斗而用刃，即有害心；及非因斗争，无事而杀，是名'故杀'：各合斩罪。'虽因斗而用兵刃杀者'，本虽是斗，乃用兵刃杀人者，与故杀同，亦得斩罪，并同故杀之法。注云'为人以兵刃逼己，因用兵刃拒而伤杀'，逼己之人，虽用兵刃，亦依斗杀之法。'余条用兵刃，准此'，谓余亲戚、良贱以兵刃逼人，人以兵刃拒杀者，并准此斗法。又律云：'以兵刃杀者，与故杀同。'既无伤文，即是伤依斗法。注云'因用兵刃拒而伤杀者'，为以兵刃伤人，因而致死，故连言之。"

不因斗，故殴伤人者，加斗殴伤罪一等。虽因斗，但绝时而杀伤者，从故杀伤法。

《疏》议曰："不因斗竞，故殴伤人者，加斗殴伤一等，若拳殴不伤，笞四十上加一等，合笞五十之类。'虽因斗，但绝时而杀伤者'，谓忿竞之后，各已分散，声不相接，去而又来杀伤者，是名'绝

---

① 持相同观点的还有德国学者陶安，参见〔德〕陶安：《中国传统法"共犯"概念的几则思考》，《华东政法大学学报》2013 年第 2 期。

时',从故杀伤法。"

汉律中的贼杀与唐律中的故杀皆与斗杀同条规定,这是两者在条文结构方面明显的相似之处;就处罚方面来看,唐律中故杀处以斩刑,这与汉律中贼杀处以弃市也大致相似。[①] 通过汉《贼律》与唐律相关内容的比较,我们发现从贼杀到故杀的发展演变过程中,产生了一些值得注意的变化:

（一）汉律中的贼伤演化为唐律中的殴伤并比照斗伤定罪量刑

传统刑律中,杀人罪与伤害罪并未有清晰的界限,"一般地说,死亡是创伤的发展。在这个意义上,伤害和死亡实是一个过程的两个阶段。"[②] 竹简秦汉律中所见既有"贼杀伤"与"贼杀、伤",亦有"贼伤",《二年律令·贼律》中贼伤人处以黥为城旦舂之刑。唐律中未见有"故伤"的普遍表述,[③] 与贼伤相似的内容正是我们在前述律文中见到的关于"故殴伤"的表述："不因斗竞,故殴伤人者,加斗殴伤一等"。唐律中"故殴

---

① 水间大辅认为秦汉时代的死刑轻重顺序为:枭首、腰斩、磔、弃市;石刚浩认为:《二年律令》中所采用的是由腰斩、磔、枭首、弃市所组成的死刑顺序。参见〔日〕石刚浩:《张家山汉简〈二年律令〉之〈盗律〉所见磔刑的作用》,李力译,中国政法大学法律史学研究院:《日本学者中国法论著选译》(上册),中国政法大学出版社2012年版,第75页。虽然具体观点有异但就秦汉时期的弃市在刑罚体系中的位置来说,二者是一致的,皆为刑罚体系中之最重刑。

② 蔡枢衡:《中国刑法史》,第148页。

③ "故伤"在唐律中仅出现两次,一次是在《唐律疏议·厩库》"杀缌麻亲马牛"条(205):"问曰:误杀及故伤缌麻以上亲畜产,律无罪名,未知合偿减价以否?"即故意伤害缌麻以上亲属畜产的行为,依据后文来看,此种行为不予处罚。另一次是在《唐律疏议·贼盗》"残害死尸"条(266):"诸残害死尸,(谓焚烧、支解之类。)及弃尸水中者,各减斗杀罪一等;(缌麻以上尊长不减。)弃而不失及髡发若伤者,各又减一等。即子孙于祖父母、父母,部曲、奴婢于主者,各不减。(皆谓意在于恶者。)"即故意伤害尸体,不包括子孙伤害父母及缌麻以上尊长之尸体、部曲奴婢伤害主之尸体,在斗杀基础上减等处罚。注文中强调:"皆谓意在于恶者",《疏》议曰:"并谓意在于恶。如无恶心,谓若愿自焚尸,或遗言水葬及远道尸柩,将骨还乡之类,并不坐。"即强调了出于故意的心态伤害尸体,而非出于其他原因。

伤"的表述仅有三处,①其他多见"殴伤"的表述,如殴伤妻妾、殴伤卑属、殴伤部曲奴婢等。从内容与表述方面,我们看到汉律中所见的"贼伤"转化为唐律中的"故殴伤"或"殴伤"。但问题在于"殴杀伤"的含义处于"故杀伤"与"斗杀伤"的交叉地带,并且在量刑上比附于"斗杀伤",②唐律本身并未对其清晰界定。对此,沈家本谓:

> 未必义例完全而始可谓之为法,乃以此律之缺陷如此,非法家者流所当注意者乎?窃谓《唐律》斗故杀条,本包括故殴伤在内。(斗殴伤见另条)斗殴者,伤为斗殴伤,杀为斗殴杀。故者,伤为故殴伤,杀为故杀。故杀由故伤而成,事本相因,难分为二。律文简要本无可疑。自《疏议》有无事而杀之文,说者辩论纷如,转生出许多疑障。夫律贵诛心为恶,重在有意。临时有意欲杀,与独谋诸心而杀,同为有意。强事区分,其理想不甚微妙哉?今若融会《唐律》及英、日刑法之意,明定界限,自可尽祛疑惑。酌拟嗣后凡有意杀人者,二人以上谋杀者无论矣,其一人独谋诸心及临时有意欲杀者,皆以谋杀论。故殴伤者为故殴伤,人因而致死者,以故杀论。必有互殴之状者,乃以斗殴杀论。如此分作三级,界限较为分明。而因故殴而死,与因斗而死者,庶有区别。愿与明律之君子共参之。③

据沈氏之意,行为人(一人)出于伤害的故意对犯罪对象实施殴打行为,若致他人伤害为故殴伤、致他人死亡为故杀。沈氏指出了问题所在:故殴伤、故(殴)杀与斗殴杀三者难于辨别的根源在于唐律对于"临时有意欲杀"与"独谋诸心而杀"的强事区分。但沈氏所谓"故殴……人因而致死"实际上是现代刑法理论中的故意伤害致人死亡,已不再是"杀人不忌""贼杀不辜"的含义,那么,这类行为与故杀能否等同?另外,汉

---

① 另有一处《唐律疏议·斗讼》"殴制使府主刺史县令"条(312)中的"他物故殴伤佐职"。
② 唐律中关于"殴伤"的具体处罚可见刘晓林:《唐律"七杀"研究》,第五章"斗杀"部分相关内容,商务印书馆2012年版,第109—120页。
③ [清]沈家本:《历代刑法考》(四)《论故杀》,第2072—2073页。

律中"贼杀人未杀"与"贼伤人"处罚相同,唐律中同样没有"故杀人未杀"的内容,"故杀人未杀"致犯罪对象伤害的情况在唐律中一般作"殴伤"处理,原因仍在于故杀的含义:唐律律《疏》将"故杀"释为"无事而杀",此定义显然是为了将故杀与谋杀、斗杀区别而强作区分,如此区分的结果只能是将汉律中"贼伤"与"贼杀人未杀"的相关内容划归唐律"斗殴伤"名下,进而"转生出许多疑障"。这一"疑障"的清除只能通过对"故杀"不断作限缩解释,如清人沈之奇将故杀解释为斗殴、共殴之时临时起意杀人,①这样看来故杀与斗杀、谋杀的界限似乎非常清晰,但此时之故杀与贼杀之本意已相去甚远,故杀三变之意仅余其一。

(二)汉律中的谋贼杀演化为唐律中的谋杀

汉律中有"谋贼杀""贼杀与谋"的内容,贼杀行为实施者与共谋者予以同样处罚,唐律中未见数人实施故杀的内容。原因在于唐律对故杀的列举所表达的信息排斥了共同犯罪的可能性:首先,杀人行为实施之前两人或数人共谋的情况符合唐律关于谋杀的定义,《唐律疏议·贼盗》"谋杀人"条(256)律《疏》载:"'谋杀人者',谓二人以上。"两人或数人共同谋划实施杀人为"谋杀"而非"谋故杀"。其次,相互殴斗过程中所实施的故杀即"斗而用刃杀""斗而绝时杀"两种情况不可能有"与谋者",原因在于"临时有意欲杀"为他人所不能知悉。明人雷梦麟谓:

---

① 《清律注》:"临时有意欲杀非人所知曰故",沈之奇谓:"夫曰'临时',则无预谋可知矣;曰'非人所知',则无同谋可知矣。其起意在于临时,故下手人不及知,何从之有?若有为从者告之,随从而杀,则是谋杀,而非故杀矣。故杀之法,列于斗殴之下、同谋共殴之上者,盖故杀之事,即在此两项中看出也。……'临时有意欲杀,非人所知',此十字乃故杀之铁板注脚,一字不可移,一字不可少。有意欲杀乃谓故杀,若先前有意,不在临时,则是独谋于心矣。若欲杀之意,有人得知,则是共谋于人矣。临时,谓斗殴、共殴之时也。故杀之心,必起于殴时,故杀之事,即在于殴内,故列于斗殴、共殴之中。除凡人之外,其他故杀,皆附于殴律,其义可见。"[清]沈之奇:《大清律辑注》(下)卷第十九,第680—683页。

言故杀者，故意杀人。意动于心，非人之所能知，亦非人之所能从。意欲杀人，先以告于为从者，使随我而杀之，则为谋杀，非故杀也。故杀出于一人之意，此故杀之不可以从论也。[①]

秦汉时期，谋杀作为"罪名"在刑律中尚处于形成与初步发展时期，[②]贼杀的含义与谋杀有所交叉，这种交叉有形式与内容两方面的原因：形式方面，谋杀由贼杀等"罪名"派生而来，"谋贼杀"等表述即这一过程的具体表现；内容方面，谋杀与贼杀就主观心态而言同是故意追求犯罪对象的死亡，差别在于各自侧重的阶段不同，"谋"更加强调杀伤行为实施之前的谋计，"贼"更加强调杀伤行为实施过程中的杀心与害心。这种含义上的交叉也影响了后世律学对"贼"之含义的注释，徐元瑞谓："无变斩击谓之贼。假如谋杀人者，谓二人以上同心计谋，潜行屠戮者。《书》云杀人曰贼，是无变斩击，乃贼害也。"[③] 既然是诠释"贼"为何举谋杀之例？这大概说明犯罪人对犯罪对象死亡这一犯罪结果的追求心态是一致的，只是"谋"与"贼"各自强调的阶段不同。

"谋贼杀""贼杀人与谋"等表述皆是"谋杀"作为刑律中的犯罪行为而其内涵未完善阶段的过渡产物，唐律中谋杀已发展为杀人罪体系中最复杂、最完备的"罪名"，与之相关的内容皆包含其中，因此，唐律中的谋故杀已从故杀中完全脱离而归于谋杀。

四、小结

秦汉时期"贼"的含义与杀人具有密切联系，其作为犯罪主观心态的含义从"杀人不忌"发展为"贼杀不辜"，至晋律中发展为"无变斩击"。

[①] ［明］雷梦麟：《读律琐言》卷第十九，怀效锋、李俊点校，法律出版社1999年版，第353页。

[②] 参见刘晓林：《秦汉律与唐律谋杀比较研究》，《甘肃社会科学》2013年第2期。

[③] ［元］徐元瑞等：《吏学指南（外三种）》，第56页。

秦汉魏晋时期，作为犯罪主观心态的"贼""故"并存，唐律中仅见"故"而无"贼"，"贼杀"演化为"故杀"。唐律中"无事而杀"的注释是为将"故杀"与"谋杀""斗杀"区别开来有意而作，汉律中的"贼伤"演化为唐律中的"殴伤"、汉律中的"谋贼杀"演化为唐律中的"谋杀"。

"贼"的含义与杀人具有密切的联系，秦汉时期的"贼"既表达了杀人行为的含义亦表达了犯罪主观心态的含义；《晋律注》中"贼"所表达的含义已回归杀人行为的本意，其作为犯罪主观心态的用法逐渐被"故"所取代，但贼、故含义仍有交织；唐律中的"贼"已不再具有犯罪主观心态方面的含义，秦汉律中的"贼杀"演变为唐律中的"故杀"，这不仅是名称的变化，也是内容的变化，这一变化既标志着法律概念抽象、概括程度的进一步发展，如秦汉律中的"谋贼杀"归于唐律"谋杀"而与"故杀"界限清晰，又给犯罪行为的认定方面带来一些困惑，如秦汉律中的"贼伤"演变为唐律中的"殴伤"，其含义处于"故杀伤"与"斗杀伤"的交织地带而颇有疑障。

结　　语

　　本书的立意与主旨乃是以具体的立法语言切入，通过实证分析《唐律疏议》中典型概念、术语的含义、用法、分布及相关内容，对其中所包含的立法技术因素与法典体例方面的特征进行系统探讨。书名中所包含的"立法语言""立法技术""法典体例"并非笔者要分别探讨的并列内容，而是揭示书中各章比较完整的探讨过程以及各阶段所关注的重点。

　　各章节具体探讨的内容皆由《唐律疏议》中典型的"立法语言"[①]切入，但通过不同的典型概念所引出的问题及其探讨内容各有不同。唐律中"情"与"理"的探讨主要在于考察立法语言的固有含义，即其出现于法律规范与法典中所具有的专门含义与用法，并以此为基础揭示传统法的基本价值取向；唐律中"余条准此"与"不用此律"的探讨主要在于考察法律规范与法典中存在的作为立法技术明确标识的典型概念，并将传统律典中特有的立法技术与法典编纂体例之间的相互影响、塑造作用进行系统分析；唐律中"罪名""故杀""枉法""不枉法"以及"纠弹之官"

[①]　此处的"立法语言"特别强调的是出现于法律规范中的词汇与术语，并非仅是律学家针对法律规范的注释与总结而并未出现在制定法条文中的概念。律学著作中的专门术语与法律规范中的立法语言既存在区别又有密切的联系，注释律学中的内容是对法律规范的学理解释，解释过程中形成了大量的专门术语，这些表述形式或是直接来源于法律规范、直接借鉴立法语言，或是通过对法律规范内容的抽象、概括形成了新的术语。因此，并不是所有注释律学中的术语都是立法语言。参见刘晓林：《立法语言抑或学理解释？——注释律学中的"六杀"与"七杀"》，《清华法学》2018年第6期。

的探讨主要是将典型概念置于传统刑律的核心问题中予以考察，即专门考察具体犯罪行为、犯罪主体、犯罪主观心态在"罪刑关系"中的地位与功能，进一步考察传统刑律中实现"罪刑均衡"的具体方式。

由于各章主要内容在前期撰写阶段皆是以学术论文的体例形成的，虽然各章在研究对象、进路、方法包括具体结构与内容等方面都保持了基本的一致；同时，在形成书稿的过程中对于各章的观点以及不同章节观点相互之间的支撑也作了统一修订，但各章所探讨的内容与观点并未完全形成一个系统的有机整体。因此，在本书的结语部分，笔者拟对各章结论稍作汇总，以使全书围绕《唐律疏议》中若干典型概念的探讨内容最终形成相互支撑且比较完整的认识。

首先，立法语言所表达含义具有非常明显的专业性，法律规范当中所出现的语词若置于日常生活的语境中往往会带来极大的歧义，而以通常含义理解专门的立法语言同样可能将我们的认识引向歧途。传统法当中的概念、术语所表达的专门含义对于现代研究者来说是更加专门的话语体系。我们对于传统法制的认识始终摆脱不了"情"与"理"的限制，似乎传统社会不讲"法"，严格的"依法裁断"与传统法制也毫无关系。当我们系统分析作为立法语言的"情"与"理"的含义、用法及其在法典中的分布、作用，甚至进一步考察司法文书当中的相关表述，则会发现传统法中的"情"与"人情""亲情"尤其是"私情"基本无涉，作为影响定罪量刑的直接因素，其含义主要是"案情"尤其是"本情""实情"；传统法中的"理"与"事理""义理"尤其是"伦理"关系不大，作为定罪量刑的直接依据，其含义主要是"法律规范"与"法律原理"。通过唐律中"情"与"理"的考察，[①] 其意义与价值主要在于提醒研究者们注意对

[①] 本书第五章"唐律中的'罪名'"所作的探讨也是以唐律条文中所出现的"罪名"一语及其含义辨析入手，最终强调了古今含义与用法的差别。但笔者通过对"罪名"的探讨最终揭示的是唐律乃至传统刑事立法的核心与宗旨即"罪刑关系"。故将"罪名"与"枉法""不枉法""故杀"等内容共同置于罪刑关系当中予以探讨。

传统法的基本构成要素——立法语言的固有含义予以极大地关注。在没有搞清基本要素的前提之下，对于研究对象得出任何整体的描述性结论都可能是武断的。我们不能以"众所周知"为理由遮蔽大量的前提性、基础性探讨，尤其是在法律史领域，众所周知的问题极可能是我们的认识最不清晰的领域。

其次，《唐律疏议》作为传统法典的巅峰之作，在立法语言、立法技术及法典体例等方面皆表现出了较之同时期不同国家的法典以及中国古代所见的其他法典而言更加突出的优势。其中最为引人注目的特点即法典体系与结构呈现出"总则""事律""罪律""专则"的相对划分，尤其是作为"总则"的《名例》具有高度成熟、完备的内容。《名例》与其他各篇二元划分的法典结构上承秦汉，又对宋元明清法典的体例与结构产生了极大影响，这似乎是从整体上对传统律典结构所作的比较全面的概括性描述，但我们对于传统律典的认识若满足于概括性结论则会遮蔽一些具体、细节的问题，最终可能使我们对唐律立法体例及相关问题的理解过于绝对化。从战国、秦汉时的《具律》到魏晋南北朝时期的《刑名》《法例》，最终到隋唐时期的《名例》，法典中专辟一篇汇集"具其加减"或"刑名""法例"等内容显然是传统立法的突出贡献，也与现代法学理论中的刑法"总则"具有功能性暗合，但唐律中的《名例》与现代刑法中的"总则"还是存在非常明显的差异。通过对唐律中"余条准此"与"不用此律"的系统分析，会清晰地看到《名例》与其他十一篇的界限仍存在不清晰之处，通则性条文不仅存在于《名例》中，亦存在于其他各篇；同时，《名例》中也并非没有定罪量刑的具体条文。这种法典结构及其特征是传统刑律客观具体、一事一例的立法体例造成的，"余条准此""不用此律"乃是弥补客观具体立法体例的固有弊端、使一部律内前后内容达到统一、避免法律适用过程中的冲突与矛盾、提高法典的体系化程度等方面所产生的固有立法技术。

再次，刑事立法的中心任务是"定罪量刑"，古今中西概莫能外，这应当属于功能性暗合的范畴。至于通过"定罪量刑"实现什么价值，则不同文化、环境与历史阶段当有相异的追求。"定罪量刑"在古今刑律中的展开方式截然不同，现代法中，"定罪"是以犯罪构成理论为基础展开的，受大陆法系刑法学说的影响，逻辑上"定罪"优于"量刑"的趋势非常明显：某个具体的行为，必须首先符合某种犯罪构成的全部要件而被刑事法评价为"犯罪行为"，才能进一步考虑这个行为在构成某种犯罪的范围内应处以何种法定刑罚。传统刑律中，"定罪"与"量刑"是并行的，两者之间相互的影响非常明显，基于客观具体、一事一例的立法体例，传统刑律中从未产生类似"犯罪构成"的抽象理论，律文中列举的便是应当处罚的行为，在列举具体行为的同时，一般也列举了计罪标准、特殊情节与具体处罚，这就是"罪名"的内容；未列举的行为，若需要作法律评价，律文中也有是否处罚、如何处罚的规定。传统刑事立法中最为核心的内容即"罪刑关系"，也就是法律规范当中所规定的具体犯罪行为与法定刑之间一一对应的关系。立法不可能对所有的犯罪行为一一列举，因此，法律规范中列举的比较详细的内容自然会成为相似、相近犯罪行为比类相附的标准与依据。通过唐律中"纠弹官"的具体处罚以及"枉法"与"不枉法"的关系中皆能清晰地看到具体条文围绕"罪刑关系"展开的方式。

最后，就研究方法与路径来看，不论我们是否承认，我们在面对、观察进而研究古代法律制度的过程中，始终隔着一层"窗户纸"。这层"窗户纸"是由时间、空间以及观念与文化的差异所造成的。在不可能越过或撕裂"窗户纸"的前提之下，观察位于另一面的对象无非有两种途径：一是花费很大的力气在"窗户纸"上捅一个大孔；二是以同样的力气、用力均匀地在"窗户纸"上扎若干个小孔。就前者来看，似乎通过一个相对广的"视角"所观察的对象会比较全面，但换一个视角所得出的结论却未必如此;就后者来看,从任何一个小孔中观察到的对象都是非常局限甚至可能产生误解的,但若我们有足够的耐心将"窗户纸"的某一部分扎无数个小孔,当这一部分被我们扎成"纱窗"的时候,我们所观察的对象必定是相对系统与完整的。比如我们熟知的"盲人摸象",从任何一个大孔中探查到的对象都是局限的,因此,我们面对"象类何物?"的提问时得出了如萝菔根、如箕、如石、如杵、如臼、如床、如瓮、如绳等结论,这些结论单个看起来可能都是"荒谬"的。但当我们从不同的角度观察同一个对象,并针对其产生了相互之间密切关联的系统认识的时候,我们与观察对象的距离便不远了。若我们能将"盲人摸象"的不同结论限定在某一个具体的领域,自然会得出其牙如萝菔根、其耳如箕、其头如石、其鼻如杵、其脚如臼、其脊如床、其腹如瓮、其尾如绳等系列结论,这在一定程度上不正是我们所观察的对象本身吗?

参考文献

著译作

1. 徐朝阳:《中国刑法溯源》,商务印书馆 1934 年版。
2. 〔日〕仁井田陞:《唐宋法律文书の研究》,东方文化学院东京研究所 1937 年版。
3. Karl Bünger, Quellen zur Rechtsgeschichte der T'ang-Zeit, Peiping: Catholic University, 1946.
4. 徐道临:《唐律通论》,中华书局 1947 年版。
5. 蔡墩铭:《唐律与近世刑事立法之比较研究》,台湾商务印书馆 1968 年版。
6. 黄静嘉编校:《读例存疑重刊本》,成文出版社 1970 年版。
7. 潘维和:《唐律学通义》,汉林出版社 1979 年版。
8. 〔日〕仁井田陞:《补订中国法制史研究·刑法》,东京大学出版会 1981 年版。
9. 杨廷福:《唐律初探》,天津人民出版社 1982 年版。
10. 汪潜:《唐代司法制度——〈唐六典〉选注》,法律出版社 1985 年版。
11. 乔伟:《唐律研究》,山东人民出版社 1986 年版。
12. 戴炎辉:《唐律各论》,成文出版社 1988 年版。
13. 陈顾远:《中国法制史》,中国书店 1988 年版。
14. 曹漫之:《唐律疏议译注》,吉林人民出版社 1989 年版。
15. 〔日〕仁井田陞:《唐令拾遗》,栗劲、霍存福等编译,长春出版社 1989 年版。
16. 刘俊文:《敦煌吐鲁番唐代法制文书考释》,中华书局 1989 年版。
17. 钱大群、钱元凯:《唐律论析》,南京大学出版社 1989 年版。
18. 钱大群、夏锦文:《唐律与中国现行刑法比较论》,江苏人民出版社 1991 年版。
19. 范忠信、郑定、詹学农:《情理法与中国人——中国传统法律文化探微》,中国人民大学出版社 1992 年版。
20. 王国维:《流沙坠简》,中华书局 1993 年版。

21. 胡沧泽:《唐代御史制度研究》,文津出版社 1993 年版。
22. 刘俊文:《唐律疏议笺解》,中华书局 1996 年版。
23. 高铭暄、王作富、曹子丹主编:《中华法学大辞典·刑法学卷》,中国检察出版社 1996 年版。
24. 薛梅卿:《宋刑统研究》,法律出版社 1997 年版。
25. 刘俊文:《唐代法制研究》,文津出版社 1999 年版。
26. 高明士:《唐律与国家社会研究》,五南图书出版股份有限公司 1999 年版。
27. 钱大群:《唐律研究》,法律出版社 2000 年版。
28. 高绍先:《中国刑法史精要》,法律出版社 2001 年版。
29. 杨春洗、康树华、杨殿升主编:《北京大学法学百科全书·刑法学、犯罪学、监狱法学》,北京大学出版社 2001 年版。
30. 周密:《宋代刑法史》,法律出版社 2002 年版。
31. 高明士:《唐代身分法制研究——以唐律名例律为中心》,五南图书出版股份有限公司 2003 年版。
32. 王启涛:《中古及近代法制文书语言研究——以敦煌文书为中心》,巴蜀书社 2003 年版。
33. 宗福邦等主编:《故训汇纂》,商务印书馆 2003 年版。
34. 何勤华编:《律学考》,商务印书馆 2004 年版。
35. 高明士:《唐律诸问题》,台大出版中心 2005 年版。
36. 蔡枢衡:《中国刑法史》,中国法制出版社 2005 年版。
37. 王东海:《古代法律词汇语义系统研究——以〈唐律疏议〉为例》,中国社会科学出版社 2007 年版。
38. 钱大群:《唐律疏义新注》,南京师范大学出版社 2007 年版。
39. 李均明:《秦汉简牍文书分类辑解》,文物出版社 2009 年版。
40. 钱大群:《唐律与唐代法制考辨》,社会科学文献出版社 2009 年版。
41. 张伯元:《律注文献丛考》,社会科学文献出版社 2009 年版。
42. 曾宪义主编:《中国法制史》,北京大学出版社 2009 年版。
43. 霍存福:《唐式辑佚》,社会科学文献出版社 2009 年版。
44. 戴炎辉:《唐律通论》,戴东雄、黄源盛校订,元照出版公司 2010 年版。
45. 王立民:《唐律新探》(第四版),北京大学出版社 2010 年版。

46. 刘晓林:《唐律"七杀"研究》,商务印书馆 2012 年版。
47. 岳纯之:《宋刑统校证》,北京大学出版社 2015 年版。
48. 程树德:《九朝律考》,商务印书馆 2010 年版。
49. 曹小云:《〈唐律疏议〉词汇研究》,安徽大学出版社 2014 年版。
50. 张文显主编:《法理学》(第五版),高等教育出版社 2018 年版。

古籍

1. [周]左丘明撰、[晋]杜预注、[唐]孔颖达正义:《春秋左传正义》,北京大学出版社 1999 年版。
2. [战国]吕不韦:《吕氏春秋》,陈奇猷校释,上海古籍出版社 2002 年版。
3. [汉]司马迁:《史记》,中华书局 1959 年版。
4. [汉]班固撰、[唐]颜师古注:《汉书》,中华书局 1962 年版。
5. [汉]郑玄注、[唐]贾公彦疏:《周礼注疏》,北京大学出版社 1999 年版。
6. [汉]郑玄注、[唐]孔颖达正义:《礼记正义》,北京大学出版社 1999 年版。
7. [汉]许慎撰、[清]段玉裁注:《说文解字注》,上海古籍出版社 1981 年影印版。
8. [汉]赵岐注、[清]孙奭疏:《孟子注疏》,北京大学出版社 1999 年版。
9. [汉]孔安国传、[唐]孔颖达疏:《尚书正义》,北京大学出版社 1999 年版。
10. [晋]陈寿撰、[宋]裴松之注:《三国志》,中华书局 1959 年版。
11. [北齐]魏收:《魏书》,中华书局 1974 年版。
12. [梁]沈约:《宋书》,中华书局 1974 年版。
13. [唐]房玄龄等:《晋书》,中华书局 1974 年版。
14. [唐]令狐德棻等:《周书》,中华书局 1971 年版。
15. [唐]李延寿:《北史》,中华书局 1974 年版。
16. [唐]姚思廉:《梁书》,中华书局 1973 年版。
17. [唐]姚思廉:《陈书》,中华书局 1972 年版。
18. [唐]魏徵、令狐德棻:《隋书》,中华书局 1973 年版。
19. [唐]长孙无忌等:《唐律疏议》,刘俊文点校,中华书局 1983 年版。
20. [唐]李林甫等:《唐六典》,陈仲夫点校,中华书局 2014 年版。
21. [唐]杜佑:《通典》,王文锦等点校,中华书局 1988 年版。
22. [后晋]刘昫等:《旧唐书》,中华书局 1975 年版。

23. ［宋］司马光编著、［元］胡三省音注：《资治通鉴》，中华书局1956年版。
24. ［宋］王溥：《唐会要》，中华书局1955年版。
25. ［宋］王钦若等：《宋本册府元龟》，中华书局1989年版。
26. ［宋］窦仪：《宋刑统》，薛梅卿点校，法律出版社1999年版。
27. ［宋］欧阳修、宋祁：《新唐书》，中华书局1975年版。
28. ［宋］朱熹：《四书章句集注》，中华书局1983年版。
29. ［宋］范晔撰、［唐］李贤等注：《后汉书》，中华书局1965年版。
30. ［宋］黎靖德编：《朱子语类》，王星贤点校，中华书局1988年版。
31. ［宋］宋慈：《洗冤集录》，杨奉琨校译，群众出版社1980年版。
32. ［宋］傅霖撰、［元］郄口韵释、［元］王亮增注：《刑统赋解》，杨一凡编：《中国律学文献（第一辑）》（第一册），黑龙江人民出版社2004年版。
33. ［宋］傅霖撰、［元］孟奎解：《粗解刑统赋》，杨一凡编：《中国律学文献（第一辑）》（第一册），黑龙江人民出版社2004年版。
34. ［元］佚名：《别本刑统赋解》，杨一凡编：《中国律学文献（第一辑）》（第一册），黑龙江人民出版社2004年版。
35. ［元］沈仲纬：《刑统赋疏》，杨一凡编：《中国律学文献（第一辑）》（第一册），黑龙江人民出版社2004年版。
36. ［元］徐元瑞等：《吏学指南（外三种）》，杨讷点校，浙江古籍出版社1988年版。
37. ［元］脱脱等：《宋史》，中华书局1977年版。
38. ［元］马端临：《文献通考》，浙江古籍出版社2000年版。
39. ［明］宋濂等：《元史》，中华书局1976年版。
40. ［明］佚名：《大明律讲解》，杨一凡编：《中国律学文献（第一辑）》（第四册），黑龙江人民出版社2004年版。
41. ［明］顾炎武撰、［清］黄汝成集释：《日知录集释》，浙江古籍出版社2013年版。
42. ［明］雷梦麟：《读律琐言》，怀效锋、李俊点校，法律出版社1999年版。
43. ［清］王先慎：《韩非子集解》，钟哲点校，中华书局1998年版。
44. ［清］张廷玉等：《明史》，中华书局1974年版。
45. ［清］王明德：《读律佩觿》，何勤华等点校，法律出版社2001年版。
46. ［清］孙希旦：《礼记集解》，沈啸寰、王星贤点校，中华书局1989年版。
47. ［清］张玉书等总阅、［清］凌绍雯纂修、高树藩重修：《新修康熙字典》，启业书局 1981 年版。

48. [清]董诰等编:《全唐文》,中华书局 1983 年版。
49. [清]沈家本:《历代刑法考》,商务印书馆 2011 年版。
50. [清]沈家本:《历代刑法考》,邓经元、骈宇骞点校,中华书局 1985 年版。
51. [清]王明德:《读律佩觿》,何勤华等点校,法律出版社 2001 年版。
52. [清]薛允升:《唐明律合编》,怀效锋、李鸣点校,法律出版社 1999 年版。
53. [清]沈之奇:《大清律辑注》,怀效锋、李俊点校,法律出版社 2000 年版。
54. [清]王聘珍:《大戴礼记解诂》,王文锦点校,中华书局 1983 年版。
55. [清]王筠撰集:《说文句读》,中国书店 1983 年影印版。
56. 王云五主编:《丛书集成初编·吴子及其他一种·尉缭子》,潘同曾校,商务印书馆 1937 年版。
57. 上海师范大学古籍整理组校点:《国语》,上海古籍出版社 1978 年版。
58. 诸祖耿:《战国策集注会考》,江苏古籍出版社 1985 年版。
59. 谢桂华、李均明、朱国炤:《居延汉简释文合校》,文物出版社 1987 年版。
60. 睡虎地秦墓竹简整理小组:《睡虎地秦墓竹简》,文物出版社 1990 年版。
61. 甘肃省文物考古研究所编:《敦煌汉简》,中华书局 1991 年版。
62. 傅璇宗等主编:《全宋诗》,北京大学出版社 1991 年版。
63. 王利器校注:《盐铁论校注》,中华书局 1992 年版。
64. 何宁:《淮南子集释》,中华书局 1998 年版。
65. 张家山二四七号汉墓竹简整理小组:《张家山汉墓竹简〔二四七号墓〕(释文修订本)》,文物出版社 2006 年版。
66. 徐世虹主编:《沈家本全集》,中国政法大学出版社 2007 年版。
67. 朱汉民、陈松长主编:《岳麓书院藏秦简(三)》,上海辞书出版社 2013 年版。

析出文献

1. 邢义田:《从"如故事"和"便宜从事"看汉代行政中的经常与权变》,邢义田著:《秦汉史论稿》,东大图书公司 1987 年版,第 333—409 页。
2. 刘俊文:《论唐格——敦煌写本唐格残卷研究》,中国敦煌吐鲁番学会编:《敦煌吐鲁番学论文集》,汉语大词典出版社 1991 年版,第 524—560 页。
3. [日]仁井田陞:《唐律的通则性规定及其来源》,刘俊文主编:《日本学者研究中国史论著选译(第八卷·法律制度)》,中华书局1992年版,第102—190页。
4.〔日〕宫崎市定:《宋元时代的法制和审判机构》,刘俊文主编:《日本学者研究中国史论著选译(第八卷·法律制度)》,中华书局1992年版,第252—312页。
5.〔日〕滋贺秀三:《清代诉讼制度之民事法源的概括性考察——情、理、法》,王亚新译,〔日〕滋贺秀三等:《明清时期的民事审判与民间契约》,法律出版社1998年版,第19—96页。
6.吴谨伎:《六赃罪的效力》,高明士主编:《唐律与国家社会研究》,五南图书出版股份有限公司1999年版,第161—228页。
7.黄源盛:《唐律轻重相举条的法理及其运用》,林文雄教授祝寿论文集编辑委员会编:《当代基础法学理论——林文雄教授祝寿论文集》,学林文化事业有限公司2001年版,第263—292页。
8.〔日〕佐立治人:《〈清明集〉的"法意"与"人情"——由诉讼当事人进行法律解释的痕迹》,〔日〕川村康主编:《中国法制史考证(丙编第三卷)》,中国社会科学出版社2003年版,第438—477页。
9.〔日〕中村正人:《清律误杀初考》,杨一凡总主编、〔日〕寺田浩明主编:《中国法制史考证》(丙编第四卷),中国社会科学出版社2003年版,第308—343页。
10.何勤华:《唐代律学的创新及其文化价值》,何勤华编:《律学考》,商务印书馆2004年版,第155—172页。
11.张晓光:《荀子"有法者以法行,无法者以类举"的法律思想》,张伯元主编:《法律文献整理与研究》,北京大学出版社2005年版,第121—135页。
12.张伯元:《"如律令"的再认识》,张伯元:《出土法律文献研究》,商务印书馆2005年版,第268—284页。
13.高明士:《隋唐律令的立法原理》,郑州大学历史研究所编:《高敏先生八十华诞纪念文集》,线装书局2006年版,第283—294页。
14.朱红林:《再论睡虎地秦简中的"赍律"》,霍存福、吕丽主编:《中国法律传统与法律精神》,山东人民出版社2010年版,第585—593页。
15.高明士:《唐律中的"理"》,黄源盛主编:《唐律与传统法文化》,元照出版有限公司2011年版,第1—40页。
16.邢义田:《汉代书佐、文书用语"它如某某"及"建武三年十二月候粟君所责寇恩事"简册档案的构成》,邢义田著:《治国安邦:法制、行政与军事》,中华书局

2011年版,第499—529页。

17.〔日〕石冈浩:《张家山汉简〈二年律令〉之〈盗律〉所见磔刑的作用》,李力译,中国政法大学法律史学研究院:《日本学者中国法论著选译》(上册),中国政法大学出版社2012年版,第69—101页。

18.〔英〕马若斐:《南宋时期的司法推理》,陈煜译,中国政法大学法律古籍整理研究所编:《中国古代法律文献研究》(第七辑),社会科学文献出版社2013年版,第299—358页。

集刊

1. 彭浩:《秦〈户律〉和〈具律〉考》,李学勤主编:《简帛研究》(第一辑),法律出版社1993年版,第48—55页。

2. 鹰取祐司:《居延汉简劾状册书的复原》,宫长为译,李学勤、谢桂华主编:《简帛研究二〇〇一》,广西师范大学出版社2001年版,第730—753页。

3.〔德〕陶安:《法典与法律之间——近代法学给中国法律史带来的影响》,《法制史研究》第5期,中国法制史学会2004年版,第229—254页。

4.〔韩〕尹在硕:《张家山汉简所见的家庭犯罪及刑罚资料》,中国政法大学法律古籍整理研究所编:《中国古代法律文献研究》(第二辑),中国政法大学出版社2004年版,第43—65页。

5. 张俊民:《玉门花海出土〈晋律注〉》,李学勤、谢桂华主编:《简帛研究二〇〇二、二〇〇三》,广西师范大学出版社2005年版,第324—325页。

6. 孟彦弘:《从"具律"到"名例律"——秦汉法典体系演变之一例》,中国社会科学院历史研究所学刊编委会编:《中国社会科学院历史研究所学刊》(第四集),商务印书馆2007年版,第125—131页。

7. 王瑞峰:《〈刑案汇览三编〉中的"罪名"——兼论对中国传统律典中"罪名"的解读》,《法制史研究》第11期,元照出版公司2007年版,第215—247页。

8. 张春海:《唐律、〈高丽律〉法条比较研究》,《南京大学法律评论》2011年秋季卷,法律出版社2011年版,第115—143页。

9.〔德〕陶安:《张家山汉简〈奏谳书〉吏议札记》,王沛主编:《出土文献与法律史研究》(第二辑),上海人民出版社2013年版,第82—100页。

10. 高明士:《东亚传统法文化的理想境界——"平"》,《法制史研究》第23期,元照出版公司2013年版,第1—26页。
11. 郑显文:《〈唐律疏议〉的律注研究》,王沛主编:《出土文献与法律史研究》(第四辑),上海人民出版社2015年版,第157—230页。
12. 欧扬:《岳麓秦简所见秦比行事初探》,中国文化遗产研究编:《出土文献研究》(第十四辑),中西书局2016年版,第70—78页。

期刊

1. 谢冠生:《历代刑法书存亡考》,《东方杂志》1926年第3期。
2. 张碧珠:《唐代御史台组织与职权之研究》,《社会科学论丛》1975年第23期。
3. 徐连达:《唐代监察制度述论》,《历史研究》1981年第5期。
4. 程天权:《从唐六赃到明六赃》,《复旦学报(社会科学版)》1984年第6期。
5. 丁中柱:《唐代的监察制度》,《法学杂志》1985年第2期。
6. 王应瑄:《从唐代姚文秀杀妻案看我国古代故杀人罪的罪名定义》,《法学评论》1985年第5期。
7. 霍存福:《论〈唐律〉"义疏"的法律功能》,《吉林大学社会科学学报》1987年第4期。
8. 〔英〕丹尼斯·C.特威切特:《初唐法律论》,张中秋摘译、贺卫方校,《比较法研究》1990年第1期。
9. 郝铁川:《传统思维方式对当代中国立法技术的影响》,《中国法学》1993年第4期。
10. 周东平:《论唐代惩治官吏赃罪的特点》,《厦门大学学报(哲社版)》1994年第1期。
11. 霍存福、丁相顺:《〈唐律疏议〉"以""准"字例析》,《吉林大学社会科学学报》1994年第5期。
12. 陈汉生、梅琳:《我国古代法律中"赃"罪的规定》,《上海大学学报(社科版)》1995年第3期。
13. 侯欣一:《唐律与明律立法技术比较研究》,《法律科学》1996年第2期。
14. 钱大群:《唐律立法量化技术运用初探》,《南京大学学报(哲学·人文·社会科学)》1996年第4期。
15. 苏亦工:《法律史学研究方法问题商榷》,《北方工业大学学报》1997年第4期。

16. 俞荣根:《天理、国法、人情的冲突与整合》,《中华文化论坛》1998 年第 4 期。
17. 李希慧:《罪状、罪名的定义与分类新论》,《法学评论》2000 年第 6 期。
18. 徐忠明:《关于中国法律史研究的几点省思》,《现代法学》2001 年第 1 期。
19. 霍存福:《中国传统法文化的文化性状与文化追寻——情理法的发生、发展及其命运》,《法制与社会发展》2001 年第 3 期。
20. 冯岚:《论法律儒家化的完成和古代立法技术的第一次大发展——秦、唐律比较后的一个发现》,《中山大学研究生学刊(社会科学版)》2001 年第 4 期。
21. 陈亚平:《情、理、法:礼治秩序》,《读书》2002 年第 1 期。
22. 董志翘:《〈唐律疏议〉词语杂考》,《南京师大学报(社会科学版)》2002 年第 4 期。
23. 董志翘:《〈唐律疏议〉词语考释》,《古籍整理研究学刊》2003 年第 1 期。
24. 宋四辈:《中国古代刑法典的编纂体例和结构特点——兼论中国传统刑法文化的作用和影响》,《郑州大学学报(哲学社会科学版)》2003 年第 4 期。
25. 高明士:《从律令制的演变看唐宋间的变革》,《台大历史学报》2003 年 12 月(第 32 期)。
26. 孟彦弘:《秦汉法典体系的演变》,《历史研究》2005 年第 3 期。
27. 刘广安:《中国法史学基础问题反思》,《政法论坛》2006 年第 1 期。
28. 王志强:《制定法在中国古代司法判决中的适用》,《法学研究》2006 年第 5 期。
29. 邓建鹏:《中国法律史研究思路新探》,《法商研究》2008 年第 1 期。
30. 闵冬芳:《中国古代的故杀》,《河北法学》2009 年第 4 期。
31. 王斐弘:《敦煌法制文献中的情理法辨析》,《兰州学刊》2009 年第 9 期。
32. 徐忠明:《明清时期的"依法裁判":一个伪问题?》,《法律科学》2010 年第 1 期。
33. 张俊民:《玉门花海出土〈晋律注〉概述》,《考古与文物》2010 年第 4 期。
34. 曹旅宁、张俊民:《玉门花海所出〈晋律注〉初步研究》,《法学研究》2010 年第 4 期。
35. 郭建:《"坐而不偿,偿而不坐"——汉唐时期法律处置侵损财产行为的一项原则》,《华东师范大学学报(哲学社会科学版)》2010 年第 4 期。
36. 李芳、刘晓林:《〈唐律疏议〉"知而犯之谓之'故'"辨正》,《甘肃政法学院学报》2010 年第 4 期。
37. 李芳、刘晓林:《唐律"故杀"考》,《西部法学评论》2011 年第 1 期。
38. 柴英:《〈唐律疏议〉主要罪名考》,《郑州大学学报(哲学社会科学版)》2011 年第 3 期。

39. 胡克明：《我国传统社会中的情理法特征——交互融合与互动共生》，《浙江社会科学》2012 年第 3 期。
40. 劳东燕：《刑事政策与刑法解释中的价值判断——兼论解释论上的"以刑制罪"现象》，《政法论坛》2012 年第 4 期。
41. 胡永恒：《法律史研究的方向：法学化还是史学化》，《历史研究》2013 年第 1 期。
42. 王东海：《立法语言中的法律常用词研究》，《同济大学学报（社会科学版）》2013 年第 1 期。
43. 〔德〕陶安：《中国传统法"共犯"概念的几则思考》，《华东政法大学学报》2013 年第 2 期。
44. 刘晓林：《秦汉律与唐律谋杀比较研究》，《甘肃社会科学》2013 年第 2 期。
45. 张中秋：《为什么说〈唐律疏议〉是一部优秀的法典》，《政法论坛》2013 年第 3 期。
46. 长沙市文物考古研究所：《湖南长沙五一广场东汉简牍发掘简报》，《文物》2013 年第 6 期。
47. 陈磊：《犯罪故意的古今流变——兼评方法论意义上故意与过失的界分》，《环球法律评论》2014 年第 4 期。
48. 胡秀全：《论〈唐律疏议〉中的人情》，《黑龙江史志》2014 年第 11 期。
49. 石经海、熊亚文：《何以"以刑制罪"：罪、责、刑相适应原则的定罪意义》，《社会科学战线》2015 年第 2 期。
50. 刘晓林：《〈唐律疏议〉中的"理"考辨》，《法律科学》2015 年第 4 期。
51. 王立民：《中国传统法典条标的设置与现今立法的借鉴》，《法学》2015 年第 1 期。
52. 姜涛：《追寻定性与定量的结合——〈唐律〉立法技术的一个侧面》，《安徽大学学报（哲学社会科学版）》2016 年第 1 期。
53. 杨孟哲：《唐代地方监察体系的核心：州府录事参军研究》，《江西社会科学》2016 年第 2 期。
54. 杜文玉：《试论唐代监察制度的特点及历史借鉴》，《陕西师范大学学报（哲学社会科学版）》2016 年第 4 期。
55. 朱涛、柴冬梅：《刍议立法语言的"准确性"元规则及其实现——基于规范化的分析视角》，《河北法学》2016 年第 6 期。
56. 陈锐：《中国传统律学新论》，《政法论坛》2018 年第 6 期。

57. 刘晓林:《立法语言抑或学理解释?——注释律学中的"六杀"与"七杀"》,《清华法学》2018年第6期。

报刊

1. 刘晓林:《中国传统法律文化的认识、评价与转化》,《中国社会科学报》2017年9月20日,第7版。
2. 高仰光:《法律史学方向:向"法学化"回归》,《中国社会科学报》2018年8月9日,第3版。
3. 何勤华:《法学研究应从史学中汲取营养》,《光明日报》2018年10月15日,第14版。
4. 张生:《中国法律史学的知识价值与功能》,2018年10月15日,第14版。
5. 朱腾:《中国法律史学学科意义之再思》,2018年10月15日,第14版。

学位论文

1. 何美慧:《唐代司法与监察制度之间的关系——以唐律上官吏犯罪之惩治为中心》,私立中国文化大学史学研究所2002年博士学位论文。
2. 张田田:《律典"八字例"研究——以〈唐律疏议〉为中心》,吉林大学2014年博士学位论文。

后　　记

本书各章的内容最早于2013年中动笔(第八章"唐律中的'故杀'及其来源"的主要内容)，最晚于2018年中完成(第六章"唐律中的'枉法'与'不枉法'"的主要内容)，之后用半年多的时间补充材料、统一体例。即将为这本书画上句号的时候恰逢农历戊戌年除夕，再有几个小时就是己亥年春节了。虽然大脑已觉枯竭，但实在不想把写作任务延至新的一年，故坚持做一了结。

看着由于待机而慢慢暗下来的电脑屏幕渐渐映出一个年近四十的油腻中年人，大吃一惊！看了一眼保温杯中已泛白的枸杞，我开始问自己到底想在这里说些什么？(在给法律史专业硕士、博士研究生上课时我经常对同学们说，写作没有思路的时候一定要平静下来问问自己，到底想说些什么？)从选择法律史专业攻读硕士研究生到第一部专著出版整七年，自第一部专著出版至今又是整七年(本书各章从着手到完成也近七年，以业绩考核的标准来看，七年出版一本书应当算不合格)。据说人的细胞平均七年会完成一次整体的新陈代谢(究竟是据谁所说我也未作查证)，那么，七年间所思所想以及本书的缘起应该是需要总结与回顾的。

七年来身体的变化最为明显，虽然发际线还算牢固、发量也算浓密(大概是不够勤奋导致)，但日渐紧张的裤腰与凸出的小腹不断提醒我中年的到来，仅靠自身新陈代谢已不足以维持热量摄入与消耗的平衡。也不敢再熬夜，因为即使熬至后半夜，也大都没什么效率。从今年开始我养成了跑步的习惯，效果还算不错。每当身体接近极限思维总是特别清晰，日常遇到琢磨不明白的事儿，跑上十几公里都会释然（本书第六、七两章的完成直接得益于这一习惯）。

七年来学问似乎没有大的进步，这并非假意谦虚，在校读书时多有大志向，现在看来除了肚子越来越大，其他基本没啥变化。文章依然在写，学问仍然得做，但努力读书、努力写作多半是职责所在，吃的就是这碗饭，不认真、不努力似乎对不起自己的良心（主要也是因为没有其他谋生手段）。现在所思所写，大都是延续读书期间的想法，基本未有新的思路，本书中绝大多数内容都是如此。如对唐律立法语言相关问题的关注，自2006年跟随霍师存福教授读书时即已开始，霍师在吉大为法律史、法学理论专业硕士、博士研究生讲授"情理法"专题，课下曾向霍师提及是否可将"情理法"的研究限定于立法语言并作系统梳理，霍师当即鼓励我深入研究。但之后忙于学位论文以及工作的诸多杂务，很长一段时间未再专门且系统的关注此类问题。回头检视，收入本书的"情""理""余条准此""不用此律"等内容都是十多年前跟随霍师读书期间产生的想法，且都在课堂内外与霍师多次交流。博士毕业后近十年才陆续成文且少有新的想法，每思至此倍感惭愧……

七年的时间写就一本书自然应当是精雕细琢之作，但本书各章的内容形成之初并非是围绕同一主题设计的集中探讨，这使得各章主题略显随意。所幸近些年对于唐律立法语言、立法技术、法典体例等具体问题"零敲碎打"式的探讨背后竟不自觉的形成了较成体系的思考，从而避免了"东一榔头、西一棒槌"的学术研究大忌。在本书各部分内容先后完成以及全书统稿的过程中，我思考最多的问题是：法律史论著写给谁看（其实主要是我想写给谁看）？这个问题可能过于常识、过于基础而容易被法律史专业的学生与研究者所忽略，不妨换一种更加学术的说法：法律史研究的叙事与面向。回想我在大学本科时初读法律史论著的感受，大段引述材料、通读全文后找不到观点……总结起来，法律史尤其是传统的法律制度史论著大概多属"读者不友好型"（其实我自己的文章多属于这一类型，但并不排除法律史学界有一些优秀作品兼顾了知识性与传播性，属于"读者友好型"的典范）。

　　法律史学术作品面向何人？首先，应当不仅面向法律史"同行"，由于学科本身的特殊性，"隔行如隔山"在法律史领域显然变成了"同行亦隔山"：且不说中外法史极少交流，制度史与思想史的研究差别即非常明显；同是制度史，先秦、秦汉法制史的研究者与明清法制史的研究者也不会有"共同语言"；进一步来说，同样研究隋唐法律史，关注刑律的学者与关注契约的学者基本没有交集。因此，所谓面向"同行"的法律史叙事实际上在很大程度上阻断了知识的传播。其次，应当不能排斥法学"同行"，学术研究最大激励与促进应当来自于完全不同研究领域的交流，但法学其他二级学科的学者对于法律史论著的态度多是"敬而远之"。对此，我的体会尤为明显，一位民法学的同事曾对我讲：他本身对中国古代的土地制度非常感兴趣，专门找来不少法制史、民法史教材及专题论著阅读，读完的感觉是"不知里面在说什么"，遂不再阅读法律史论著。当然，法律史与部门法毕竟分属不同的"二级学科"，应当有相对独立的学术评价标准。我们大可不必以部门法学者的接受与认可来作为最终目标，但我们亦不必以部门法学者读不懂为荣！譬如本书中所运用的主要材料，《唐律疏议》是研究唐代的重要史料，但它又不仅仅是史料，它还是一部法典、是定罪量刑的依据，它曾与现行法一样在社会治理中发挥过重要的作用。我们研究唐律、面对唐律就应该有作为法律学人面对法律规范所应具有的常识。探讨古代刑律中的定罪与量刑，若不被刑法学者所接受，想来大概不算成功。如果仅以所谓的"史学"标准来衡量法律史研究（实际上法律史研究能否达到纯粹的"史学"标准亦是值得思考的），那么我们留在法学院的意义实在值得反思。如果说对这本小书有什么期许，那一定是成为法学学人尤其是部门法学者接受的法律史著作。

最后，还是应该向在本书写作及出版过程中提供帮助的诸位师友表达感激之情。本书各章的核心观点曾分别发表于《法学研究》《法学家》《政法论坛》《法律科学》《甘肃社会科学》《上海师范大学学报（哲学社会科学版）》《苏州大学学报（法学版）》《上海政法学院学报（法治论丛）》，其中被《中国社会科学文摘》转载一篇、《人民大学复印报刊资料·法理学、法史学》全文转载五篇。在集结成书的过程中，除对发表时限于篇幅与体例所删减的材料与论证内容作了还原，还补充了文章发表之后学界就相关问题公布的一些新材料、产生的一些新成果。在此，对以上学术刊物的编辑、匿名审稿专家以及促成本书出版的商务印书馆王兰萍编审、高媛编辑致以诚挚的敬意与谢意。笔者还要特别感谢前辈学者钱大群教授、王立民教授以及我的导师霍存福教授。钱先生年逾八旬且即将迎来本命年，在阅读全部书稿之后先生多次与我通电话且每次通话都超过一小时，先后提出了包括题目、结构与具体内容在内的完善建议二十余处。书稿修订完成之时已进入寒假，虽然非常期望能邀请王师、霍师为拙著作序，但临近春节怕打扰二位先生休息。犹豫再三之后试着与王师、霍师联系，没想到二位先生慨然应允且阅读书稿后又提出了很多完善建议。前辈学者治学严谨如此，后辈感慨不已，唯愿多年之后能成为自己曾经敬仰的样子。

刘　晓　林

2019年2月4日晚于长春寓所